XU MU SHOU YI XING ZHENG ZHI FA SHI WU

畜牧兽医 行政执法实务

◎ 刘玉林 张洪文 曲平安 主编

中国农业科学技术出版社

图书在版编目（CIP）数据

畜牧兽医行政执法实务 / 刘玉林，张洪文，曲平安主编 . — 北京：中国农业科学技术出版社，2019. 1
ISBN 978-7-5116-3878-6

Ⅰ . ①畜… Ⅱ . ①刘… ②张… ③曲… Ⅲ . ①畜牧业—行政执法—研究—中国 ②兽医学—行政执法—研究—中国 Ⅳ . ① D922.44

中国版本图书馆 CIP 数据核字（2018）第 208579 号

责任编辑 李冠桥 陶 莲
责任校对 马广洋

出 版 者 中国农业科学技术出版社
北京市中关村南大街 12 号 邮编：100081
电　　话 （010）82109705（编辑室）（010）82109702（发行部）
（010）82109709（读者服务部）
传　　真 （010）82106625
网　　址 http://www.castp.cn
经 销 者 各地新华书店
印 刷 者 北京建宏印刷有限公司
开　　本 710mm × 1 000mm 1 /16
印　　张 16.875
字　　数 341 千字
版　　次 2019 年 1 月第 1 版 2019 年 1 月第 1 次印刷
定　　价 47.00 元

版权所有 · 侵权必究

《畜牧兽医行政执法实务》

编 委 会

主　编　刘玉林　　张洪文　　曲平安

副主编（按姓氏笔画排序）

刘树军　　李　龙　　李全成　　杨剑武

编　者（按姓氏笔画排序）

于　波　　马　莲　　刘海云　　杜　娟

杜俊锋　　张　婧　　张海斌　　周俊璞

曹行栋　　梁明伟

前言

中共中央国务院在《法治政府建设实施纲要（2015—2020年）》中明确了“经过坚持不懈的努力，到2020年基本建成职能科学、权责法定、执法严明、公开公正、廉洁高效、守法诚信的法治政府”的总体目标。在推进依法行政、建设法治政府这一宏伟事业中，需要一支具有较强依法行政意识和能力的行政执法人员队伍。因为，行政执法人员是国家行政权力的直接行使者，是广大人民群众社会行为的直接监督者，行政执法人员是否坚持严格规范公正文明执法，是这一治国方略的基础和事业成败的关键。

畜牧兽医行政执法人员是从事国家畜牧兽医行政执法管理的专职人员，他们的依法行政理念和执法能力直接影响着全面推进依法行政实现法治政府的进程。然而，时下我们畜牧兽医行政执法人员大多是“半路出家”，所学专业与畜牧兽医行政执法不对口，往往精于畜牧兽医技术，疏于法律知识和实践，由于对畜牧兽医法律法规理解不深入不全面，或执法实践的经验不足，时常出现违法办案、失职、渎职等被纪检司法部门问责的现象，造成以“违法办案”惩罚“违法”情况，即是一种对法律的讽刺，也是一名畜牧兽医行政执法者的遗憾和耻辱。因此，会执法办案、能够依法行政，才是建设法治政府的践行者，才是畜牧兽医行政执法工作者的职业荣耀。

为了有效地担负起这一崇高使命和艰巨任务，面对畜牧兽医行政执法面临越来越多的挑战和对其法治化要求越来越高的新形势，为提升基层畜牧兽医行政执法人员的业务水平，我们组织长期从事基层畜牧兽医行政执法、具有丰富理论知识和实践经验的畜牧兽医行政执法人员，尽己所能地编写了这部《畜牧兽医行政执法实务》，既是对自己职业的总结，也希望为广大畜牧兽医行政执法人员带来帮助和益处。该书系统地归纳、整理了畜牧兽医行政许可、畜牧兽医行政处罚、畜牧兽医行政强制、畜牧兽医行政确认、畜牧兽医行政检查、畜牧兽医行政奖励等6种主要畜牧兽医行政执法行为，并详细阐述了其执法主体、执法依据、执法程序、执法责任等基础理论知识，同时，结合每种畜牧兽医行政执法行为，整理收录了现行畜牧兽医法规中规定的具体畜牧兽医行政执法事项。以及畜牧兽医行政复议、畜牧兽医行政诉讼、畜牧兽医行政赔偿等3种救济制度的操作运用和部分畜牧兽医行政执法行为的诉讼案件。内容全面、观点鲜明，突出务实操作，具有很强的针对性、实用性、可操作性和指导性。可作为各级畜牧兽医行政管理机关、畜牧兽医综合执法机构行政执法人员学习培训教材和参考用书。

本书的写作过程，也是学习行政法学理论的过程。部分章节吸取了法学界和实务界一些同志的研究成果，其中有：张正钊主编的《行政法与行政诉讼法》，于康震主编的《兽医行政与执法》，刘玉林等主编的《畜牧兽医行政处罚实务》等文献中的部分资料和内容。同时还查阅了部分网上资料，对以上资料的使用，在此表示感谢，书中未有指明之处，敬请见谅。因时间紧、编者知识水平局限，有些观点纯属一孔之见，请在引用本书时查对法律原文。书中不当之处，敬请专家和同仁指正。

编　者

2018 年 10 月

目录

第一章　畜牧兽医行政执法

第一节　畜牧兽医行政执法概述

一、畜牧兽医行政执法的含义

畜牧兽医行政执法是指畜牧兽医行政机关在实施行政管理中适用法律于具体的相对人或具体事件的行为，即与行政立法、行政司法相并列的具体行政行为。要全面理解这一概念应从以下几个方面。

第一，畜牧兽医行政执法的主体是畜牧兽医行政机关。这里既包括法定畜牧兽医行政机关，也包括法律法规授权的组织（如畜牧兽医行政机关的下属单位动物卫生监督所）。受畜牧兽医行政机关委托的组织也可进行畜牧兽医行政执法（如畜牧兽医综合执法总队、支队、大队），但法律后果由委托的畜牧兽医行政机关承担，即执法的主体仍然为畜牧兽医行政机关。

第二，畜牧兽医行政执法的对象是特定、具体的相对人或畜牧兽医行政事务。

第三，畜牧兽医行政执法的内容是执法主体依法将法律的规定适用于相对人，采取措施，决定相对人的实体权利义务。

第四，畜牧兽医行政执法的目的是执行畜牧兽医法律、法规和规章，使畜牧法律、法规和规章的规定得以落实，实现畜牧兽医行政管理的目标。

二、畜牧兽医行政执法的特征

1. 畜牧兽医行政执法主体多

上至国务院农业农村部，下至县级人民政府畜牧兽医主管部门，以及县级以上动物卫生监督机构都可能成为畜牧兽医行政执法的主体，当然，畜牧兽医行政执法主体最多的是市、县两级。

2. 畜牧兽医行政执法的范围宽泛

畜牧兽医行政执法涉及种畜禽管理、畜牧业生产、动物防疫、兽医管理、饲料管理、畜禽屠宰等方面。畜牧业生产、经营、使用等行政管理的全方位都离不开畜牧兽医行政执法。

3. 畜牧兽医行政执法的形式多样

畜牧兽医行政执法范围的宽泛性在很大程度上决定了畜牧兽医行政执法的形式多样，如畜牧兽医行政许可、畜牧兽医行政处罚、畜牧兽医行政征收、畜牧兽医行政给付、畜牧强制执行等。畜牧兽医行政机关可根据具体情况，采取相应的执法形式。

三、畜牧兽医行政执法分类

畜牧兽医行政执法的内容极其宽泛，采用不同的标准，可对其进行不同的划分，主要有以下几种。

1. 以畜牧兽医行政执法主体的权限为标准

畜牧兽医行政执法可分为综合畜牧兽医行政执法与专业畜牧兽医行政执法。综合畜牧兽医行政执法是指具有综合执法权限的畜牧兽医综合执法机关所进行的执法活动，如各级畜牧兽医综合执法总队、支队、大队。专业畜牧兽医行政执法是指具有单一执法权限的畜牧执法部门所进行的执法活动，如各级动物卫生监督所的防疫执法，也是畜牧兽医行政执法的一部分。

2. 以畜牧兽医行政执法的内容为标准

畜牧兽医行政执法可分为权利性畜牧兽医行政执法与义务性畜牧兽医行政执法。权利性畜牧兽医行政执法是指畜牧兽医执法主体赋予相对人某项权利的执法活动，如颁发动物诊疗许可证。义务性畜牧兽医行政执法是指畜牧执法主体科以相对人某项义务或责令相对人履行法定义务的执法活动，如畜牧兽医行政收费、责令改正错误行为等。

3. 以畜牧兽医行政执法的性质为标准

畜牧兽医行政执法可分为畜牧兽医行政许可、畜牧兽医行政确认、畜牧兽医行政处罚、畜牧兽医行政强制、畜牧兽医行政检查、畜牧兽医行政征收等。畜牧兽医行政许可是畜牧兽医行政机关赋予相对人某项权利或资格的执法活动。畜牧兽医行政确认是畜牧兽医行政机关对相对人的法律地位或对某一法律事实予以认定的执法活动。畜牧兽医行政处罚是畜牧兽医行政机关对违反行政管理秩序的相对人给予制裁的执法活动。畜牧兽医行政强制是畜牧兽医行政机关对无故不履行法定义务的相对人采取强制手段迫使其履行义务或达到履行义务相同状态的执法活动。畜牧兽医行政检查是畜牧兽医行政机关依法对管辖范围内的相对人是否遵守法律和行政决定进行监督检查的执法活动，等等。

第二节　畜牧兽医行政执法的基本原则

一、畜牧兽医行政执法的基本原则的含义

所谓畜牧兽医行政执法的基本原则，是指指导畜牧兽医行政执法和解决畜牧兽医行政争议的基本准则，贯穿于畜牧兽医行政执法的各个环节之中。

二、畜牧兽医行政执法的基本原则种类

行政执法的基本原则贯穿行政执法的全过程，是各种行政执法应遵循的准则。由于当前我国没有统一、完整的行政法典，所以畜牧兽医行政执法的基本原则究竟有哪些，目前的表述并不一致，归纳起来，大致可分为合法原则、合理原则、程序正当原则、高效原则、公开原则、信赖保护原则。

1. 合法原则

畜牧兽医行政主体实施行政管理，应当依照法律、法规、规章的规定进行；没有法律、法规、规章的规定，畜牧兽医行政主体不得作出影响公民、法人和其他组织合法权益或者增加公民、法人和其他组织义务的决定。也就是说，畜牧兽医行政主体行政执法要做到主体合法、职权来源合法、执法过

程中服从法律、依据法律规定的条件和程序执法，不越权。

2. 合理原则

合理原则是指行政机关实施行政管理的行政行为的内容要客观、适度、合乎法律理性，要平等对待行政管理相对人，不偏私、不歧视。行使自由裁量权应当符合法律目的，排除不相关因素的干扰；所采取的措施和手段应当必要、适当；畜牧兽医行政主体实施行政管理可以采用多种方式实现行政目的的，应当避免采用损害当事人权益的方式。

合理原则就是要坚持公平公正，这就要求我们执法人员始终保持公平公正的态度，面对行政执法程序的每一个环节。比如针对一个行政行为，如行政许可中有同样申请资格的两个申请人先后申请，办案人员因为前者说话态度不好，而给后申请者先行办理则不妥。合理原则就是要坚持平等对待。其基本内涵应当是“相同的案件相同处理 、不同的案件不同处理”。如同一程度的违法案件，因为相对人的背景及身份不同而给予不同的行政处罚决定。合理原则就是要坚持裁量正当。合理原则就是要坚持比例原则。例如畜牧兽医兽医行政主体作出一项关于民生行政许可，但申请人在实施该许可的时候超越许可范围，但吊销其许可会严重影响到公共利益，故按照比例原则可以采取其他的处理措施。

3. 程序正当

畜牧兽医行政主体实施行政管理，除涉及国家秘密和依法受到保护的商业秘密、个人隐私的外，都应当公开，注意听取公民、法人和其他组织的意见；要严格遵循法定程序，依法保障行政管理相对人、利害关系人的知情权、参与权和救济权。畜牧兽医行政主体及工作人员履行职责，与行政管理相对人存在利害关系时，应当回避。

程序正当要坚持行政公开。例如畜牧兽医行政主体作出行政处罚公开的范围包括行政处罚主体、依据、自由裁量标准、监督单位、监督电话等。程序正当要坚持公众参与。一是听取意见。一般而言在做出行政决定之前，应当给可能受到影响的相对人、利害关系人一个发表意见或辩解的机会，让其参与到行政程序当中。二是保障行政管理相对人、利害关系人和知情权、参与权和救济权。按照现代行政法的管理方向，行政相对人不能当作纯粹的管理客体，通过行政程序的双向或多项性，从而保证行政行为的准确性、正确性。如告知相对人具有听证、复议、诉讼的权利，从而贯彻“没有救济的权利，就不是权利”的思想。程序正当要坚持回避，如办案人员与当事人存在利害关系的，应向行政部门提出回避申请。

4. 信赖保护原则

信赖保护原则是指畜牧兽医行政相对人基于对行政权力的信赖而产生的利益应当受到保护，畜牧兽医行政主体不得擅自改变已生效的行政决定，确需改变行政决定的，对于由此给行政相对人造成的损失应当给予补偿。这一原则的基本要求是：

（1）非经法定事由并经法定程序，畜牧兽医行政执法机关不得撤销或者变更已生效的行政决定。

（2）因国家利益、公共利益或者其他法定事由需要撤回或者变更行政决定的，畜牧兽医行政执法机关可以依法撤回或者变更。

（3）畜牧兽医行政执法机关依法撤回或者变更已经生效的行政决定造成公民、法人或者其他组织财产损失的，应当依法予以补偿。

5. 高效便民原则

畜牧兽医行政主体实施行政管理，应当遵守法定时限，积极履行法定职责，提高办事效率，提供优质服务，方便公民、法人和其他组织。

高效便民就是要坚持行政效率。如作出行政许可时应当在法定期限内完成许可或不予许可的决定。高效便民就是要坚持便利当事人。如作出处罚决定时当事人因在外地不能前来领取，不能要求其必须前来领取，而拒绝邮寄送达。

6. 权责统一原则

畜牧兽医行政主体依法履行管理职责，要由法律、法规赋予其相应的执法手段。行政机关违法或者不当行使职权，应当依法承担法律责任，实现权力和责任的统一。依法做到执法有保障、有权必有责、用权受监督、违法受追究、侵权须赔偿。

第三节　畜牧兽医行政执法主体

一、畜牧兽医行政执法主体的含义

所谓畜牧兽医行政执法主体，是指能以自己的名义行使国家畜牧兽医行政职能，作出影响公民、法人或者其他组织权利义务的畜牧兽医行政行为，能独立对行为后果承担法律责任的组织。作为畜牧兽医行政执法主体应具备以下几个特征。

一是畜牧兽医行政执法主体是一个组织，而不是个人。组织在一定条件下可以成为行政主体，如依宪法和组织法设立的国家农业行政机关，法律、法规授权行使行政管理权的事业单位和社会团体。所以，个人不能成为畜牧兽医行政主体，尽管具体畜牧兽医行政行为是由国家畜牧兽医执法人员作出，但他们只能以畜牧兽医行政主体的名义而不能以个人的名义。

二是畜牧兽医行政执法主体是依法获得行政职权的组织。

三是畜牧兽医行政执法主体能够以自己的名义实施行政管理。畜牧兽医行政执法主体能够以自己的名义对外行政，能够以自己的名义作出处理决定。畜牧兽医行政主体的内设处（科）对外作出处理决定，决定书必须以部门署名，不能以处（科）署名。所以，畜牧兽医行政主体的内部处（科）一般不是畜牧兽医行政执法主体。

四是畜牧兽医行政执法主体能够独立承担行政行为后果和法律责任。不能独立承担畜牧兽医行政行为带来的后果和法律责任的畜牧兽医行政主体，不能成为畜牧兽医行政执法主体。

二、畜牧兽医行政执法主体种类

1. 畜牧兽医行政机关

畜牧兽医行政机关是指按照宪法和有关组织法的规定设立的，依法享有并运用国家行政权，负责对行政事务进行组织、管理、监督和指挥的国家机关。畜牧兽医行政机关是行政主体之一，其性质是国家权力的执行机关，行使国家畜牧兽医行政管理权，对国家权力机关负责并报告工作。主要包括县级人民政府畜牧兽医行政主管部门、地市级人民政府畜牧兽医行政主管部门、省级人民政府畜牧兽医行政主管部门和国务院畜牧兽医行政主管部门（即农业农村部）。在大多情况下，畜牧兽医法律法规把畜牧兽医行政处罚权直接赋予了畜牧兽医行政主管部门。除此之外，其他任何单位和个人不能作为法定的畜牧兽医行政处罚的主体。

2. 法律法规授权动物卫生监督机构

法律法规授权组织又称行政授权组织，是指依照单行法律、法规授权而行使特定行政职权的非行政机关的组织。法律法规授权组织与行政机关一样，具有行政主体资格，是独立的行政主体。可以以自己的名义作出畜牧兽医行政处理决定，并对由此而产生的法律后果独立承担法律责任。如《中华人民共和国动物防疫法》（以下简称《动物防疫法》）第八条规定县级以上地方人民政府设立的动物卫生监督机构依照本法规定，负责动物、动物产品的检疫工作和其他有关动物防疫的监督管理执法工作。所以，各级动物卫生监督机构就属于法律法规授权的行政执法主体，能以自己的名义作出畜牧兽医行政处罚决定，并对由此而产生的法律后果能独立承担法律责任。但是，动物卫生监督机构行使的行政处罚权限比较单一、狭窄，仅限于处理违反《动物防疫法》及配套法规等方面规定的违法行为。

3. 行政委托的畜牧兽医综合执法机构

行政委托是指行政机关将自己拥有的部分行政职能交由符合法条件的其他组织行使的活动。行政委托的后果由委托机关承担。

由于畜牧业生产发展涉及面广而复杂，有的专业性强，需要有强大的畜牧兽医管理执法队伍，在这种情况下，畜牧兽医行政机关不得不经常将某些畜牧兽医行政管理事务委托给有关的组织行使，如各级畜牧兽医综合执法机构（总队、支队、大队），就是畜牧兽医行政机关行政委托的畜牧兽医执法组织。

第四节　畜牧兽医行政执法依据

一、畜牧兽医行政执法依据的含义

畜牧兽医行政执法依据是指县级以上畜牧兽医行政执法机关对公民、法人和其他组织违反畜牧兽医行政管理秩序的行为，就其权利、义务等特定事项作出行政处理决定所依据的法律、法规和规章等规定。

畜牧兽医行政执法是畜牧兽医行政执法机关的行政行为，这种行政行为与公民行为不同。作为一个公民，其行为只要不是法律所禁止的，就能为之，无须法律或者行政机关组织授权，只要不违反法律就可以了。但是，畜牧兽医行政执法是畜牧兽医行政执法机关管理国家畜牧兽医公共事务的的行政行为，它的后果直接或间接影响着公民的权益，没有法律的规定和授权，畜牧兽医行政执法机关不能剥夺公民的权利，也无权为公民设定义务。因此，畜牧兽医行政执法这种行政行为，尤其要想合法有效，必须要有一定的法律依据。

二、畜牧兽医行政主体实施行政执法依据

畜牧兽医行政执法机关实施畜牧兽医行政执法不但依据专门的法律、法规和规章作为法律依据，而且还要依据通用的法律、法规和规章作为法律依据。主要包括以下内容。

1. 宪法

由全国人民代表大会制定。宪法是我们国家一切法律，包括其他法律、行政法规、地方性法规、行政规章等制定的依据，当然也是一切行政处罚的法定依据。任何法律、行政法规、地方性法规、行政规章都不得与宪法相抵触。如果违背了宪法，就失去了其法定依据的作用。但一般来说，宪法只是规定一般原则，在采用时一般不直接引用。

2. 法律

法律是全国人民代表大会及其常务委员会依照法定权限，按照法定程序制定的具有普遍约束力的规范性文件。其效力高于其他形式的规范性文件。目前，实施畜牧兽医行政执法所依据的法律不仅要遵循通用的法律，而且也要遵守专门的法律，主要包括：

（1）《中华人民共和国行政处罚法》（以下简称《行政处罚法》）《中华人民共和国行政复议法》（以下简称《行政复议法》）等通用行政法律。像《行政处罚法》是规范各种行政处罚的基本法律。它从总体上和程序上规范了畜牧兽医行政处罚的设定和实施，对畜牧兽医行政处罚具有指导作用。又如《行政复议法》《行政诉讼法》《行政强制法》等行政法律虽然不属于行政处罚的范畴，但有关内容涉及行政处罚的有关问题，畜牧兽医行政处罚也不能例外，因此，也是实施畜牧兽医行政执法必须遵循的相关通用法律依据。

（2）《畜牧法》（《中华人民共和国畜牧法》的简称。下同）《动物防疫法》（《中华人民共和国动物防疫法》的简称。下同）等行业法律。《畜牧法》《动物防疫法》《草原法》（《中华人民共和国草原法》的简称。下同）等法律具体设定了主要的畜牧兽医行政处罚的种类和权限，是实施畜牧兽医行政处罚的主要依据。

3. 法规

法规包括行政法规和地方法规。行政法规是国务院依照《宪法》（《中华人民共和国宪法》的简称。下同）和法律的规定，按法定权限和程序制定的具有普遍约束力的规范性文件。地方法规是省、自治区、直辖市的人民代表大会及其常务委员会、省会市人民代表大会及其常务委员会、设区的市市人民代表大会及其常务委员会、经济特区所在地的省、市的人民代表大会及其常务委员会、民族自治地方的人民代表大会根据法律和行政法规的规定，按法定权限和程序制定的具有普遍约束力的规范性文件。在现阶段，作为畜牧兽医行政执法依据的法规主要有以下两方面。

（1）行政法规。不仅包括《罚款决定与罚款收缴分离实施办法》等涉及畜牧兽医行政执法所用的通用行政法规，也包括《重大动物疫情应急条例》

等畜牧行业行政法规，在实施畜牧兽医行政执法时都是需要遵循的准则。

（2）地方法规。如《河南省实施〈中华人民共和国动物防疫法〉办法》和《青海省实施〈中华人民共和国动物防疫法〉办法》等。

4. 规章

规章包括部门规章和地方规章。部门规章是国务院各部委或国务院直属机构根据法律和行政法规的规定，按照法定权限和程序制定的具有普遍约束力的规范性文件。地方规章是省、自治区、直辖市人民政府、省会市人民政府、设区的市人民政府，根据法律、行政法规等规定，按法定权限和程序制定的具有普遍约束力的规范性文件。目前，涉及畜牧兽医行政执法的部门规章：如《农业行政处罚程序规定》《动物检疫管理办法》《动物防疫条件审查办法》《畜禽标识和养殖档案管理办法》《执业兽医管理办法》《乡村兽医管理办法》等。

5. 其他具有普遍约束力的规范性文件

除法律、法规和规章外，其他还包括具有普遍约束力的规范性文件，规范性文件是指国家畜牧兽医等行政机关为执行法律、法规和规章，对社会实施管理，依法定权限和法定程序发布的规范公民、法人和其他组织行为的具有普遍约束力的政令。行政规范性文件不属于行政法规、规章，一般表现为行政措施、决定等，公民、法人和其他组织在进行各种畜牧兽医生产经营等活动时必须遵守相关规范性文件的规定，人民法院在审查具体行政执法行为的合法性时，也是须遵循的原则。

6. 法律解释

正式法律解释是依法享有法律解释权的特定国家机关对有关法律文件进行的具有法律效力的解释。《关于加强法律解释工作的决议》的规定，有权法律解释包括以下三种。

（1）立法解释。即全国人大常委会依法对法律文件所作的解释；

（2）司法解释。即最高人民法院和最高人民检察院依法对法律文件所作的解释；

（3）行政解释。即国务院及其主管部门依法对法律文件进行的解释。

第五节　畜牧兽医行政执法依据适用

一、畜牧兽医行政执法依据适用的含义

畜牧兽医行政执法依据适用，是指在畜牧兽医行政执法活动中，畜牧兽医行政执法机关将抽象的法律规范同具体的行为和事实联系起来并对特定的公民、法人和其他组织的权利义务关系作出判断和决定的活动。能否正确适用畜牧兽医行政执法依据直接关系到执法行为是否合法有效，畜牧兽医行政执法依据的适用规则主要是以下六个方面。

二、畜牧兽医行政执法依据的适用规则

1. 上位法优于下位法

上位法是指效力等级高的执法依据，下位法是指效力等级低的执法依据。当不同效力等级的执法依据对某一问题的规定不尽一致时，畜牧兽医行政执法机关及其执法人员在适用时应当适用效力等级高的上位执法依据，而不能执行效力等级低的下位执法依据。当然，上位法如果已明确授权下位法可以作出特殊规定的除外。根据我国《立法法》(《中华人民共和国立法法》的简称。全书同）的规定，行政执法依据的效力等级按下列顺序确定：宪法；法律；行政法规；地方性法规；部门规章、地方政府规章；具有普遍约束力的决定、命令等其他规范性文件。这其中省、自治区的人民政府制定的规章的效力高于本行政区域内的省会市人民政府和较大的市人民政府制定的规章，部门规章之间、部门规章与地方政府规章之间具有同等效力，在各自权限范围内施行。

2. 实体从旧，程序从新

实体从旧、程序从新是指畜牧兽医行政执法机关对行政相对人作出具体行政行为时，对实体事项的处理，应当适用旧的执法依据，而正在进行的执法程序则应适用新公布生效的执法依据。在行政执法依据的适用上，“除法

律有特别规定外，基于法律不追溯既往原则，原则上应可采取‘实体从旧，程序从新’的原则”。但有下列情形的应除外：一是执法依据另有规定的；二是适用新的执法依据对保护行政相对人的合法权益更为有利的；三是按照具体行政行为的性质应当适用新执法依据的实体规定的。

3. 新法优于旧法

同一机关就同一问题制定了两个或者两个以上的执法依据，行政执法机关应当优先适用后制定的依据。这种适用方法，主要是解决同一效力等级执法依据规定不一致的情形。由于一切法律规范都是根据当时社会关系的情况而制定，随着社会关系的发展变化，行政执法依据也存在过时的问题，需要不断修改、更新。执法依据修改、更新形式多样，有的是对原法进行修改，有的是在新法中重新作规定并明确宣布旧法废止，这当然不会引起适用依据的争议。但有的新法虽然对旧法进行了修改但却没有明确废止旧法，而且旧法本身的效力又没有完全丧失，这种情况下，必须按照新法优于旧法的方法确定如何适用。因为修改后的新执法依据，更加符合发展变化了的新情况，体现了制定机关面对新情况所作的新调整，所以应当优先适用。需要说明的是，新法优于旧法是有条件的，新法与旧法必须是同一机关制定并颁布的，即应是同一效力等级的执法依据。如果是不同效力等级的执法依据，则应依上位法优于下位法之方法。

4. 特别法优于一般法

特别法是根据某种特殊情况和需要所制定的专门调整某种特殊社会关系的执法依据，其对特定主体、事项，或在特定地域、特定时间有效。一般法是为调整某一类社会关系而制定的，有普遍效力的执法依据。当同一效力等级的执法依据相互矛盾或者执法依据有特别规定时，应当按照特别法优于一般法的方法，可优先适用特别法。

5. 行为地法优于人地法

行为地法是指法律行为发生地所属法域的执法依据，人地法是指行政相对人所在地所属法域的执法依据。当行政执法机关针对行政相对人作出某一具体行政行为，而行政相对人的所在地与其行为地不一致时，应优先适用当事人行为发生地的执法依据。

6. 实体法与程序法并重

程序法是实体法得以正确贯彻实施的重要保证，而且具有独特的存在价值。畜牧兽医行政执法机关在执法过程中，不仅要重视实体依据的适用，同样不能忽视程序依据的适用。从法律意义上说，程序依据与实体依据有着相同的法律地位，违反程序法也是一种违法行为，而且是极为严重的违法行为，因为程序上违法往往导致实体上执法的无效。坚持实体法与程序法并重，关键是转变观念，进一步提高对程序依据重要性的认识，在畜牧兽医行政执法中严格遵守并适用。

第六节　畜牧兽医行政执法证据

一、畜牧兽医行政执法证据的含义

畜牧兽医行政执法证据是指有关畜牧兽医行政主体主动调查、收集一切能证明畜牧兽医行政执法案件真实情况的证据材料的活动，相对人提交能证明畜牧兽医行政执法案件真实情况的证据材料的活动，以及行政主体对所有的证据材料进行检查、审查等活动须遵循的方法、步骤、规则等一系列法律规范所构成的行政程序基本制度。证据制度在畜牧兽医行政执法程序中居于核心地位，其他程序制度的设置和运行都围绕着证据制度展开，证据制度决定着其他程序制度的实际效果，畜牧兽医行政执法程序的每一项具体制度都留有证据的痕迹。

二、畜牧兽医行政执法证据种类

根据畜牧兽医行政执法证据的不同表现形式，畜牧兽医行政执法证据可分为以下八种：

1. 书证

书证是指记载或者表示了一定事实的物，这个物本身和它所记载表示的事实均与待证事实相关联。书证是以文字、字母、数字、图形、其相同物、类似物组成，通过手写、印刷、打字、复写等形式表现出来的，能够以其所表彰的内容信息，反映或表达案件事实的记述。

畜牧兽医行政主体进行行政执法时，所采用的书证作为证据时应符合的要求：一是采用书证的原件，原本、正本和副本均属于书证的原件。提供原件确有困难的，可以提供与原件核实无误的复印件、照片、节录本。二是采用有关部门保管的书证原件的复制件、影印件或者抄录件的，应当注明出处，经该部门核对无异后加盖其印章。三是采用报表、图纸、会计账册、专业技术资料、科技文献等书证的，应当附有说明材料。四是对违法案件有关人员的询问、陈述、谈话类笔录，应当有行政执法人员、被询问人员、陈述人、谈话人签名或者盖章。如果行政相对人拒签，在笔录中一定要注明。

法律、法规、司法解释和规章对书证的制作形式另有规定的，从其规定。

2. 物证

物证指以物品存在的外形、规格、质量、特征等来证明案件事实的材料。它的本质在于以物品的自然属性来证明案件事实，而不是以物品所包含的主观内容，这是它区别于书证的最大特征。

畜牧兽医行政主体进行行政执法时，所采用的物证作为证据时应符合的要求：一是采用原物：获取原物确有困难可采用与原物核对无误的复印件或者证明该物证的照片、录像等其他证据。二是原物为数量较多的种类物的，可采用其中的一部分。

3. 视听资料

视听资料及数据化资料渠道指利用录音、录像、计算机储存等手段反映出的音响、影像或其他信息证明案件事实的资料。其特征是以其音响、影像或其他信息等内容来证明案件的事实，其内容的显示需要借助于科学仪器，并且它一般是以动态的内容来起证明作用，因而它既有别于书证，又有别于物证。

畜牧兽医行政主体进行行政执法时，所采用的视听资料作为证据时应符合的要求：

一是采用有关资料的原始载体，提供原始载体确有困难的，可以采用复制件。二是要注明视听资料的制作方法、时间、制作人和证明对象等。三是声音资料应当附有该声音内容的文字记录。

4. 证人证言

证人证言是指了解案件情况的人以口头或书面的方式，向行政主体所作的与案件有关的事实的陈述，它的特点在于主观性强。证人必须是了解案件情况的自然人，但不能正确表达意思的人不能作为证人。

畜牧兽医行政主体进行行政执法时，所采用的证人证言作为证据时应符合的要求：一是要写明证人的姓名、年龄、性别、职业、住址等基本情况。二是有证人的签名，不能签名的，应当以盖章等方式证明。三是注明出具日期。四是附有居民身份证复印件等证明证人身份的文件。

5. 当事人的陈述

当事人陈述指当事人在行政过程中就其所经历的案件事实，向行政主体做出的陈述。当事人的陈述是一种应用广泛并且有较强证明力的证据形式。但是，由于当事人与案件的结果有直接的利害关系，因此，对当事人的陈述应严格审查。

畜牧兽医行政主体进行行政执法时，所采用的当事人的陈述作为证据时应符合的要求：一是询问的时间、地点，询问人的身份、人数以及询问方式等是否符合法律、有关规定；二是询问笔录的制作、修改是否符合法律、有关规定，是否注明讯问的具体起止时间和地点，首次询问时是否告知被告人相关权利和法律规定，被告人是否核对确认；三是询问未成年被告人时，是否通知其法定代理人或者有关人员到场，其法定代理人或者有关人员是否到场；四是当事人的供述是否前后一致，有无反复以及出现反复的原因；当事人的所有供述和辩解是否均已随案移送；五是当事人的辩解内容是否符合案情和常理，有无矛盾；六是当事人的供述和辩解与同案其他人员的供述和辩解以及其他证据能否相互印证，有无矛盾。必要时，可以调取询问过程的录音录像等。

6. 鉴定结论

鉴定结论指由鉴定部门指派具有专门知识和专门技能的人对某些专门性问题进行分析、鉴别和判断，从而得出的能够证明案件事实的书面结论。

畜牧兽医行政主体进行行政执法时，所采用的鉴定结论作为证据时应符合的要求：一是应当载明委托人和委托鉴定的事项；二是委托人向鉴定部门提交的相关材料；三是鉴定的依据和使用的科学技术手段；四是鉴定部门和鉴定人鉴定资格的说明；五是鉴定人鉴定机构签名盖章；六是通过分析获得的鉴定意见，应当说明分析过程。

7. 勘验笔录和现场笔录

勘验笔录指对物品、现场等进行察看、检验后所作的能够证明案件情况的记录；现场笔录指行政机关及其工作人员在执行职务的过程中，对某些事项当场所作的能够证明案件事实的记录。它们均需由取证人、见证人、当事人等有关人员到场，并签名或盖章。

畜牧兽医行政主体进行行政执法时，所采用的勘验笔录和现场笔录作为证据时应符合的要求：一是应当载明时间、地点和事件等内容；二是应有执法人员和当事人的签名。当事人拒不签名或不能签名的，执法人员应注明拒签的理由，其他人员在现场的，可由其他人员签名；三是法律法规和规章对现场笔录的制作形式另有规定的，从其规定。

8. 电子数据

电子数据是指借助于信息技术生成、修改、删除、存储、传递、获取等形成的一切数据，主要包括电脑文档、手机文档、电子邮件、即时通信记录、博客、微博、网页历史记录、IP 地址、手机短信、通话记录、传真记录、信令数据、电子签名、电子痕迹等。电子数据证据主要存在于电脑、移动存储设备、移动通信设备、互联网服务器等电子设备或存储介质中。电子数据证据可以依据不同标准区分为文档文件、图形文件、多媒体文件、程序文件与数据库文件等，单机数据与网络数据，静态数据与动态数据，数据内容、附属信息、关联痕迹与系统环境信息等。电子数据证据既可以直接作为一种专门的法定证据使用，也可以转化为其他的法定证据或者作为线索使用。

畜牧兽医行政主体进行行政执法时，所采用的电子数据作为证据时应符合的要求，按照《最高人民法院关于行政诉讼证据若干问题的规定》第六十四条的规定：以有形载体固定或者显示的电子数据交换、电子邮件以及其他数据资料，其制作情况和真实性经对方当事人确认，或者以公证等其他有效方式予以证明的，与原件具有同等的证明效力。

三、畜牧兽医行政机关调查收集证据要求

1. 全面

全面性是要求畜牧兽医行政执法人员在调查收集证据时，应当尽可能全面地收集与案件有关的证据材料，凡是对本案的处理可能有意义的证据材料，应当一律收集，而不凭一时的主观判断或表面的迹象进行取舍。

2. 客观

客观性是要求畜牧兽医行政执法人员在调查收集证据时，应当坚持辩证唯物主义的认识论，实事求是，尽可能收集原始的证据，对于现有的证据材料，不加以夸大或缩小，不用主观想象代替客观事实，按照主观设想的框框去收集证据，更不能弄虚作假，制造假证据。

3. 公正

公正性是要求畜牧兽医行政执法人员应依法秉公调查收集证据，不能为了实施处罚而有选择地收集证实被调查人违法或违法情节严重的证据，也不能为了偏袒被调查人而故意收集证实被调查人不构成违法或违法情节较轻的证据。

4. 及时

及时性是对调查收集证据时间方面的要求，畜牧兽医行政主体只要发现涉嫌违法的行为，应及时立案，采取措施予以调查，在现场执法的执法人员应当及时制作现场笔录，避免给违法分子造成可乘之机，甚至形成疑难案件。

四、畜牧兽医行政执法证据效力

1. 证据的合法性

证据的合法性包括两方面的含义：一方面是证据必须符合法律对其形式要求；另一方面是证据的收集必须符合法律要求。因此，畜牧兽医行政机关应当根据案件的具体情况，从三方面审查证据的合法性。

（1）证据是否符合法定形式。如果不符合法律要求的材料，是不能予以采用的。如书证应是原件或是与原件核对无误的复印件、记录本。物证应是原物或是与原物核对无误的复制品。

（2）证据的取得是否符合法律、法规、司法解释和规章的要求。调取查证不能侵犯个人的隐私权，不能采取威逼、利诱等非法手段。

（3）是否有影响证据效力的其他违法情形。

2. 证据的真实性

根据案件的具体情况，畜牧兽医行政执法机关对所掌握的证据应当从以下五个方面审查其真实性：一是证据形成的原因；二是发现证据时的客观环境；三是证据是否为原件、原物，复制件、复制品与原件、原物是否相符；四是提供证据的人或者证人与当事人是否有利害关系；五是影响证据真实性的其他因素。

3. 不能作为认定案件事实的证据

对下列九种以违反法律禁止性规定或者侵犯他人合法权益的方法取得的证据材料，不能作为认定案件事实的依据：一是严重违反法定程序收集的证据材料；二是以偷拍、偷录、窃听等手段获取的证据材料；三是以利诱、欺诈、胁迫、暴力等不正当手段获取的证据材料；四是当事人无正当事由超出举证期限提供的证据材料；五是在中华人民共和国领地以外或者在中国香港和中国澳门特别行政区以及中国台湾地区形成的未办理法定证明手续的证据材料；六是当事人无正当理由拒不提供原件、原物，又无其他证据印证，且对方当事人不予认可的证据的复制件或者复制品；七是被当事人或者他人进行技术处理而无法辨明真伪的证据材料；八是不能正确表达意志的证人提供的证言；九是不具备合法性和真实性的其他证据材料。

4. 不能单独作为认定案件依据的证据

不能单独作为定案依据的证据有下列七种：一是未成年人所作的与其年龄和智力状况不相适应的证言；二是与一方当事人有亲属关系或者其他关系的证人所作的对该当事人有利的证言，或者与一方当事人有不利关系的证人所作的对该当事人不利的证言；三是无正当理由拒不接受畜牧兽医行政执法人员询问的证人的证言；四是难以识别是否经过修改的视听资料；五是无法与原件、原物核对的复制件或者复制品；六是经一方当事人或者他人改动，对方当事人不予认可的证据材料；七是其他不能单独作为定案依据的证据材料。

5. 证明同一事实的数个证据证明效力的认定

证明同一事实的数个证据，其证明效力一般可以按照下列情形分别认定：一是国家机关以及其他职能部门依职权制作的公文文书优于其他书证；二是鉴定结论、现场笔录、勘验笔录、档案材料以及经过公证或者登记的书证优于其他书证、视听资料和证人证言；三是原件、原物优于复制件、复制品；四是法定鉴定部门的鉴定结论优于其他鉴定部门的鉴定结论；五是本机关主持勘验所制作的勘验笔录优于其他部门主持勘验所制作的勘验笔录；六是原始证据优于传来证据；七是其他证人证言优于与当事人有亲属关系或者其他密切关系的证人提供的对该当事人有利的证言；八是数个种类不同、内容一致的证据优于一个孤立的证据。

第七节　畜牧兽医行政执法程序

一、畜牧兽医行政执法程序的含义

畜牧兽医行政执法程序是针对畜牧兽医行政执法行为而言，是为规范畜牧兽医行政执法行为，避免相对人的权利因行政主体的随意判断受到侵害而制定的，是畜牧兽医行政执法行为在时间和空间上的表现形式。所谓空间形式是指畜牧兽医行政执法行为的表现形式，如口头形式、书面形式、动作形式等。所谓时间形式，是指畜牧兽医行政执法行为过程的先后顺序以及所必须履行的每个环节。其含义是畜牧兽医行政主体在做出畜牧兽医行政执法行为时必须遵守的步骤、顺序、方式和时限。

二、畜牧兽医行政执法程序的原则

1. 公正原则

公正原则是行机关在实施行政行为时，要在程序上平等地对待相对人，排除各种可能造成不平等或偏见的因素。公正原则不仅要求实际上已实现的公正，而且还要求使行政相对人对行政行为有一种公正的确信感。公正原则的最基本要求是平等对待。

行政公正是确保行政机关行使行政权的过程和结果可以为社会一般理性认同、接受所要遵循的基本原则。行政公开原则主要是针对行政自由裁量权提出的要求。一般认为，行政公开的原则包括以下几个方面的内容。

（1）行政机关行使行政权力，以事实为依据，以法律为准绳，当事人在行政程序中的法律地位平等。

（2）在相同或相似的情况，行政权力的行使应当体现一致性。

（3）行政机关工作人员与其所处理的行政事务存在利害关系可能影响程序公正进行的，应当回避。我国《行政处罚法》《行政许可法》等法律中都明确规定了回避制度。

2. 公开原则

公开原则就是行政机关将法律规定的保密事项以外的政府行政事务和社会公共事务等，通过一定的形式向社会公开，使人们在了解政府事务真实情况的基础上，参与决策与管理，实施有效的监督。

行政公开是公民行使宪法规定的知情权的基础，也是行政机关履行法定职责的重要方式。行政相对人可以通过行政程序维护自己的合法权益，社会民众可以通过公开的行政程序监督行政机关依法行使行政权力。只有将行政机关的行政活动纳入社会公众的广泛监督之下，才是最大可能有效地防止行政机关滥用职权或徇私舞弊。

在我国，公开原则的内容应当包括：

（1）畜牧兽医行政执法行为的依据、过程和结果的公开。

（2）行政法规、规章及抽象行政行为的公开。

（3）行政管理机构办公地点、依据、职责、程序、标准和条件、时限、结果的公开。

（4）行政管理过程中产生的有关文件、档案和资料的公开。

（5）畜牧兽医行政执法机关公务员的个人资料的公开。

（6）应公民申请，涉及记载其个人信息的档案资料的公开。

公开原则也有例外，即行政机关不得公开涉及国家秘密、商业秘密、个人隐私的政府信息。当行政机关认为申请公开的政府信息涉及商业秘密、个人隐私，公开后可能损害第三方合法权益的，应当书面征求第三方的意见；第三方不同意公开的，不得公开。但行政机关认为不公开可能对公共利益造成重大影响的，应当予以公开，并将决定公开的政府信息内容和理由书面通知第三方。

3. 参与原则

参与原则是指行政主体在作出行政行为过程中，除法律有特别规定外应当尽可能为行政相对人提供参与行政行为的各种条件和机会，从而确保行政相对人实现行政程序权益，同时也可以使行政行为更加符合社会公共利益。

当事人参与原则的基本内容是在行政机关作出影响当事人合法权益的行政决定前，必须给予当事人向行政机关表达自己意见的权利和机会，否则这种行政决定可以因为缺乏最低限度的程序正当性不能取得法律效力。根据《中华人民共和国行政处罚法》第 41 条规定，行政机关及其执法人员在作出行政处罚决定之前，不依照本法第 31、第 32 条的规定向当事人告知给予行政处罚的事实、理由和依据，或者拒绝听取当事人的陈述、申辩，行政处罚决定不能成立。

参与原则的内容集中体现在行政相对人在行政程序中的权利，这些权利主要包括：

（1）获得通知权。

（2）陈述权。

（3）抗辩权。

（4）申请权。

4. 效率原则

效率原则是指行政程序中的各种行为方式、步骤、时限、顺序的设置都必须有助于确保基本的行政效率，并在不损害行政相对人合法权益的前提下适当提高行政效率。

行政效率是行政权的生命，没有基本的行政效率，就不可能实现行政维护社会秩序的基本功能。行政程序法的效率原则必须体现如下内涵：其一，提高行政效率不得损害行政相对人的合法权益；其二，提高行政效率不得违反公平原则。效率原则主要通过以下行政程序制度来实现：

（1）时效。

（2）代理。

（3）不停止执行。

5. 便民原则

便民原则就是行政主体在作出行政行为的过程中，依法高效地行使职权，最大限度地方便人民群众。高效是衡量行政机关要作质量的重要标准，也是决定行政机关能否真正落实服务于民的重要环节。只有高效行政，才能真正做到便民、利民、为民。

本着方便群众的原则，在行政制度改革中，许多地方成立了行政服务中心，开展行政审批“一个窗口、一条龙、一站式”服务对行政权力的集中行使。

实现高效便民，既要着眼于改革行政管理体制，又要着眼于提高行政机关自身效率，做到内外结合、标本兼治。

三、畜牧兽医行政执法程序的基本制度

1. 听证制度

行政听证制度是指畜牧兽医行政机关作出影响行政相对人合法权益的决

定之前，由畜牧兽医行政机关告知决定理由和听证权利，行政相对人陈述意见、提供证据以及行政机关听取意见、接纳证据并作出相应决定等程序所构成的一种法律制度。

我国听证制度的主要内容有：

（1）告知和通知。告知是行政机关作出决定前将决定的事实和法律理由依法定形式告知利害关系人。通知是行政机关将有关听证的事项在法定期限内通知利害关系人，以使利害关系人有充分的时间准备参加听证。告知和通知是在行政程序中发挥着行政机关与行政相对人之间的沟通作用，是听证中不可缺少的程序，对行政相对人的听证权起着重要的保障作用。

（2）公开听证。听证一般公开进行，让社会公民有机会了解行政机关的行政决定的过程。但涉及国家秘密、商业秘密和个人隐私的，听证可以不公开进行。

（3）委托代理。行政相对人并不一定都有能力自如地运用法律维护自己的合法权益，在听证中，行政相对人可以委托代理人参加听证，以维护自己的合法权益。

（4）对抗辩论。对抗辩论是由行政机关提出作出决定的事实和法律依据，行政相对人对此得出质疑和反诘，从而使案件事实更加真实可靠，行政决定更趋于公正、合理。

（5）制作笔录。听证过程必须以笔录的形式保存下来。对于听证笔录在行政机关作出决定过程中的作用，《行政处罚法》没有予以明确，而新出台的《行政许可法》则明确规定，在举行听证的案件中，行政机关应当根据听证笔录，作出行政许可决定。

2. 信息公开制度

信息公开制度是畜牧兽医行政主体根据职权或者行政相对人请求，将行政信息向行政相对人或者社会公开展示，并允许查阅、摘抄和复制的制度。

信息公开分为主动公开与申请公开，涉及主动公开的事项，无须公民申请行政机关就有义务通过各种形式、提供各种便利公开信息；除主动公开之外的政府信息属于申请公开的范畴，申请公开的信息公开需要公民提出申请。

（1）信息公开的主体：行政主体应该是负有特定公开义务的行政机关，如无法定义务，一般不需要公开。信息公开的主体一般应根据法律来确定。

（2）公开的对象。一般情况比较复杂，有时是一般社会公众，有时是相对人，有时还必须包括利害关系人。

（3）信息公开的客体。信息是有一定的范围，并不是无限的，主要是畜牧兽医行政执法的依据、事实和理由。

3. 表明身份制度

表明身份制度是指畜牧兽医行政主体和行政行为人在正式行使行政权作出畜牧兽医行政行为之始应向相对人（利害关系人）出示必要的证件、展示必要的公务标志佩戴或口头说明，以证明其享有某种职权并正在或即将开始行使该权力的程序规则。

表明身份一方面通过行政行为人对其身份的明确使相对人免遭不必要的侵害；另一方面它也能扼制行政主体及其行政行为人进行越权行政或滥权行政。目前我国不少法律、法规和规章都不同程度地规定了表明身份制度，如《行政处罚法》。

表明身份制度也有例外，即在法定秘密行政的领域，如公安部门秘密查访违法经营户的情形，就不应该事先表明身份。

4. 告知制度

告知制度是指畜牧兽医行政主体及行政行为人在行使行政权的过程中，将应该让相对人知晓的事项通过一定的途径和方式告诉相对人的程序制度。

行政主体的告知义务体现的是相对人知情的权利。从实践看，告知规则既可加强相对人与行政主体间的沟通和信任，也可以保障行政行为作出前相对人表达意见、参与管理、监督行政过程的可能。

告知的内容，通常是相对人必须了解和应该了解的行政行为决定或某种权利。如告知行政处罚决定、告知拒绝颁发许可证的决定、告知相对人在法定期限内提起行政诉讼的权利。从形式上看，告知可以分为口头告知、书面告知等。从方式上看，告知可分为须受领告知和无须受领告知。无须受领告知又称通告或公告，它以非特定人为对象，主要适用于行政立法、非立法性行政规范、行政计划和行政政策的制定过程。须受领告知，又称面告，指行政主体必须将某项通知的内容当面告知相对人，相对人常以签字表示受领，如被告知者拒绝签字或不会签字，可请证人证明。须受领告知有时也通过信函方式告知，在回执上签字表示函告受领。

5. 回避制度

回避制度是指行政机关工作人员在行使职权过程中，因其与所处理的事务有利害关系，为保证实体处理结果和程序进展的公正性，根据当事人的申请或行政机关工作人员的请求，有权机关依法终止其职务的行使并由他人代理的一种法律制度。

回避规则通常在具体行政行为领域适用，它要求行政主体或行政人在处理与自身有利害关系的行政案件时应自行回避；相对人也可以请求行政主体或行政人回避；上级行政主体在发现下属行政主体或行政人有应当回避的情形时，也可直接命令下属回避。

应予回避的事由：

（1）本人或其近亲属为行政行为所涉事件的当事人。

（2）本人或其近亲属与行政行为所涉事件的当事人有共同的权利义务关系。

（3）相对人有足够理由认为某行政主体或行政人作出行政行为会有失偏颇（该种回避必须由上级行政主体决定，不能由下属行政主体或行政人自行回避）。

（4）法定的其他事由。

6. 审裁分离制度

审裁分离制度是指畜牧兽医行政主体的审查案件职能和对案件裁决的职能，分别应由其内部不同的机构或人员来行使，以确保行政相对人的合法权益不受侵犯。

审裁分离的模式有两种：即内部审裁分离和审裁完全分离。内部审裁分离，是指在同一畜牧兽医行政主体内部由不同的机构或人员分别行使案件调查、审查权与裁决权的一种制度。畜牧兽医行政执法程序中所执行审裁分离制度就是指内部审裁分离制度。

7. 说明理由制度

说明理由制度是指畜牧兽医行政主体在作出对行政相对人合法权益产生不利影响的行政行为时，除法律有特别规定外，必须向行政相对人说明其作出该行政行为的事实因素、法律依据以及进行自由裁量时所考虑的政策、公益等因素。

说明理由的内容及其规则包括行政行为的合法性理由与行政行为的正当性理由。

8. 期间制度

期间制度又称时效制度，是畜牧兽医行政行为的全过程或其各个阶段应受到法定时间限制的制度。

期间制度是保障行政效率，增强行政行为的可预期性，防止行政许可机关拖延时日的方式侵害相对一方当事人的利益的根本制度。

期间制度包含两方面的要求：一是畜牧兽医行政主体在法定期限内如不行使职权，在法定期限届满后不得行使，同时应承担相应的行政责任；二是畜牧兽医行政相对人在法定期限内如不行使权利，即丧失了相应的权利，并承担相应的法律后果。

9. 送达制度

送达，是指畜牧兽医行政主体按照法定程序和方式，将诉讼文书送交当事人的行为。送达作为行政行为的一项基础性制度，对保证程序公正和行政效率有着重要的意义。

行政送达的方式有：直接送达、留置送达、委托送达、邮寄送达、公告送达。

第二章　畜牧兽医行政许可

第一节　畜牧兽医行政许可概述

一、畜牧兽医行政许可的含义

畜牧兽医行政许可，是指畜牧兽医行政机关根据公民、法人或者其他组织的申请，经依法审查，准予其从事特定活动的行为。畜牧兽医行政许可的设定和实施应严格遵守相关法律法规。

二、畜牧兽医行政许可的种类

按照不同的划分标准，行政许可可分为不同的种类，目前较为常见的有下列六种，畜牧兽医行政许可也基本如此。

1. 以许可的范围为标准，分为一般许可和特殊许可

一般许可是指畜牧兽医行政主体对符合法定条件的申请人直接发放许可证，无特殊限制的许可，如养殖者申请办理动物防疫条件合格证的许可。特殊许可是指除符合一般许可的条件外，对申请人还规定有特别限制的许可，又称特许。

2. 以许可享有的程度为标准，分为排他性许可和非排他性许可

排他性许可又称独占许可，是指某个人或组织获得该项许可后，其他任何人或组织均不能再获得该项许可。最具有代表性的是（畜牧）专利许可。非排他性许可又称共存许可，是指可以为具备法定条件的任何个人或组织经申请获得的许可，大部分畜牧兽医行政许可都是非排他性许可。

3. 以许可能否单独使用为标准，分为独立的许可和附文件的许可

独立的许可，是指许可证已规定了所有许可内容，不需其他文件补充说明的许可。附文件的许可，是指由于特殊条件的限制，需要附加文件予以说明的许可。

4. 以许可是否附加必须履行的义务为标准，分为权利性许可和附义务的许可

权利性许可又称无条件放弃的许可，指申请人取得行政许可后，并不承担作为义务，可自由放弃被许可的权利，并且不因此承担任何法律责任。附义务的许可又称附条件放弃的许可，指被许可人获许可的同时，亦承担一定期限内从事该活动的义务，否则要承担一定法律责任的许可。承担法律责任的方式一般表现为丧失被许可的权利，如动物诊疗许可。

5. 以许可的存续时间为标准，分为长期性许可和附期限的许可

长期性许可，指被许可人取得许可证后，只要不放弃，或者不因法定事由被主管机关吊销，该许可将长期持续有效，如执业兽医等。附期限的许可，指许可只在一定的时间内具有效力，逾期失效的许可。如“兽药经营许可证有效期为 5 年。”

6. 以许可的目的形式为标准，分为行为许可和资格许可

行为许可，是指允许符合条件的申请人从事某种活动的许可，如动物诊疗许可证 。资格许可，是指行政主体应申请人的申请，经过一定的考核程序后，给合格者核发证明文书，允许其享有某种资格或具备某种能力的许可。如执业兽医资格。

三、畜牧兽医行政许可的特征

1. 畜牧兽医行政许可是畜牧兽医行政主体的管理性行政行为

管理性的主要特点是单方面性，畜牧兽医行政许可是畜牧兽医行政机关对于公民、法人和其他组织作出的管理性行为。在《行政许可法》关系中，只有行政机关、行政相对人（公民、法人和其他组织等）两个主体，公务人员按照法律授权的权限，在自身职责范围内管理各项公共事务。

2. 畜牧兽医行政许可是畜牧兽医行政机关实施的外部管理行为

畜牧兽医行政机关针对行政相对方的一种管理行为，是畜牧兽医行政机关依法管理畜牧兽医事务的一种外部行为。因此，畜牧兽医行政机关对其内部事务的审批，如对畜牧兽医执法人员出差、请假、职务任免、差旅费报销等的审批，或者按照隶属关系由上级对下级有关事项的审批，如对下级畜牧兽医行政机关请示、公文等的审批，都不是畜牧兽医行政许可。另外，行政机关对其他行政机关或者对其直接管理的事业单位的人事、财务、外事等事项的审批，也不属于行政许可。

3. 畜牧兽医行政许可是依申请的畜牧兽医行政行为

畜牧兽医行政机关只能根据公民、法人或者其他组织提出的申请实施行政许可。如果他们不提出申请，即使符合获得某类许可的条件，畜牧兽医行政机关也不主动授予其该项许可。

4. 畜牧兽医行政许可是畜牧兽医行政机关赋予行政相对方（公民、法人或者其他组织）某种法律资格或法律权利的具体行政行为

就是说，畜牧兽医行政许可是针对特定的人、特定的事作出的具有授益性的一种具体行政行为。例如：申请人取得了某种畜牧兽医行政许可，即表明申请人符合法定条件，可以依法从事与畜牧兽医有关某种活动。

5. 畜牧兽医行政许可是一种要式畜牧兽医行政行为

行政许可必须遵循一定的法定形式，即应当是明示的书面许可，应当有正规的文书、印章等予以认可和证明。实践中，最常见的行政许可的形式就是许可证和执照，畜牧兽医行政许可也是一样。在实际工作中，畜牧兽医行政机关一般在网站上或服务窗口公布畜牧兽医行政许可事项目录，包括审批依据、审批流程、审批条件和审批期限等相关要求，方便公民、法人或者其他组织办理。

第二节　畜牧兽医行政许可的基本原则

一、畜牧兽医行政许可的合法原则

《行政许可法》第四条规定："设定和实施行政许可，应当依照法定的权限、范围、条件和程序。”根据这一规定，确立了在设定和实施畜牧兽医行政许可的各个环节必须遵守的合法性原则。依法设定畜牧兽医行政许可，要求做到：一是严格按照行政许可法规定的权限设定畜牧兽医行政许可，超越权限设定的畜牧兽医行政许可一律无效。二是严格按照行政许可法规定的可以设定畜牧兽医行政许可的事项范围设立畜牧兽医行政许可。三是按照《行政许可法》和其他有关法律、行政法规规定的程序设定畜牧兽医行政许可。同时，依法实施畜牧兽医行政许可，要求做到：一是实施畜牧兽医行政许可的主体应当合法。二是实施畜牧兽医行政许可的主体，应当严格依照法定权限范围，不得越权，不得滥用职权。三是实施畜牧兽医行政许可应当依照行政许可法和其他有关法律、法规和规章规定的条件。四是实施畜牧兽医行政许可应当严格依照行政许可法和其他法律、法规、规章规定的程序。

二、畜牧兽医行政许可的公开、公平、公正原则

《行政许可法》第五条规定：“设定和实施行政许可，应当遵循公开、公平、公正的原则。有关行政许可的规定应当公布；未经公布的，不得作为实施行政许可的依据。行政许可的实施和结果，除涉及国家秘密、商业秘密或者个人隐私的外，应当公开。符合法定条件、标准的，申请人有依法取得行政许可的平等权利，行政机关不得歧视。”根据这一规定，行政机关从事某种活动或者实施某种行为的过程和结果应当公开；行政机关在履行职责、行使权力时，不仅在实体和程序上都要合法，而且还要合乎常理。行政许可机关应当平等地对待所有个人和组织。公开其本质是对公众知情权、参与权和监督权的保护；三公原则是对合法原则的补充，有关规定必须事先公开，对老百姓要一视同仁，不得歧视。所以，畜牧兽医行政许可同样要遵守三公原则，并且要在办公场所进行公示，如设立电子墙或公告栏或在网站上公开依据、程序、结果等。

三、畜牧兽医行政许可的便民与效能原则

《行政许可法》第六条规定，“实施行政许可应当遵循便民原则，要提高

办事效率，提供优质服务。”这一规定也是畜牧兽医行政许可应该遵循的基本原则，便民是我国法律制度的重要价值取向，也是包括畜牧兽医行政机关在内的所有行政机关履行行政职责、行使行政职权应当恪守的基本准则。目前，我国正在推动建设便民、高效的服务型政府，简政放权，优化行政职能。推行便民服务“让数据多跑路，让百姓少跑腿”。

四、畜牧兽医行政许可的救济原则

《行政许可法》第七条规定，“公民、法人或者其他组织对行政机关实施行政许可，享有陈述权、申辩权；有权依法申请行政复议或者提起行政诉讼；其合法权益因行政机关违法实施行政许可受到损害的，有权要求赔偿”。这就是救济原则。

根据救济原则规定，畜牧兽医行政机关在实施畜牧兽医行政许可过程中应当做到：

（1）在实施畜牧兽医行政许可的各个环节，都应当保护公民、法人和其他组织的陈述权、申辩权。

（2）对依法需要听证的事项，必须依法告知申请人、利害关系人享有听证的权利并依法举行听证。

（3）公民、法人和其他组织对畜牧兽医行政许可不服的可以申请行政复议或者提起行政诉讼；因违法实施畜牧兽医行政许可给公民、法人和其他组织造成损害的，应当依法承担赔偿责任。

五、畜牧兽医行政许可的信赖保护原则

《行政许可法》第八条规定，“公民、法人或者其他组织依法取得的行政许可受法律保护，行政机关不得擅自改变已经生效的行政许可。行政许可所依据的法律、法规、规章修改或者废止，或者准予行政许可所依据的客观情况发生重大变化的，为了公共利益的需要，行政机关可以依法变更或者撤回已经生效的行政许可。由此给公民、法人或者其他组织造成财产损失的，行政机关应当依法给予补偿。”这一规定，就体现了信赖保护原则，所以，作

为政府工作部门的畜牧兽医行政机关应加强诚信建设，做到“言而有信”，保持政策的稳定性，信守承诺，严守法律规定。

六、畜牧兽医行政许可的监督原则

《行政许可法》第十条规定，“县级以上人民政府应当建立健全对行政机关实施行政许可的监督制度，加强对行政机关实施行政许可的监督检查。行政机关应当对公民、法人或者其他组织从事行政许可事项的活动实施有效监督”。这是有关监督原则的规定，即“谁许可，谁监督”。并且作为上级畜牧兽医行政机关也应加强对下级畜牧兽医行政机关实施行政许可的监督检查。

第三节　畜牧兽医行政许可的设定

行政许可的设定，是指国家有权机关根据法定权限和法定程序创设行政许可规范的活动。行政许可的设定是一种创制性的立法行为，是立法主体制定具有新的权利义务内容的行政许可规范的立法行为。

因此，设立畜牧兽医行政许可应遵循上述规定，做到设定畜牧兽医行政许可，应当遵循经济和社会发展规律，有利于发挥公民、法人或者其他组织的积极性、主动性，维护公共利益和畜牧兽医生产经营秩序，促进经济、社会和生态环境协调发展。

一、可以设定畜牧兽医行政许可的事项范围

《行政许可法》将可以设定行政许可的事项，概括规定为下列六类，畜牧兽医管理领域的行政许可设定范围也应遵守如下规定。

1. 普通许可

直接涉及国家安全、公共安全、经济宏观调控、生态环境保护以及直接关系人身健康、生命财产安全等特定活动，需要按照法定条件予以批准的事项，如病原微生物实验室的审批、兽药生产许可证。

2. 特许

有限自然资源开发利用、公共资源配置以及直接关系公共利益的特定行业的市场准入等，需要赋予特定权利的事项。

3. 认可

提供公众服务并且直接关系公共利益的职业、行业，需要确定具备特殊信誉、特殊条件或者特殊技能等资格、资质的事项；如执业兽医、官方兽医等资格证书。

4. 核准

直接关系公共安全、人身健康、生命财产安全的重要设备、设施、产品、物品，需要按照技术标准、技术规范，通过检验、检测、检疫等方式进行审定的事项；如动物检疫合格证等。

5. 登记

企业或者其他组织的设立等需要确定主体资格的事项。

6. 其他许可

法律、行政法规规定可以设定畜牧兽医行政许可的其他事项。

二、可以不设畜牧兽医行政许可的情形

《行政许可法》第十三条规定可以不设行政许可的情形，在畜牧兽医管理领域，也应遵循以下几种情形。

（1）公民、法人或者其他组织能够自主决定的畜牧兽医事项。

（2）通过市场竞争机制能够有效调节的畜牧兽医事项。

（3）畜牧兽医行业组织或者中介机构能够自行管理的事项。

（4）畜牧兽医行政机关采用事后监督等其他行政管理方式能够解决的事项。

三、畜牧兽医行政许可的设定权限及形式

1. 设定权限

根据《行政许可法》的规定，畜牧兽医行政许可的设定权限应当遵循国

家法律法规的规定，具体要求如下。

（1）法律的设定权限。不仅可以对《行政许可法》第十二条规定的可以设定行政许可的六类事项设定行政许可，法律也可以对第十二条规定以外的事项设定行政许可。

（2）行政法规的设定权限。法律已经设定行政许可的，行政法规只能作出具体规定，不能增设行政许可。总之，行政法规可以设定《行政许可法》规定的可以设定行政许可的各类事项，但是，法律已经设定行政许可的，行政法规不得超越法律规定，而只能作具体化的规定。

（3）国务院决定的设定权限。《行政许可法》赋予了国务院以采用发布决定的方式设定行政许可的权力，但作了限制。所谓必要时，包括临时、紧急情况，为试点、试验需要，一时难以制定法律、行政法规等情况。实施后，除临时性行政许可因条件、情况发生变化废止以外，国务院决定设定的其他行政许可在条件成熟时，国务院应当适时提请全国人大及其常委会制定法律加以设定，或者自行制定行政法规加以设定。

（4）地方性法规的设定权限。《行政许可法》规定地方性法规可以设定行政许可。但是，法律、行政法规已经对有关事项设定行政许可的，地方性法规只能作出具体规定，不得增设行政许可。

（5）省级政府规章的设定权限。《行政许可法》对省级地方政府规章的行政许可权作出了必要限制。首先是许可设定主体范围的限制。只有省级地方人民政府制定的规章才能设定行政许可事项，其他具有地方政府规章制定权的人民政府无权设定行政许可事项；其次是许可性质的限制。省级地方政府规章设定的许可制具有临时性质，不是一种长期有效的行政许可。最后，省级地方政府规章设定的临时性行政许可受到特定时限的限制。临时性许可设定权以一年为限，在实施满一年后，该种临时性许可应自动失效，如果省级人民政府认为需要继续执行该种许可，就必须提请本级人大及其常委会制定地方性法规。

（6）地方性法规和省级政府规章不得设定行政许可的事项。第一，不得限制其他地区的个人或者企业到本地区从事生产经营和提供服务，不得限制其他地区的商品进入本地市场。第二，不得设立企业或者其他组织的设立登记及其前置性行政许可，以及应当由国家统一确定的有关公民、法人或者其他组织的资格、资质的行政许可。

（7）其他规范性文件一律不得设定行政许可。

2. 设定形式

根据《行政许可法》规定，可以通过制定法律，行政法规，国务院决定，地方性法规，省、自治区、直辖市人民政府规章等规范性文件的形式，设定行政许可；其他规范性文件一律不得设定行政许可。

在畜牧兽医行政管理领域，关于畜牧兽医行政许可的设定形式可以是法律，如《中华人民共和国动物防疫法》《中华人民共和国畜牧法》等，这其中就设定有动物诊疗许可证核发等；如行政法规《中华人民共和国兽药管理条例》《乳品质量安全管理条例》，这其中就设定有兽药经营许可证核发等。

第四节　畜牧兽医行政许可的实施主体

一、畜牧兽医行政许可的实施主体

1. 畜牧兽医行政机关

《行政许可法》第二十二条规定，“行政许可由具有行政许可权的行政机关在其法定职权范围内实施”。这一规定包括三层含义：一是行政许可的实施主体是行政机关，行政机关的内设机构、临时机构，不得以自己的名义实施行政许可；二是行政许可的实施主体必须具有行政许可权；三是行政许可的实施主体必须在法定职权范围内实施行政许可。所以，畜牧兽医行政许可的实施，必须是具有行政许可权限的畜牧兽医行政机关，并且在法定职权范围内实施。

2. 法律法规授权的组织

《行政许可法》第二十三条规定，“法律、法规授权的具有管理公共事务职能的组织，在法定授权范围内，以自己的名义实施行政许可。被授权的组织适用本法有关行政机关的规定。”被授权实施行政许可的具有管理公共事务职能的组织应当具备下列条件：首先该组织必须是依法成立的；其次被授权实施的行政许可事项应当与该组织管理公共事务的职能相关联；再次该组织应当具有熟悉与被授权实施的行政许可有关的法律、法规和专业的正式工作人员，具备所必需的技术、装备条件等；该组织能对实施被授权实施的行政许可引起的法律后果独立地承担责任。如畜牧兽医行政部门所属的动物卫生监督机构对动物、动物产品的检疫，这一职权的获得就是动物防疫法等法律、法规的授权。动物卫生监督机构就是法律法规授权的组织。

3. 委托实施畜牧兽医行政许可

《行政许可法》第二十四条规定，行政机关在其法定职权范围内，依照法律、法规、规章的规定，可以委托其他行政机关实施畜牧兽医行政许可。按照这一规定，在委托实施畜牧兽医行政许可过程中，应当遵守以下几项规则：一是委托实施行政许可只能委托其他行政机关，不能委托其他组织或者个人。二是委托实施行政许可的依据是法律、法规和规章，没有法律、法规、规章的规定，行政机关无权委托其他行政机关实施行政许可。三是委托行政机关对受委托行政机关实施行政许可的行为应当负责监督，并对实施该行政许可行为的后果承担法律责任。四是受委托实施行政许可的行政机关不得将行政许可实施权再转委托。五是委托行政机关应当将受委托行政机关和受委托实施行政许可的内容予以公告。目前，在畜牧兽医行政许可的管理领域，将畜牧兽医行政许可委托给其他行政机关实施的情况基本上没有。

二、畜牧兽医行政许可的费用

《行政许可法》就行政许可的收费问题作了明确规定，实施畜牧兽医行政许可相关收费应遵守许可法的规定。原则上，实施畜牧兽医行政许可不得收费。并遵守三方面的规定：一是畜牧兽医行政机关实施畜牧兽医行政许可和对畜牧兽医行政许可事项进行监督检查，不得收取任何费用，除非法律、行政法规另有规定。收费的依据只能是全国人大及其常委会制定的法律和国务院制定的行政法规。二是畜牧兽医行政机关提供畜牧兽医行政许可申请格式文本不得收费。《行政许可法》第五十八条规定，“行政机关提供行政许可申请书格式文本，不得收费”。三是畜牧兽医行政机关实施行政许可所需的经费应当列入本畜牧兽医行政机关的预算，由本级财政予以保障，按照批准的预算予以核拨。

同时，按照规定需要收费的，要依法收费并遵守相关收费纪律。一是应当按照公布的法定项目和标准收费。二是畜牧兽医行政机关实施行政许可所收取的费用必须全部上缴国库，不得以任何形式截留、挪用、私分或者变相私分。三是财政部门不得以任何形式向畜牧兽医行政机关返还或者变相返还实施行政许可所收取的费用。对截留、挪用、私分、返还或者变相私分、变相返还实施行政许可收取的费用的，予以追缴，对直接负责的主管人员和其他直接责任人员依法给予行政处分；构成犯罪的，还要依法追究刑事责任；

第五节　畜牧兽医行政许可的实施程序

一、畜牧兽医行政许可的实施程序的含义

畜牧兽医行政许可的实施程序，简单地说就是畜牧兽医行政许可的申请、审查与做出决定的步骤、方式、顺序和时限的总称。畜牧兽医行政许可的实施程序是规范畜牧兽医行政许可行为、防止畜牧兽医行政机关滥用权力、保障行政许可效率、促进公众参与行政管理的重要手段。《行政许可法》对行政许可的一般程序和特别程序作了规定。本节仅对畜牧兽医行政管理领域畜牧兽医行政许的一般程序进行阐述。

二、畜牧兽医行政许可一般程序

1. 申请与受理

（1）畜牧兽医行政机关的公示与说明。畜牧兽医行政机关应当在办公场所、官方网站等公示有关行政许可的规定，法律、法规、规章有关畜牧兽医行政机关制定的申请、受理、审查程序的具体规定，其内容应当涵盖行政许

可的事项、依据、条件、数量、程序、期限、费用以及需要提交的全部材料目录、附行政许可申请书示范文本等。此外，还应当将畜牧兽医行政机关的通信地址、联系电话、具体受理畜牧兽医行政许可事项的科室以及监督电话等予以公布，以便于申请人申请畜牧兽医行政许可，也便于社会各界监督畜牧兽医行政机关实施畜牧兽医行政许可。

行政许可申请人对畜牧兽医行政机关公示的有关行政许可内容有疑义的，有权要求畜牧兽医行政机关予以说明、解释。行政机关对于申请人提出的问题，应当提供准确、可靠的信息。

（2）行政相对人提出申请。公民、法人或者其他组织从事特定畜牧兽医活动，依法需要取得行政许可的，应当向畜牧兽医行政机关提出申请。申请书需要采用格式文本的，畜牧兽医行政机关应当向申请人提供行政许可申请书格式文本。申请书格式文本中不得包含与申请行政许可事项没有直接关系的内容。申请人可以委托代理人提出行政许可申请。但是，依法应当由申请人到畜牧兽医行政机关办公场所提出行政许可申请的除外。行政许可申请可以通过信函、电报、电传、传真、电子数据交换和电子邮件等方式提出。畜牧兽医行政机关应当建立和完善有关制度，推行电子政务，方便申请人网上预约，提出申请。同时，畜牧兽医行政机关与其他行政机关共享有关行政许可信息，提高办事效率。

申请人申请行政许可，应当如实向畜牧兽医行政机关提交有关材料和反映真实情况，并对其申请材料实质内容的真实性负责。在畜牧兽医行政领域，申请执业兽医资格考试，需要提供真实材料，如提供材料不真实，需要承担相应的法律后果。畜牧兽医行政机关不得要求申请人提交与其申请的行政许可事项无关的技术资料和其他材料。

（3）受理。畜牧兽医行政机关对申请人提出的行政许可申请，应当根据下列情况分别作出处理。

① 申请事项依法不需要取得畜牧兽医行政许可的，应当即时告知申请人不受理。

② 申请事项依法不属于本畜牧兽医行政机关职权范围的，应当即时作

出不予受理的决定，并告知申请人向有关行政机关申请。

③ 申请材料存在可以当场更正的错误的，应当允许申请人当场更正。

④ 申请材料不齐全或者不符合法定形式的，应当当场或者在五日内一次告知申请人需要补正的全部内容，逾期不告知的，自收到申请材料之日起即为受理。

⑤ 申请事项属于本畜牧兽医行政机关职权范围，申请材料齐全、符合法定形式，或者申请人按照本畜牧兽医行政机关的要求提交全部补正申请材料的，应当受理行政许可申请。

畜牧兽医行政机关受理或者不予受理行政许可申请，应当出具加盖本行政机关专用印章和注明日期的书面凭证。

目前，全国正在推行行政审批制度改革，方便服务群众。因此，畜牧兽医行政相对人严格按照法律、法规的规定，依据有关畜牧兽医行政机关公示的需要提交的文件资料目录等，提出申请，畜牧兽医行政机关严格依照法律，遵循工作流程，全面审查提交的材料，积极履行告知义务，提供高效率、高标准、高品质的政务服务。

2. 审查与决定

按照“谁许可谁负责审查”的原则，畜牧兽医行政机关应当对申请人提交的申请材料进行审查。审查的内容依法而定，符合法治原则，根据具体情况严格审查，作出处理决定。

（1）书面审查。申请人提交的申请材料齐全、符合法定形式，行政机关能够当场作出决定的，应当当场作出书面的行政许可决定。除当场作出畜牧兽医行政许可决定的外，还应当在法定期限内按照规定程序作出畜牧兽医行政许可决定。

（2）实质核查。书面审查虽然具有简便、快捷，减轻行政管理成本，减少畜牧兽医行政机关与申请人不正当接触的机会等优势，但同时也有自身的不足。因此，书面审查要结合其他审查方式。根据法定条件和程序，需要对申请材料的实质内容进行核实的，畜牧兽医行政机关应当指派两名以上工作人员进行核查。如兽药经营许可证办理，需要核查是否具有与所经营的兽药相适应的营业场所、设备、仓库设施等，这就需要指派两名以上工作人员进行核查。

（3）下级机关初审。依法应当先经下级畜牧兽医行政机关审查后报上级畜牧兽医行政机关决定的行政许可，下级畜牧兽医行政机关应当在法定期限内将初步审查意见和全部申请材料直接报送上级畜牧兽医行政机关。上级畜牧兽医行政机关不得要求申请人重复提供申请材料。

（4）利害关系人陈述、申辩。畜牧兽医行政机关对行政许可申请进行审查时，发现畜牧兽医行政许可事项直接关系他人重大利益的，应当告知该利害关系人。申请人、利害关系人有权进行陈述和申辩。畜牧兽医行政机关应当听取申请人、利害关系人的意见。

（5）决定。

① 准予行政许可书面决定。在严格审查行政相对人提交的材料，听取行政相对人、利害关系人的陈述和申辩后，申请人的材料齐全，符合法定条件、标准的，畜牧兽医行政机关应当依法作出准予行政许可的书面决定。

② 不予行政许可的书面决定。申请人不符合法定的行政许可条件和标准的，申请人的具体情况与法定条件、标准不一致或者低于法定条件、标准或者申请人不能满足法定的全部条件和标准。行政机关依法作出的不予行政许可的书面决定，应当向申请人说明具体理由，并告知申请人享有依法申请行政复议或者提起行政诉讼的权利。

3. 听证

听证是畜牧兽医行政机关在作出影响行政相对人合法权益的畜牧兽医行政许可决定前，向其告知听证权利，利害关系人向畜牧兽医行政机关表达意见、申辩以及行政机关听取意见。

（1）听证程序启动。

① 畜牧兽医行政机关依法提出听证。法律、法规、规章规定实施行政许可应当听证的事项，或者畜牧兽医行政机关认为需要听证的其他涉及公共利益的重大行政许可事项，畜牧兽医行政机关应当向社会公告，并举行听证。

② 行政相对人申请听证。行政许可直接涉及申请人与他人之间重大利益关系的，畜牧兽医行政机关在作出行政许可决定前，应当告知申请人、利害关系人享有要求听证的权利；申请人、利害关系人在被告知听证权利之日起五日内提出听证申请的，畜牧兽医行政机关应当在二十日内组织听证。

（2）畜牧兽医行政许可听证程序规则。

① 畜牧兽医行政机关应当于举行听证的 7 日前通知申请人和已知的利害关系人听证的时间、地点，必要时予以公告。通知以书面方式，必要时也可以公告通知。在申请人和利害关系人数量众多，而听证场所有限时，畜牧兽医行政机关可以通过抽签、报名等方式挑选利害关系人的代表参加听证。但是畜牧兽医行政机关应当事先公布有关规则，并且挑选过程应当公开、公正。

② 听证应当公开举行。听证必须公开，让公众有机会了解听证的过程，加强对行政程序的监督，从而确保听证的公正进行。听证的公开进行是指听证过程对社会公众开放，允许公众和新闻界参加旁听。

③ 畜牧兽医行政机关应当指定该审查行政许可的工作人员以外的工作人员为听证主持人；申请人或者利害关系人认为主持人与本行政许可事项有直接利害关系的，有权申请回避。听证主持人在听证中，主要负责指挥听证的进行，询问申请人和利害关系人，询问证人，安排证据的调查顺序，对听证中出现的程序问题作出处理等。为确保听证的公正性，实行听证制度一般实行职能分离原则、回避制度。

④ 举行听证时，审查该行政许可申请的工作人员应当提供审查意见的证据、理由，申请人、利害关系人可以提出证据，并进行申辩和质证。提出证据、相互质证是保证听证功能实现的重要环节。

⑤ 听证应当制作笔录，听证笔录应当交听证参加人确认无误后签字或者盖章。听证笔录应当包括听证参加人的基本情况、听证的时间和地点、畜牧兽医行政机关审查行政许可申请材料后的意见及证据与理由、申请人与利害关系人提出的证据和理由等。听证笔录一般应以书面形式作出，并由听证参加人审阅。听证参加人审阅听证笔录后认为其歪曲、遗漏其重要陈述的，

应当签字或者盖章；听证参加人对记载的内容提出异议的，听证主持人应通知其他参加人相关信息，各方认为异议有理由的，应当予以补充或者更证；听证参加人对内容提出异议，听证主持人认为异议没有理由的，或者听证参加人拒绝签字、盖章的，听证主持人应当在听证笔录上载明事由。行政机关不能在听证之外接纳证据，只能以听证笔录作为作出行政决定的唯一依据。

4. 畜牧兽医行政许可决定的期限

除可以当场作出畜牧兽医行政许可决定的外，畜牧兽医行政机关还应当自受理行政许可申请之日起二十日内作出行政许可决定。二十日内不能作出决定的，经本畜牧兽医行政机关负责人批准，可以延长十日，并应当将延长期限的理由告知申请人。但是，法律、法规另有规定的，依照其规定。

根据行政许可法规定，行政许可采取统一办理或者联合办理、集中办理的，办理的时间不得超过四十五日；四十五日内不能办结的，经本级人民政府负责人批准，可以延长十五日，并应当将延长期限的理由告知申请人。

依法应当先经下级畜牧兽医行政机关审查后报上级畜牧兽医行政机关决定的行政许可，下级畜牧兽医行政机关应当自其受理行政许可申请之日起二十日内审查完毕。但是，法律、法规另有规定的，依照其规定。

畜牧兽医行政机关作出准予行政许可的决定，应当自作出决定之日起十日内向申请人颁发、送达行政许可证件，或者加贴标签、加盖检验、检测、检疫印章。

5. 畜牧兽医行政许可证件的颁发和公开

畜牧兽医行政机关作出准予行政许可的决定，需要颁发行政许可证件的，应当向申请人颁发加盖本行政机关印章行政许可证件，行政机关实施检验、检测、检疫的，可以在检验、检测、检疫合格的设备、设施、产品、物品上加贴标签或者加盖检验、检测、检疫印章。畜牧兽医行政机关作出的准予行政许可决定，应当予以公开，公众有权查阅。

6. 变更与延续

变更是对被许可人已经取得的畜牧兽医行政许可的内容进行变更，如畜牧兽医企业的经营地点发生变更，需要依法申请行政机关变更。因为申请人获得许可证后，严格按照许可证所确定的地点、方式、范围等从事被许可的活动。对被许可人提出的变更申请，行政机关应当依法进行审查。被许可人提出的申请符合法定条件、标准的，行政机关应当依法办理变更手续。

延续是指在畜牧兽医行政许可的有效期届满后，延长畜牧兽医行政许可的有效期限。对于需要延续畜牧兽医行政许可的事项，被许可人才有必要提出延续畜牧兽医行政许可的申请。对于一次有效的畜牧兽医行政许可，如动物产品检疫合格等，不能申请延续；没有有效期限制的畜牧兽医行政许可，如执业兽医资格证等，不需要提出延续申请。对有有效期的畜牧兽医行政许可，有效期满后，被许可人准备继续从事依法需要取得畜牧兽医行政许可的该项活动的，才需要申请延续畜牧兽医行政许可。被许可人提出延续畜牧兽医行政许可有效期的，被许可人应在有效期届满前三十日向作出准予畜牧兽医行政许可决定的行政机关提出延续畜牧兽医行政许可申请，但是法律、法规、规章对提出申请的期限另有规定的，依其规定。

作出畜牧兽医行政许可决定的畜牧兽医行政机关收到延续畜牧兽医行政许可申请后，应当依法及时审查，并在畜牧兽医行政许可有效期届满前作出是否准予延续的决定。认为申请人仍然符合取得畜牧兽医行政许可条件的，应当作出准予其延续畜牧兽医行政许可的决定或者在有关畜牧兽医行政许可证件上加注说明。认为申请人不再具备取得畜牧兽医行政许可条件的，可以作出不予延续畜牧兽医行政许可的决定，但是必须说明不予延续的理由、法律依据并告知其有依法申请行政复议、提起行政诉讼的权利。畜牧兽医行政机关对提出延续畜牧兽医行政许可申请未在畜牧兽医行政许可有效期届满前作出是否准予延续的决定的，应当视为准予延续。

7. 行政许可的特别规定

因行政许可的实施主体和性质等特殊原因，《行政许可法》第 6 节专门对下列行政许可适用程序作出了特别规定：国务院实施行政许可；通过招标、拍卖等方式决定行政许可；通过考试决定行政许可；赋予相对人特定资格、资质行政许可；通过检验、检测、检疫作出行政许可；有数量限制的行政许可等。

第六节 畜牧兽医行政许可的监督检查

畜牧兽医行政许可的监督检查是加强畜牧兽医行政许可事项事中、事后监管的一种行政执法行为，也是贯彻“谁许可、谁审查、谁监督”的具体行动，目的是监督畜牧兽医行政相对人落实各项行政许可事项，维护正常的畜牧兽医生产经营秩序。畜牧兽医行政许可的监督检查主要有以下几种形式。

一、畜牧兽医行政主体内部的层级监督

《行政许可法》第六十条规定，上级行政机关应当加强对下级行政机关实施行政许可的监督检查，及时纠正行政许可实施中违法行为。为了加强监督，县级以上畜牧兽医行政管理部门应当结合本地实际，把《行政许可法》的一系列规定细化具体化，制定相应的监督检查制度，监督行政许可的实行。畜牧兽医行政管理部门已经制定相关规范性文件，指导行政许可的实施，配合权力清单、责任清单以及负面清单等，将行政许可的权力关进制度的笼子里，责任落实到各个岗位，落实到各个责任人，真正做到有权必有责。

二、畜牧兽医行政主体对被许可人的监督

根据《行政许可法》的规定，行政许可法按照便民、高效的原则，为畜牧兽医行政机关对被许可人，从事被许可事项的活动规定了一套比较完备的监管机制。

1. 书面检查

畜牧兽医行政机关应当通过核查反映被许可人从事畜牧兽医行政许可事项活动情况的有关材料，履行监督责任。畜牧兽医行政机关对被许可人的监督，原则上应当通过书面检查的方式进行，凡是能够书面检查的，要优先使用书面检查方式。畜牧兽医行政机关可以要求被许可人报送有关书面材料，

通过对这些材料的审查，监督被许可人是否按照许可的条件、范围、程序等从事被许可事项的活动。

畜牧兽医行政机关进行书面监督检查的，应当将监督检查情况和处理结果归档，以便于对实施监督检查的畜牧兽医行政机关及其有关工作人员本身进行监督，也利于建立被许可人的信用档案，增强其依法从事畜牧兽医行政许可事项活动的自觉性。

2. 抽样检查、检验、检测与实地检查

畜牧兽医行政机关通过书面检查的方式难以达到监督效果的，可以依法进行抽样检查、检验、检测和实地检查。

抽样检查、检验、检测是选择被检查对象的某些部分、某些要素进行采样的检查、检验、检测，根据采样的情况来判断整个客体的情况。例如，肉、蛋、奶的抽检，工作人员到畜牧业相关生产经营企业采集样本，送到专门检验机构。但对于有的情况不能通过抽样检查进行判断，而必须进行实地检查，例如，到兽药生产经营企业检查仓库，药品分类存放等。无论是抽样检查、检验、检测，还是实地检查，畜牧兽医行政机关可以依法查阅被许可人的有关材料，并可以要求其提供相关材料。被许可人有义务积极予以配合，如实提供有关材料。进行实地检查的范围只能是被许可人的生产经营场所。

3. 定期检验

法律、行政法规规定需要进行定期检验的，才能进行定期检验。定期检验的范围只能对直接关系公共安全、人身健康的进行定期检验，如对发放动物防疫条件合格证的奶牛场的奶牛布病、结核病的定期检测，就是一种对被许可人的监督检查。

4. 畜牧兽医被许可人开展自查

根据《行政许可法》的规定，畜牧兽医行政机关应当督促许可人对与养殖生产经营相关的重要动物疫情、畜产品质量安全隐患等建立自检制度，并对监督检查中发现的安全隐患及时采取措施，加强整改，规范生产经营自身生产经营行为。

5. 对举报和投诉的畜牧兽医被许可人调查和处理

在实践中，畜牧兽医行政机关受到人力、物力、财力等条件的制约，不可能采取当面或者抽查的方式对所有的被许可人实施普遍监督和及时监督，而与被许可人打交道的其他公民、法人或者其他组织则能随时发现被许可人的违法活动，可以随时进行举报和投诉。畜牧兽医行政机关对于举报和投诉应当及时作出反应。举报和投诉反映的问题属实的，畜牧兽医行政机关应当依法作出处理，并应当告知举报人、投诉人处理结果；举报和投诉反映的问题不符合实际情况的，畜牧兽医行政机关应当向举报人、投诉人说明有关情况，并应告知处理结果。同时，应当为举报人、投诉人保密。

三、属地管辖层级互相协作检查

按照《行政许可法》规定，被许可人违法从事畜牧兽医行政许可事项活动的，由违法行为发生地畜牧兽医行政机关进行核实并依法作出处理。但违法行为发生地的畜牧兽医行政机关应当依法将被许可人的违法事实、处理结果抄告作出行政许可决定的畜牧兽医行政机关。这样，作出畜牧兽医行政许可的行政机关可以及时了解被许可人的活动情况，并相应作出处理决定，以切实履行监督职责，实施有效监管。

四、畜牧兽医行政许可的撤销、注销

1. 撤销

撤销畜牧兽医行政许可是指畜牧兽医行政机关违法做出的行政许可决定，按照依法行政、有错必纠的原则，予以撤销。畜牧兽医行政许可的决定具有公信力，被许可人对畜牧兽医行政许可决定的具有信赖力，因此畜牧兽医行政机关行使撤销权应当慎重，且必须依法进行。《行政许可法》第六十九条规定了撤销权行使的条件和程序。具体如下：

（1）畜牧兽医行政机关可以撤销许可的情形。作出畜牧兽医行政许可决定的畜牧兽医行政机关或者其上级行政机关，根据利害关系人的请求或者依据职权，查明有下列情形之一，可以撤销畜牧兽医行政许可：

① 畜牧兽医行政机关工作人员滥用职权、玩忽职守作出准予畜牧兽医行政许可决定的；② 超越法定职权作出准予畜牧兽医行政许可决定的；③ 违反法定程序作出准予畜牧兽医行政许可决定的；④ 对不具备申请资格或者不符合法定条件的申请人准予畜牧兽医行政许可的；⑤ 依法可以撤销畜牧兽医行政许可的其他情形。

（2）畜牧兽医行政机关应当撤销的情形。被许可人以欺骗、贿赂等不正当手段取得的行政许可，应当予以撤销。

（3）畜牧兽医行政机关不予撤销违法许可的情形。上述“可以”和“应当”撤销行政许可的情形，在某种情况下，可能对公共利益造成重大损害的，不予撤销。

（4）畜牧兽医行政许可被撤销后有关利益的保护。依照上述五种“可以”撤销的规定撤销行政许可，被许可人的合法权益受到损害的，畜牧兽医行政机关应当依法给予赔偿。依照上述“应当”撤销规定撤销行政许可的，被许可人基于行政许可取得的利益不受保护。

2. 注销

注销畜牧兽医行政许可是指基于特定事实的出现，由畜牧兽医行政机关依据法定条件收回许可证件或者公告其无效的活动。不是畜牧兽医行政处罚。应当注销的共有六种情形：

（1）有效期届满未延续的。

（2）赋予特定资格的公民死亡或丧失行为能力。

（3）法人或其他组织依法终止的。

（4）许可被依法撤销、撤回或吊销的。

（5）因不可抗力导致许可事项无法实现的。

（6）法律、法规规定的其他情形。

第七节 畜牧兽医行政许可的法律责任

一、畜牧兽医行政机关及其工作人员的法律责任

畜牧兽医行政机关及其工作人员违法设定和实施行政许可的，应当承担相应的法律责任。

1. 违法设定畜牧兽医行政许可的法律责任

违法规定设定畜牧兽医行政许可违反行政许可法定原则，应根据《行政许可法》第七十一条规定，责令设定畜牧兽医行政许可的畜牧兽医行政机关自行改正或者依法直接撤销。

2. 违法实施畜牧兽医行政许可的法律责任

违法实施畜牧兽医行政许可违反行政许可法定的原则，应根据《行政许可法》第七十二条规定，行政机关及其工作人员违反本法的规定，有下列情形之一的，由其上级行政机关或者监察机关责令改正；情节严重的，对直接负责的主管人员和其他直接责任人员依法给予行政处分：

（1）对符合法定条件的行政许可申请不予受理的。

（2）不在办公场所公示依法应当公示的材料的。

（3）在受理、审查、决定行政许可过程中，未向申请人、利害关系人履行法定告知义务的。

（4）申请人提交的申请材料不齐全、不符合法定形式，不一次告知申请人必须补正的全部内容的。

（5）未依法说明不受理行政许可申请或者不予行政许可的理由的。

（6）依法应当举行听证而不举行听证的。

3. 索取或者收受他人财物或者谋取其他利益法律责任

根据《行政许可法》第七十三条规定，行政机关工作人员办理行政许可、实施监督检查，索取或者收受他人财物或者谋取其他利益，构成犯罪的，依法追究刑事责任；尚不构成犯罪的，依法给予行政处分。

4. 违反法定条件实施行政许可的法律责任

根据《行政许可法》第七十四条规定，行政机关实施行政许可，有下列情形之一的，由其上级行政机关或者监察机关责令改正，对直接负责的主管人员和其他直接责任人员依法给予行政处分；构成犯罪的，依法追究刑事责任：

（1）对不符合法定条件的申请人准予行政许可或者超越法定职权作出准予行政许可决定的。

（2）对符合法定条件的申请人不予行政许可或者不在法定期限内作出准予行政许可决定的。

（3）依法应当根据招标、拍卖结果或者考试成绩择优作出准予行政许可决定，未经招标、拍卖或者考试，或者不根据招标、拍卖结果或者考试成绩择优作出准予行政许可决定的。

5. 擅自收费或者不按照法定项目和标准收费的法律责任

根据《行政许可法》第七十五条规定，行政机关实施行政许可，擅自收费或者不按照法定项目和标准收费的，由其上级行政机关或者监察机关责令退还非法收取的费用；对直接负责的主管人员和其他直接责任人员依法给予行政处分。截留、挪用、私分或者变相私分实施行政许可依法收取的费用的，予以追缴；对直接负责的主管人员和其他直接责任人员依法给予行政处分；构成犯罪的，依法追究刑事责任。

6. 违法实施行政许可的赔偿责任

根据《行政许可法》第七十六条规定，行政机关违法实施行政许可，给当事人的合法权益造成损害的，应当依照国家赔偿法的规定给予赔偿。

7. 不依法履行监督职责或者监督不力的法律责任

根据《行政许可法》第七十七条规定，行政机关不依法履行监督职责或者监督不力，造成严重后果的，由其上级行政机关或者监察机关责令改正，对直接负责的主管人员和其他直接责任人员依法给予行政处分；构成犯罪的，依法追究刑事责任。

二、行政相对人的法律责任

1. 行政许可申请人违法的责任

根据《行政许可法》第七十八条规定，申请人隐瞒有关情况或者提供虚假材料申请畜牧兽医行政许可的，行政机关不予受理或者不予畜牧兽医行政许可，并给予警告。许可申请属于直接关系公共安全、人身健康、生命财产安全事项的，申请人在一年内不得再申请该畜牧兽医行政许可。

2. 被许可人的违法责任

根据《行政许可法》第七十九条规定，被许可人以欺骗、贿赂等不正当手段取得畜牧兽医行政许可的，行政机关应当依法撤销该畜牧兽医行政许可，并给予行政处罚。取得的畜牧兽医行政许可属于直接关系公共安全、人身健康、生命财产安全事项的，在三年内不得再申请该畜牧兽医行政许可。构成犯罪的，依法追究刑事责任。根据《行政许可法》第八十条规定，被许可人有涂改、倒卖、出租、出借畜牧兽医行政许可证件，或者以其他形式非法转让畜牧兽医行政许可的；超越畜牧兽医行政许可范围进行活动的；向负责监督检查的行政机关隐瞒有关情况、提供虚假材料或者拒绝提供反映其活动情况的真实材料等违法行为，行政机关应当依法给予行政处罚。构成犯罪的，依法追究刑事责任。

3. 其他行政相对人的法律责任

根据《行政许可法》第八十一条规定，公民、法人或者其他组织未经许可，擅自从事依法应当取得畜牧兽医行政许可的活动，行政机关应当采取措施予以制止，责令其停止违法活动或者取缔，并依法给予行政处罚。构成犯罪的，依法追究刑事责任。

附 录 畜牧兽医行政许可事项一览表

序号	许可名称	法律依据	实施主体
1	农产品质量安全检测机构资格认定	1.《中华人民共和国农产品质量安全法》第三十五条：农产品质量安全检测应当充分利用现有的符合条件的检测机构。从事农产品质量安全检测的机构，必须具备相应的检测条件和能力，由省级以上人民政府农业行政主管部门或者其授权的部门考核合格。具体办法由国务院农业行政主管部门制定。农产品质量安全检测机构应当依法经计量认证合格。2.《农产品质量安全检测机构考核办法》第三条：农产品质量安全检测机构经考核和计量认证合格后，方可对外从事农产品、农业投入品和产地环境检测工作。第四条 农业部负责全国农产品质量安全检测机构考核的监督管理工作。省、自治区、直辖市人民政府农业行政主管部门（以下简称省级农业行政主管部门）负责本行政区域农产品质量安全检测机构考核的监督管理工作。	农业农村部、省级农业主管部门
2	新饲料、饲料添加剂证核发	1.《饲料和饲料添加剂管理条例》第八条：研制的新饲料、新饲料添加剂投入生产前，研制者或者生产企业应当向国务院农业行政主管部门提出审定申请，并提供该新饲料、新饲料添加剂的样品和下列资料。第九条：国务院农业行政主管部门应当自受理申请之日起5个工作日内，将新饲料、新饲料添加剂的样品和申请资料交全国饲料评审委员会，对该新饲料、新饲料添加剂的安全性、有效性及其对环境的影响进行评审。全国饲料评审委员会应当自收到新饲料、新饲料添加剂的样品和申请资料之日起9个月内出具评审结果并提交国务院农业行政主管部门；但是，全国饲料评审委员会决定由申请人进行相关试验的，经国务院农业行政主管部门同意，评审时间可以延长3个月。国务院农业行政主管部门应当自收到评审结果之日起10个工作日内作出是否核发新饲料、新饲料添加剂证书的决定；决定不予核发的，应当书面通知申请人并说明理由。2.《新饲料和新饲料添加剂管理办法》第六条：新饲料、新饲料添加剂投入生产前，研制者或者生产企业（以下简称申请人）应当向农业农村部提出审定申请，并提交新饲料、新饲料添加剂的申请资料和样品。第十五条：评审委应当自收到新饲料、新饲料添加剂申请资料和样品之日起9个月内向农业部提交评审结果；但是，评审委决定由申请人进行相关试验的，经农业农村部同意，评审时间可以延长3个月。第十六条：农业农村部自收到评审结果之日起10个工作日内作出是否核发新饲料、新饲料添加剂证书的决定。决定核发新饲料、新饲料添加剂证书的，由农业农村部予以公告，同时发布该产品的质量标准。新饲料、新饲料添加剂投入生产后，按照公告中的质量标准进行监测和监督抽查。	农业农村部

（续表）

序号	许可名称	法律依据	实施主体
3	进口饲料和饲料添加剂续展登记	1.《饲料和饲料添加剂管理条例》第十二条：饲料、饲料添加剂进口登记证有效期为5年。进口登记证有效期满需要继续向中国出口饲料、饲料添加剂的，应当在有效期届满6个月前申请续展。2.《进口饲料和饲料添加剂登记管理办法》第十四条：饲料、饲料添加剂进口登记证有效期为5年。饲料、饲料添加剂进口登记证有效期满需要继续向中国出口饲料、饲料添加剂的，应当在有效期届满6个月前申请续展。	农业农村部
4	进口饲料和饲料添加剂登记	1.《饲料和饲料添加剂管理条例》第十二条：向中国出口中国境内尚未使用但出口国已经批准生产和使用的饲料、饲料添加剂的，由出口方驻中国境内的办事机构或者其委托的中国境内代理机构向国务院农业行政主管部门申请登记，并提供该饲料、饲料添加剂的样品和下列资料……国务院农业行政主管部门应当依照本条例第九条规定的新饲料、新饲料添加剂的评审程序组织评审，并决定是否核发饲料、饲料添加剂进口登记证。首次向中国出口中国境内已经使用且出口国已经批准生产和使用的饲料、饲料添加剂的，应当依照本条第一款、第二款的规定申请登记。国务院农业行政主管部门应当自受理申请之日起10个工作日内对申请资料进行审查；审查合格的，将样品交由指定的机构进行复核检测；复核检测合格的，国务院农业行政主管部门应当在10个工作日内核发饲料、饲料添加剂进口登记证。2.《进口饲料和饲料添加剂登记管理办法》第三条：境外企业首次向中国出口饲料、饲料添加剂，应当向农业农村部申请进口登记，取得饲料、饲料添加剂进口登记证；未取得进口登记证的，不得在中国境内销售、使用。	农业农村部
5	饲料、饲料添加剂证核发	《饲料和饲料添加剂管理条例》第十五条：申请设立饲料、饲料添加剂生产企业，申请人应当向省、自治区、直辖市人民政府饲料管理部门提出申请。省、自治区、直辖市人民政府饲料管理部门应当自受理申请之日起20个工作日内进行书面审查；审查合格的，组织进行现场审核，并根据审核结果在10个工作日内作出是否核发生产许可证的决定。	省级人民政府饲料管理部门
6	饲料添加剂和添加剂预混合饲料产品批准文号核发	《饲料和饲料添加剂管理条例》第十六条：饲料添加剂、添加剂预混合饲料生产企业取得国务院农业行政主管部门核发的生产许可证后，由省、自治区、直辖市人民政府饲料管理部门按照国务院农业行政主管部门的规定，核发相应的产品批准文号。	省级人民政府饲料管理部门

（续表）

序号	许可名称	法律依据	实施主体
7	向境外输出或在境内与境外机构和个人合作研究利用列入畜禽遗传资源保护名录的畜禽遗传资源审批	1.《中华人民共和国畜牧法》第十六条：向境外输出或者在境内与境外机构、个人合作研究利用列入保护名录的畜禽遗传资源的，应当向省级人民政府畜牧兽医行政主管部门提出申请，同时提出国家共享惠益的方案；受理申请的畜牧兽医行政主管部门经审核，报国务院畜牧兽医行政主管部门批准。2.《中华人民共和国畜禽遗传资源进出境和对外合作研究利用审批办法》第七条：拟向境外输出列入畜禽遗传资源保护名录的畜禽遗传资源的单位，应当向其所在地的省、自治区、直辖市人民政府畜牧兽医行政主管部门提出申请，并提交下列资料。第九条：拟在境内与境外机构、个人合作研究利用列入畜禽遗传资源保护名录的畜禽遗传资源的单位，应当向其所在地的省、自治区、直辖市人民政府畜牧兽医行政主管部门提出申请，并提交下列资料。第十一条：省、自治区、直辖市人民政府畜牧兽医行政主管部门，应当自收到畜禽遗传资源引进、输出或者对外合作研究利用申请之日起 20 个工作日内完成审核工作，并将审核意见和申请资料报国务院畜牧兽医行政主管部门审批。	省级以上畜牧兽医行政主管部门
8	从境外引进畜禽遗传资源审批	1.《中华人民共和国畜牧法》第十五条：从境外引进畜禽遗传资源的，应当向省级人民政府畜牧兽医行政主管部门提出申请；受理申请的畜牧兽医行政主管部门经审核，报国务院畜牧兽医行政主管部门经评估论证后批准。经批准的，依照《中华人民共和国进出境动植物检疫法》的规定办理相关手续并实施检疫。2.《畜禽遗传资源进出境和对外合作研究利用审批办法》第五条：拟从境外引进畜禽遗传资源的单位，应当向其所在地的省、自治区、直辖市人民政府畜牧兽医行政主管部门提出申请，并提交畜禽遗传资源买卖合同或者赠与协议。第十一条：省、自治区、直辖市人民政府畜牧兽医行政主管部门，应当自收到畜禽遗传资源引进、输出或者对外合作研究利用申请之日起 20 个工作日内完成审核工作，并将审核意见和申请资料报国务院畜牧兽医行政主管部门审批。	省级以上畜牧兽医行政主管部门
9	培育新的畜禽品种、配套系进行中间试验的批准	《中华人民共和国畜牧法》第十九条第二款：培育新的畜禽品种、配套系进行中间试验，应当经试验所在地省级人民政府畜牧兽医行政主管部门批准。	省级人民政府畜牧兽医主管部门

（续表）

序号	许可名称	法律依据	实施主体
10	跨省引进乳用动物、种用动物及其精液、胚胎、种蛋检疫审批	1.《中华人民共和国动物防疫法》第四十六条第一款：跨省、自治区、直辖市引进乳用动物、种用动物及其精液、胚胎、种蛋的，应当向输入地省、自治区、直辖市动物卫生监督机构申请办理审批手续，并依照本法第四十二条的规定取得检疫证明。2.《动物检疫管理办法》第十一条：申报检疫的，应当提交检疫申报单；跨省、自治区、直辖市调运乳用动物、种用动物及其精液、胚胎、种蛋的，还应当同时提交输入地省、自治区、直辖市动物卫生监督机构批准的《跨省引进乳用种用动物检疫审批表》。	省级人民政府饲料管理部门
11	种畜禽生产经营许可（生产家畜卵子、冷冻精液、胚胎等遗传材料的生产经营许可）	1.《中华人民共和国畜牧法》第二十二条第一款：从事种畜禽生产经营或者生产商品代仔畜、雏禽的单位、个人，应当取得种畜禽生产经营许可证。申请人持种畜禽生产经营许可证依法办理工商登记，取得营业执照后，方可从事生产经营活动。第二十四条第一款：申请取得生产家畜卵子、冷冻精液、胚胎等遗传材料的生产经营许可证，应当向省级人民政府畜牧兽医行政主管部门提出申请。2.《种畜禽管理条例》第十五条：生产经营种畜禽的单位和个人，必须向县级以上人民政府畜牧行政主管部门申领《种畜禽生产经营许可证》；工商行政管理机关凭此证依法办理登记注册。生产经营畜禽冷冻精液、胚胎或者其他遗传材料的，由国务院畜牧行政主管部门或者省、自治区、直辖市人民政府畜牧行政主管部门核发《种畜禽生产经营许可证》。3.《种畜禽管理条例实施细则》第二十三条：从事种畜禽生产经营的单位和个人必须取得《种畜禽生产经营许可证》（以下简称许可证），凭许可证向当地工商行政管理部门办理注册登记，领取营业执照后，方可营业。第二十四条：原种（纯系）场、曾祖代场、种公牛站、国家重点种畜禽场和生产经营胚胎或其他遗传材料的单位的许可证，由申请人提出申请，经省级畜牧行政主管部门审核后，报国务院畜牧行政主管部门审批发证。其他种畜禽场、种畜站的许可证，由省级畜牧行政主管部门审批发证。单纯从事种畜禽经营和卵孵化的单位和个人的许可证，由县级以上畜牧行政主管部门审批发证。	农业农村部、省、县级人民政府畜牧行政主管部门
12	保种场、保护区和基因库的审批	1.《中华人民共和国畜牧法》第十三条第四款：畜禽遗传资源保种场、保护区和基因库的管理办法由国务院畜牧兽医行政主管部门制定。2.《畜禽遗传资源保种场保护区和基因库管理办法》第十条：申请国家级畜禽遗传资源保种场、保护区、基因库的单位或者个人，应当于每年3月底前向省级人民政府畜牧行政主管部门提交下列材料。第十一条：省级人民政府畜牧行政主管部门应当自申请受理之日起20个工作日内完成初审，并将初审意见和相关材料报送农业农村部。农业农村部自收到申请材料后20个工作日内做出决定，经审查符合条件的，确定为畜禽遗传资源保种场、保护区和基因库，并予以公告；不符合条件的，书面通知申请人并说明理由。农业农村部或者省级人民政府畜牧行政主管部门必要时可组织现场审验。	农业农村部、省级人民政府畜牧行政主管部门

（续表）

序号	许可名称	法律依据	实施主体
13	兽药变更注册审批	1.《兽药管理条例》第十三条：兽药生产企业变更生产范围、生产地点的，应当依照本条例第十一条的规定申请换发兽药生产许可证；变更企业名称、法定代表人的，应当在办理工商变更登记手续后 15 个工作日内，到发证机关申请换发兽药生产许可证。2.《兽药注册办法》第二十二条：已经注册的兽药拟改变原批准事项的，应当向农业农村部申请兽药变更注册。第二十三条申请人申请变更注册时，应当填写《兽药变更注册申请表》，报送有关资料和说明。涉及兽药产品权属变化的，应当提供有效证明文件。进口兽药的变更注册，申请人还应当提交生产企业所在国家（地区）兽药管理机构批准变更的文件。	农业农村部
14	兽药进口审批（兽药进口通关单审批、兽药（兽用生物制品）进口审批）	1.《兽药管理条例》第三十二条：首次向中国出口的兽药，由出口方驻中国境内的办事机构或者其委托的中国境内代理机构向国务院兽医行政管理部门申请注册，并提交下列资料和物品：第三十五条　境外企业不得在中国直接销售兽药。境外企业在中国销售兽药，应当依法在中国境内设立销售机构或者委托符合条件的中国境内代理机构。进口在中国已取得进口兽药注册证书的兽用生物制品的，中国境内代理机构应当向国务院兽医行政管理部门申请允许进口兽用生物制品证明文件，凭允许进口兽用生物制品证明文件到口岸所在地人民政府兽医行政管理部门办理进口兽药通关单；进口在中国已取得进口兽药注册证书的其他兽药的，凭进口兽药注册证书到口岸所在地人民政府兽医行政管理部门办理进口兽药通关单。海关凭进口兽药通关单放行。兽药进口管理办法由国务院兽医行政管理部门会同海关总署制定。2.《兽药注册办法》第十三条：首次向中国出口兽药，应当由出口方驻中国境内的办事机构或由其委托的中国境内代理机构向农业农村部提出申请，填写《兽药注册申请表》，并按《兽药注册资料要求》提交相关资料。申请向中国出口兽用生物制品的，还应当提供菌（毒、虫）种、细胞等有关材料和资料。	农业农村部
15	新兽用生物制品临床试验审批	1.《兽药管理条例》《兽药管理条例》《兽药管理条例》第八条：研制新兽药，应当在临床试验前向省、自治区、直辖市人民政府兽医行政管理部门提出申请，并附具该新兽药实验室阶段安全性评价报告及其他临床前研究资料；省、自治区、直辖市人民政府兽医行政管理部门应当自收到申请之日起 60 个工作日内将审查结果书面通知申请人。研制的新兽药属于生物制品的，应当在临床试验前向国务院兽医行政管理部门提出申请，国务院兽医行政管理部门应当自收到申请之日起 60 个工作日内将审查结果书面通知申请人。2.《新兽药研制管理办法》第八条：申请人进行临床试验，应当在试验前提出申请，并提交下列资料。属于生物制品的新兽药临床试验，还应当提供生物安全防范基本条件、菌（毒、虫）种名称、来源和特性方面的资料。3.《兽药注册办法》第八条：农业农村部自收到申请之日起 10 个工作日内，将决定受理的新兽药注册申请资料送农业农村部兽药审评委员会进行技术评审，并通知申请人提交复核检验所需的连续 3 个生产批号的样品和有关资料，送指定的兽药检验机构进行复核检验。申请的新兽药属于生物制品的，必要时，应对有关种毒进行检验。	农业农村部

（续表）

序号	许可名称	法律依据	实施主体
16	研制新兽药使用一类病原微生物审批	1.《兽药管理条例》《兽药管理条例》第八条：研制新兽药，应当在临床试验前向省、自治区、直辖市人民政府兽医行政管理部门提出申请，并附具该新兽药实验室阶段安全性评价报告及其他临床前研究资料；省、自治区、直辖市人民政府兽医行政管理部门应当自收到申请之日起 60 个工作日内将审查结果书面通知申请人。研制新兽药需要使用一类病原微生物的，还应当具备国务院兽医行政管理部门规定的条件，并在实验室阶段前报国务院兽医行政管理部门批准。2.《新兽药研制管理办法》第三条：农业部负责全国新兽药研制管理工作，对研制新兽药使用一类病原微生物（含国内尚未发现的新病原微生物）、属于生物制品的新兽药临床试验进行审批。第八条：申请人进行临床试验，应当在试验前提出申请，并提交下列资料：（九）使用一类病原微生物的，还应当提交农业农村部的批准文件复印件。	农业农村部
17	新兽药注册	1.《兽药管理条例》第八条：研制新兽药，应当在临床试验前向省、自治区、直辖市人民政府兽医行政管理部门提出申请，并附具该新兽药实验室阶段安全性评价报告及其他临床前研究资料；省、自治区、直辖市人民政府兽医行政管理部门应当自收到申请之日起 60 个工作日内将审查结果书面通知申请人。研制的新兽药属于生物制品的，应当在临床试验前向国务院兽医行政管理部门提出申请，国务院兽医行政管理部门应当自收到申请之日起 60 个工作日内将审查结果书面通知申请人。研制新兽药需要使用一类病原微生物的，还应当具备国务院兽医行政管理部门规定的条件，并在实验室阶段前报国务院兽医行政管理部门批准。第九条：临床试验完成后，新兽药研制者向国务院兽医行政管理部门提出新兽药注册申请时，应当提交该新兽药的样品和下列资料：国务院兽医行政管理部门应当自收到申请之日起 10 个工作日内，将决定受理的新兽药资料送其设立的兽药评审机构进行评审，将新兽药样品送其指定的检验机构复核检验，并自收到评审和复核检验结论之日起 60 个工作日内完成审查。审查合格的，发给新兽药注册证书，并发布该兽药的质量标准；不合格的，应当书面通知申请人。2.《病原微生物实验室生物安全管理条例》（国务院令 2004 年第 424 号公布）。3.《新兽药研制管理办法》 第三条：农业农村部负责全国新兽药研制管理工作，对研制新兽药使用一类病原微生物（含国内尚未发现的新病原微生物）、属于生物制品的新兽药临床试验进行审批。省级人民政府兽医行政管理部门负责对其他新兽药临床试验审批。4.《兽药注册办法》第四条：新兽药注册申请人应当在完成临床试验后，向农业农村部提出申请，并按《兽药注册资料要求》提交相关资料。第六条：申请新兽药注册所报送的资料应当完整、规范，数据必须真实、可靠。引用文献资料应当注明著作名称、刊物名称及卷、期、页等；未公开发表的文献资料应当提供资料所有者许可使用的证明文件；外文资料应当按照要求提供中文译本。第十一条：农业农村部自收到技术评审和复核检验结论之日起 60 个工作日内完成审查；必要时，可派员进行现场核查。审查合格的，发给《新兽药注册证书》，并予以公告，同时发布该新兽药的标准、标签和说明书。不合格的，书面通知申请人。	省级兽医行政主管部门、农业农村部

（续表）

序号	许可名称	法律依据	实施主体
18	进口兽药注册（兽药注册）	1.《兽药管理条例》第三十二条：首次向中国出口的兽药，由出口方驻中国境内的办事机构或者其委托的中国境内代理机构向国务院兽医行政管理部门申请注册，并提交下列资料和物品。第三十五条：境外企业不得在中国直接销售兽药。境外企业在中国销售兽药，应当依法在中国境内设立销售机构或者委托符合条件的中国境内代理机构。2.《兽药注册办法》第十三条：首次向中国出口兽药，应当由出口方驻中国境内的办事机构或由其委托的中国境内代理机构向农业农村部提出申请，填写《兽药注册申请表》，并按《兽药注册资料要求》提交相关资料。申请向中国出口兽用生物制品的，还应当提供菌（毒、虫）种、细胞等有关材料和资料。第十四条：申请兽药制剂进口注册，必须提供用于生产该制剂的原料药和辅料、直接接触兽药的包装材料和容器合法来源的证明文件。原料药尚未取得农业农村部批准的，须同时申请原料药注册，并应当报送有关的生产工艺、质量指标和检验方法等研究资料。	农业农村部
19	兽药生产许可证核发	《兽药管理条例》第十一条：从事兽药生产的企业，应当符合国家兽药行业发展规划和产业政策，并具备下列条件：（一）与所生产的兽药相适应的兽医学、药学或者相关专业的技术人员；（二）与所生产的兽药相适应的厂房、设施；（三）与所生产的兽药相适应的兽药质量管理和质量检验的机构、人员、仪器设备；（四）符合安全、卫生要求的生产环境；（五）兽药生产质量管理规范规定的其他生产条件。符合前款规定条件的，申请人方可向省、自治区、直辖市人民政府兽医行政管理部门提出申请，并附具符合前款规定条件的证明材料；省、自治区、直辖市人民政府兽医行政管理部门应当自收到申请之日起40个工作日内完成审查。经审查合格的，发给兽药生产许可证；不合格的，应当书面通知申请人。	省级人民政府兽医行政管理部门
20	兽药产品批准文号及标签、说明书审批	1.《兽药管理条例》第十五条：兽药生产企业生产兽药，应当取得国务院兽医行政管理部门核发的产品批准文号，产品批准文号的有效期为5年。兽药产品批准文号的核发办法由国务院兽医行政管理部门制定。2.《兽药产品批准文号管理办法》第三条：兽药生产企业生产兽药，应当取得农业部核发的兽药产品批准文号。兽药产品批准文号是农业农村部根据兽药国家标准、生产工艺和生产条件批准特定兽药生产企业生产特定兽药产品时核发的兽药批准证明文件。第四条：农业农村部负责全国兽药产品批准文号的核发和监督管理工作。县级以上地方人民政府兽医行政管理部门负责本行政区域内的兽药产品批准文号的监督管理工作。3.《兽药标签和说明书管理办法》第二条：农业农村部主管全国的兽药标签和说明书的管理工作，县级以上地方人民政府畜牧兽医行政管理部门主管所辖地区的兽药标签和说明书的管理工作。	农业农村部

（续表）

序号	许可名称	法律依据	实施主体
21	执业兽医资格认定	《中华人民共和国动物防疫法》第五十四条：国家实行执业兽医资格考试制度。具有兽医相关专业大学专科以上学历的，可以申请参加执业兽医资格考试；考试合格的，由省、自治区、直辖市人民政府兽医主管部门颁发执业兽医资格证书；从事动物诊疗的，还应当向当地县级人民政府兽医主管部门申请注册。执业兽医资格考试和注册办法由国务院兽医主管部门商国务院人事行政部门制定。本法所称执业兽医，是指从事动物诊疗和动物保健等经营活动的兽医。	省级人民政府兽医行政管理部门
22	执业兽医师注册	《动物防疫法》（1997 年 7 月通过，2007 年 8 月修订）第五十四条第一款：国家实行执业兽医资格考试制度。具有兽医相关专业大学专科以上学历的，可以申请参加执业兽医资格考试；考试合格的，由国务院兽医主管部门颁发执业兽医资格证书；从事动物诊疗的，还应当向当地县级人民政府兽医主管部门申请注册。执业兽医资格考试和注册办法由国务院兽医主管部门商国务院人事行政部门制定。	县级人民政府兽医主管部门
23	进口兽药通关单核发	《兽药管理条例》第三十五条：进口在中国已取得进口兽药注册证书的兽用生物制品的，中国境内代理机构应当向国务院兽医行政管理部门申请允许进口兽用生物制品证明文件，凭允许进口兽用生物制品证明文件到口岸所在地人民政府兽医行政管理部门办理进口兽药通关单；进口在中国已取得进口兽药注册证书的其他兽药的，凭进口兽药注册证书到口岸所在地人民政府兽医行政管理部门办理进口兽药通关单。海关凭进口兽药通关单放行。兽药进口管理办法由国务院兽医行政管理部门会同海关总署制定。	省级人民政府兽医行政管理部门
24	在媒体发布兽药广告审批	1.《中华人民共和国广告法》（2015 年 4 月 24 日第十二届全国人民代表大会常务委员会第十四次会议修订自 2015 年 9 月 1 日施行）第三十四条：利用广播、电影、电视、报纸、期刊以及其他媒介发布药品医疗器械、农药、兽药等商品的广告和法律、行政法规规定应当进行审查的其他广告，必须在发布前依照有关法律、行政法规由有关行政主管部门（以下简称广告审查机关）对广告内容进行审查；未经审查，不得发布。 2.《兽药管理条例》第三十一条：兽药广告的内容应当与兽药说明书内容相一致，在全国重点媒体发布兽药广告的，应当经国务院兽医行政管理部门审查批准，取得兽药广告审查批准文号。在地方媒体发布兽药广告的，应当经省、自治区、直辖市人民政府兽医行政管理部门审查批准，取得兽药广告审查批准文号；未经批准的，不得发布。	省级以上人民政府兽医行政管理部门

（续表）

序号	许可名称	法律依据	实施主体
25	新兽用非生物物品临床试验审批	1.《兽药管理条例》第八条：研制新兽药，应当在临床试验前向省、自治区、直辖市人民政府兽医行政管理部门提出申请，并附具该新兽药实验室阶段安全性评价报告及其他临床前研究资料；省、自治区、直辖市人民政府兽医行政管理部门应当自收到申请之日起６０个工作日内将审查结果书面通知申请人。2.《新兽药研制管理办法》第三条第一款、第二款：农业农村部负责全国新兽药研制管理工作，对研制新兽药使用一类病原微生物（含国内尚未发现的新病原微生物）、属于生物制品的新兽药临床试验进行审批。省级人民政府兽医行政管理部门负责对其他新兽药临床试验进行审批。	省级人民政府兽医行政管理部门
26	兽用生物制品经营许可证核发	《兽药管理条例》第二十二条：经营兽药的企业，应当具备下列条件：……符合前款规定条件的，申请人方可向市、县人民政府兽医行政管理部门提出申请，并附具符合前款规定条件的证明材料；经营兽用生物制品的，应当向省、自治区、直辖市人民政府兽医行政管理部门提出申请，并附具符合前款规定条件的证明材料。县级以上地方人民政府兽医行政管理部门，应当自收到申请之日起30工作日内完成审查。审查合格的，发给兽药经营许可证；不合格的，应当书面通知申请人。	省级人民政府兽医行政管理部门
27	兽药经营许可证核发	《兽药管理条例》第二十二条：经营兽药的企业，应当具备下列条件：……符合前款规定条件的，申请人方可向市、县人民政府兽医行政管理部门提出申请，并附具符合前款规定条件的证明材料；经营兽用生物制品的，应当向省、自治区、直辖市人民政府兽医行政管理部门提出申请，并附具符合前款规定条件的证明材料。县级以上地方人民政府兽医行政管理部门，应当自收到申请之日起30工作日内完成审查。审查合格的，发给兽药经营许可证；不合格的，应当书面通知申请人。	省、市（县）级人民政府兽医行政管理部门
28	非国家强制性免疫用生物制品经营审批	1.《兽药管理条例》第二十二条第一、第二款：经营兽药的企业，应当具备下列条件：（一）与所经营的兽药相适应的兽药技术人员；（二）与所经营的兽药相适应的营业场所、设备、仓库设施；（三）与所经营的兽药相适应的质量管理机构或者人员；（四）兽药经营质量管理规范规定的其他经营条件。符合前款规定条件的，申请人方可向市、县人民政府兽医行政管理部门提出申请，并附具符合前款规定条件的证明材料；经营兽用生物制品的，应当向省、自治区、直辖市人民政府兽医行政管理部门提出申请，并附具符合前款规定条件的证明材料。2.《兽用生物制品经营管理办法》第十条：非国家强制免疫用生物制品经销商应当依法取得《兽药经营许可证》和工商营业执照。前款规定的《兽药经营许可证》的经营范围应当载明委托的兽用生物制品生产企业名称及委托销售的产品类别等内容。经营范围发生变化的，经销商应当办理变更手续。	省级人民政府兽医行政管理部门

（续表）

序号	许可名称	法律依据	实施主体
29	高致病性动物病原微生物科研项目生物安全审查	1《病原微生物实验室生物安全管理条例》第二十二条：实验室申报或者接受与高致病性病原微生物有关的科研项目，应当符合科研需要和生物安全要求，具有相应的生物安全防护水平。与动物间传染的高致病性病原微生物有关的科研项目，应当经国务院兽医主管部门同意；与人体健康有关的高致病性病原微生物科研项目，实验室应当将立项结果告知省级以上人民政府卫生主管部门。2《高致病性动物病原微生物实验室生物安全管理审批办法》第十二条　实验室申报或者接受与高致病性动物病原微生物有关的科研项目前，应当向农业农村部申请审查，并提交以下材料：（一）高致病性动物病原微生物科研项目生物安全审查表一式两份；（二）科研项目建议书；（三）科研项目研究中采取的生物安全措施。农业农村部自收到申请之日起 20 日内作出是否同意的决定。科研项目立项后，需要从事与高致病性动物病原微生物有关的实验活动的，应当按照本办法第十条、第十一条的规定，经农业部或者省、自治区、直辖市人民政府兽医行政管理部门批准。	农业农村部
30	从事高致病性或疑似高致病性病原微生物实验活动审批	1.《病原微生物实验室生物安全管理条例》第二十二条：取得从事高致病性病原微生物实验活动资格证书的实验室，需要从事某种高致病性病原微生物或者疑似高致病性病原微生物实验活动的，应当依照国务院卫生主管部门或者兽医主管部门的规定报省级以上人民政府卫生主管部门或者兽医主管部门批准。实验活动结果以及工作情况应当向原批准部门报告。2.《高致病性动物病原微生物实验室生物安全管理审批办法》第五条：实验室从事高致病性动物病原微生物实验活动，应当取得农业农村部颁发的《高致病性动物病原微生物实验室资格证书》。第六条：实验室申请《高致病性动物病原微生物实验室资格证书》，应当具备下列条件：（一）依法从事动物疫病的研究、检测、诊断，以及菌（毒）种保藏等活动；（二）符合农业农村部颁发的《兽医实验室生物安全管理规范》；（三）取得国家生物安全三级或者四级实验室认可证书；（四）从事实验活动的工作人员具备兽医相关专业大专以上学历或中级以上技术职称，受过生物安全知识培训；（五）实验室工程质量经依法检测验收合格。第七条：符合前条规定条件的，申请人应当向所在地省、自治区、直辖市人民政府兽医行政管理部门提出申请，并提交下列材料：（一）高致病性动物病原微生物实验室资格申请表一式两份；（二）实验室管理手册；（三）国家实验室认可证书复印件；（四）实验室设立单位的法人资格证书复印件；（五）实验室工作人员学历证书或者技术职称证书复印件；（六）实验室工作人员生物安全知识培训情况证明材料；（七）实验室工程质量检测验收报告复印件。省、自治区、直辖市人民政府兽医行政管理部门应当自收到申请之日起 10 个工作日内，将初审意见和有关材料报送农业部。农业农村部收到初审意见和有关材料后，组织专家进行评审，必要时可到现场核实和评估。农业部自收到专家评审意见之日起 10 个工作日内作出是否颁发《高致病性动物病原微生物实验室资格证书》的决定；不予批准的，及时告知申请人并说明理由。	省级以上兽医主管部门

（续表）

序号	许可名称	法律依据	实施主体
31	跨省、自治区、直辖市运输或者运往国外高致病性病原微生物菌（毒）种或者样本审批	1.《病原微生物实验室生物安全管理条例》（2004 年 11 月 5 日国务院第 69 次常务会议通过，2004 年 11 月 12 日国务院令第 424 号公布，自公布之日起施行）。2.《兽药管理条例》（2004 年 3 月 24 日国务院第 45 次常务会议通过，2004 年 4 月 9 日国务院令第 404 号公布，自 2004 年 11 月 1 日起施行）。3.《高致病性动物病原微生物实验室生物安全管理审批办法》（2005 年 5 月 20 日农业农村部令第 52 号公布）。4.《高致病性动物病原微生物菌（毒）种或者样本运输包装规范》（2005 年 5 月 24 日农业农村部公告第 503 号公布）。5.《动物病原微生物分类名录》（2005 年 5 月 24 日农业部令第 53 号公布）。	农业农村部
32	运输高致病性病原微生物菌（毒）种或者样本审批	《病原微生物实验室生物安全管理条例》第十一条：运输高致病性病原微生物菌（毒）种或者样本，应当具备下列条件：（一）运输目的、高致病性病原微生物的用途和接收单位符合国务院卫生主管部门或者兽医主管部门的规定；（二）高致病性病原微生物菌（毒）种或者样本的容器应当密封，容器或者包装材料还应当符合防水、防破损、防外泄、耐高（低）温、耐高压的要求；（三）容器或者包装材料上应当印有国务院卫生主管部门或者兽医主管部门规定的生物危险标识、警告用语和提示用语。运输高致病性病原微生物菌（毒）种或者样本，应当经省级以上人民政府卫生主管部门或者兽医主管部门批准。在省、自治区、直辖市行政区域内运输的，由省、自治区、直辖市人民政府卫生主管部门或者兽医主管部门批准；需要跨省、自治区、直辖市运输或者运往国外的，由出发地的省、自治区、直辖市人民政府卫生主管部门或者兽医主管部门进行初审后，分别报国务院卫生主管部门或者兽医主管部门批准。出入境检验检疫机构在检验检疫过程中需要运输病原微生物样本的，由国务院出入境检验检疫部门批准，并同时向国务院卫生主管部门或者兽医主管部门通报。通过民用航空运输高致病性病原微生物菌（毒）种或者样本的，除依照本条第二款、第三款规定取得批准外，还应当经国务院民用航空主管部门批准。有关主管部门应当对申请人提交的关于运输高致性病原微生物菌（毒）种或者样本的申请材料进行审查，对符合本条第一款规定条件的，应当即时批准。	省级以上人民政府兽医行政管理部门

（续表）

序号	许可名称	法律依据	实施主体
33	兽医微生物菌（毒、虫）种进出口和使用审批	1.《病原微生物实验室生物安全管理条例》第十五条：保藏机构应当凭实验室依照本条例的规定取得的从事高致病性病原微生物相关实验活动的批准文件，向实验室提供高致病性病原微生物菌（毒）种和样本，并予以登记。2.《动物病原微生物菌毒种保藏管理办法》第十六条：实验室和兽用生物制品生产企业需要使用菌（毒）种或者样本的，应当向保藏机构提出申请。第二十八条：国家对菌（毒）种和样本对外交流实行认定审批制度。第二十九条：从国外引进和向国外提供菌（毒）种或者样本的，应当经所在地省、自治区、直辖市人民政府兽医主管部门审核后，报农业农村部批准。第三十条：从国外引进菌（毒）种或者样本的单位，应当在引进菌（毒）种或者样本后6个月内，将备份及其背景资料，送交保藏机构。	农业农村部
34	无公害农产品产地认证	《无公害农产品管理办法》第五条：全国无公害农产品的管理及质量监督工作，由农业部门、国家质量监督检验检疫部门和国家认证认可监督管理委员会按照“三定”方案赋予的职责和国务院的有关规定，分工负责，共同做好工作。第七条：国家鼓励生产单位和个人申请无公害农产品产地认定和产品认证。第十三条：实施无公害农产品认证的产品范围由农业农村部、国家认证认可监督管理委员会共同确定、调整。省级农业行政主管部门根据本办法的规定负责组织实施本辖区内无公害农产品产地的认定工作。	农业农村部
35	草种进出口经营许可证核发	1.《中华人民共和国种子法》第三十一条：从事种子进出口业务的种子生产经营许可证，由省、自治区、直辖市人民政府农业、林业主管部门审核，国务院农业、林业主管部门核发。从事主要农作物杂交种子及其亲本种子、林木良种种子的生产经营以及实行选育生产经营相结合，符合国务院农业、林业主管部门规定条件的种子企业的种子生产经营许可证，由生产经营者所在地县级人民政府农业、林业主管部门审核，省、自治区、直辖市人民政府农业、林业主管部门核发。第九十三条：草种、烟草种、中药材种、食用菌菌种的种质资源管理和选育、生产经营、管理等活动，参照本法执行。2.《草种管理办法》第十九条：主要草种的商品生产实行许可制度。草种生产许可证由草种生产单位或个人所在地省级人民政府草原行政主管部门核发。	省级以上人民政府农业主管部门
36	向境外提供或者与境外机构、个人开展合作研究利用草类种质资源审批	1.《中华人民共和国种子法》第十一条：国家对种质资源享有主权，任何单位和个人向境外提供种质资源，或者与境外机构、个人开展合作研究利用种质资源的，应当向省、自治区、直辖市人民政府农业、林业主管部门提出申请，并提交国家共享惠益的方案；受理申请的农业、林业主管部门经审核，报国务院农业、林业主管部门批准。从境外引进种质资源的，依照国务院农业、林业主管部门的有关规定办理。2.《草种管理办法》第四十六条：草种进出口实行审批制度。申请进出口草种的单位和个人，应当填写《进（出）口草种审批表》，经省级人民政府草原行政主管部门批准后，依法办理进出口手续。	农业农村部

（续表）

序号	许可名称	法律依据	实施主体
37	在草原上修建直接为草原保护和畜牧业生产服务的工程设施使用审批	1.《中华人民共和国草原法》第四十一条：在草原上修建直接为草原保护和畜牧业生产服务的工程设施，需要使用草原的，由县级以上人民政府草原行政主管部门批准；修筑其他工程，需要将草原转为非畜牧业生产用地的，必须依法办理建设用地审批手续。 2.《草原征占用审核审批管理办法》第八条：在草原上修建直接为草原保护和畜牧业生产服务的工程设施确需使用草原的，依照下列规定的权限办理：修筑其他工程，需要将草原转为非畜牧业生产用地的，应当依照本办法第六条的规定办理。第一款所称直接为草原保护和畜牧业生产服务的工程设施，是指：（一）生产、贮存草种和饲草饲料的设施；（二）牲畜圈舍、配种点、剪毛点、药浴池、人畜饮水设施；（三）科研、试验、示范基地；（四）草原防火和灌溉设施。	省级、县级人民政府草原行政主管部门
38	草种质量检验机构资格认定	1.《种子法》第四十八条：承担种子质量检验的机构应当具备相应的检测条件和能力，并经省级以上人民政府有关主管部门考核合格。2.《草种管理办法》第三十八条：承担种子质量检验的机构应当具备相应的检测条件和能力，并经省级以上人民政府有关主管部门考核合格。	省级以上人民政府有关主管部门
39	草种经营许可	1.《中华人民共和国种子法》第三十一条：从事主要农作物杂交种子及其亲本种子、林木良种种子的生产经营以及实行选育生产经营相结合，符合国务院农业、林业主管部门规定条件的种子企业的种子生产经营许可证，由生产经营者所在地县级人民政府农业、林业主管部门审核，省、自治区、直辖市人民政府农业、林业主管部门核发。2.《草种管理办法》第二十六条：草种经营实行许可制度。草种经营单位和个人应当先取得草种经营许可证后，凭草种经营许可证向工商行政管理机关申请办理或者变更营业执照，但依照《种子法》规定不需要办理草种经营许可证的除外。主要草种杂交种子及其亲本种子、常规原种种子的经营许可证，由草种经营单位和个人所在地县级人民政府草原行政主管部门审核，省级人民政府草原行政主管部门核发。从事草种进出口业务的，草种经营许可证由草种经营单位或个人所在地省级人民政府草原行政主管部门审核，农业农村部核发。其他草种经营许可证，由草种经营单位或个人所在地县级人民政府草原行政主管部门核发。	省级、县级人民政府草原行政主管部门

（续表）

序号	许可名称	法律依据	实施主体
40	主要草种生产许可	1.《中华人民共和国种子法》第三十一条：从事种子进出口业务的种子生产经营许可证，由省、自治区、直辖市人民政府农业、林业主管部门审核，国务院农业、林业主管部门核发。从事主要农作物杂交种子及其亲本种子、林木良种种子的生产经营以及实行选育生产经营相结合，符合国务院农业、林业主管部门规定条件的种子企业的种子生产经营许可证，由生产经营者所在地县级人民政府农业、林业主管部门审核，省、自治区、直辖市人民政府农业、林业主管部门核发。第九十三条：草种、烟草种、中药材种、食用菌菌种的种质资源管理和选育、生产经营、管理等活动，参照本法执行。2.《草种管理办法》第十九条：主要草种的商品生产实行许可制度。草种生产许可证由草种生产单位或个人所在地省级人民政府草原行政主管部门核发。	省级人民政府草原行政主管部门
41	乡村兽医登记许可	《乡村兽医管理办法》第四条：农业部主管全国乡村兽医管理工作。县级以上地方人民政府兽医主管部门主管本行政区域内乡村兽医管理工作。县级以上地方人民政府设立的动物卫生监督机构负责本行政区域内乡村兽医监督执法工作。第六条：国家实行乡村兽医登记制度。符合下列条件之一的，可以向县级人民政府兽医主管部门申请乡村兽医登记。第八条：县级人民政府兽医主管部门应当在收到申请材料之日起 20 个工作日内完成审核。审核合格的，予以登记，并颁发乡村兽医登记证；不合格的，书面通知申请人，并说明理由。	县级人民政府兽医主管部门
42	动物诊疗许可证核发	1.《动物防疫法》第五十一条：设立从事动物诊疗活动的机构，应当向县级以上地方人民政府兽医主管部门申请动物诊疗许可证。受理申请的兽医主管部门应当依照本法和《中华人民共和国行政许可法》的规定进行审查。经审查合格的，发给动物诊疗许可证；不合格的，应当通知申请人并说明理由。2.《动物诊疗机构管理办法》第七条：设立动物诊疗机构，应当向动物诊疗场所所在地的发证机关提出申请，并提交下列材料。第三十九条：本办法所称发证机关，是指县（市辖区）级人民政府兽医主管部门；市辖区未设立兽医主管部门的，发证机关为上一级兽医主管部门。	县级人民政府兽医主管部门
43	草种检验员资格认定	1.《草种管理办法》（农业部令第 56 号）第三十九条：草种质量检验机构的草种检验员应当符合下列条件：（一）具有相关专业大专以上文化水平或具有中级以上技术职称；（二）从事草种检验技术工作 3 年以上；（三）经省级人民政府草原行政主管部门考核合格。2.《国务院关于取消和下放一批行政审批项目的决定》（国发〔2013〕44 号）将“草种检验员资格认定”下放至省级人民政府草原行政主管部门。	省级人民政府草原行政主管部门

（续表）

序号	许可名称	法律依据	实施主体
44	动物防疫条件审核（动物隔离场所、动物和动物产品无害化处理场所）	1.《动物防疫法》第二十条：兴办动物饲养场（养殖小区）和隔离场所，动物屠宰加工场所，以及动物和动物产品无害化处理场所，应当向县级以上地方人民政府兽医主管部门提出申请，并附具相关材料。受理申请的兽医主管部门应当依照本法和《中华人民共和国行政许可法》的规定进行审查。经审查合格的，发给动物防疫条件合格证；不合格的，应当通知申请人并说明理由。需要办理工商登记的，申请人凭动物防疫条件合格证向工商行政管理部门申请办理登记注册手续。动物防疫条件合格证应当载明申请人的名称、场（厂）址等事项。经营动物、动物产品的集贸市场应当具备国务院兽医主管部门规定的动物防疫条件，并接受动物卫生监督机构的监督检查。2.《动物防疫条件审查办法》第二条：动物饲养场、养殖小区、动物隔离场所、动物屠宰加工场所以及动物和动物产品无害化处理场所，应当符合本办法规定的动物防疫条件，并取得《动物防疫条件合格证》。第二十九条：兴办动物隔离场所、动物和动物产品无害化处理场所的，县级地方人民政府兽医主管部门应当自收到申请之日起5个工作日内完成材料初审，并将初审意见和有关材料报省、自治区、直辖市人民政府兽医主管部门。省、自治区、直辖市人民政府兽医主管部门自收到初审意见和有关材料之日起15个工作日内完成材料和现场审查，审查合格的，颁发《动物防疫条件合格证》；审查不合格的，应当书面通知申请人，并说明理由。	县级以上人民政府兽医主管部门
45	生猪定点屠宰许可	《生猪屠宰管理条例》第六条：生猪定点屠宰厂（场）由设区的市级人民政府根据设置规划，组织畜牧兽医行政主管部门、环境保护主管部门以及其他有关部门，依照本条例规定的条件进行审查，经征求省、自治区、直辖市人民政府畜牧兽医行政主管部门的意见确定，并颁发生猪定点屠宰证书和生猪定点屠宰标志牌。	设区的市级人民政府兽医主管部门
46	生鲜乳准运证明核发	1.《乳品质量安全监督管理条例》第二十五条：生鲜乳运输车辆应当取得所在地县级人民政府畜牧兽医主管部门核发的生鲜乳准运证明，并随车携带生鲜乳交接单。2.《生鲜乳生产收购管理办法》第二十六条：运输生鲜乳的车辆应当取得所在地县级人民政府畜牧兽医主管部门核发的生鲜乳准运证明。无生鲜乳准运证明的车辆，不得从事生鲜乳运输。	县级人民政府畜牧兽医主管部门

（续表）

序号	许可名称	法律依据	实施主体
47	生鲜乳收购许可证核发	1.《乳品质量安全监督管理条例》第二十条：生鲜乳收购站应当由取得工商登记的乳制品生产企业、奶畜养殖场、奶农专业生产合作社开办，并具备下列条件，取得所在地县级人民政府畜牧兽医主管部门颁发的生鲜乳收购许可证。2.《生鲜乳生产收购管理办法》第十八条：取得工商登记的乳制品生产企业、奶畜养殖场、奶农专业生产合作社开办生鲜乳收购站，应当符合法定条件，向所在地县级人民政府畜牧兽医主管部门提出申请，并提交以下材料。	县级人民政府畜牧兽医主管部门
48	动物和动物产品检疫	《动物防疫法》第八条：县级以上地方人民政府设立的动物卫生监督机构依照本法规定，负责动物、动物产品的检疫工作和其他有关动物防疫的监督管理执法工作。	县级以上动物卫生监督机构
49	新建、改建或者扩建一级、二级实验室备案	《病原微生物实验室生物安全管理条例》第二十五条：新建、改建或者扩建一级、二级实验室，应当向设区的市级人民政府卫生主管部门或者兽医主管部门备案。设区的市级人民政府卫生主管部门或者兽医主管部门应当每年将备案情况汇总后报省、自治区、直辖市人民政府卫生主管部门或者兽医主管部门。	设区的市级人民政府兽医主管部门

第三章　畜牧兽医行政处罚

第一节　畜牧兽医行政处罚的概述

一、畜牧兽医行政处罚的含义

畜牧兽医行政处罚是指县级以上地方人民政府畜牧兽医行政主管部门或畜牧兽医监督机构（以下统称畜牧兽医行政执法机关）依据法律、法规，依照法定程序，对违反畜牧兽医法律、法规，尚未构成犯罪而应当承担行政法律责任的公民、法人或其他组织所做出的行政制裁。它与公安行政处罚、土地行政处罚、卫生行政处罚等一样是我国行政处罚的重要组成部分，都是行政处罚的重要分支。同时，畜牧兽医行政处罚与其他行政处罚相比，在法律适用、处罚主体等方面又存在严格的区别。

二、畜牧兽医行政处罚成立应当具备的要件

1. 做出畜牧兽医行政处罚的行政主体

必须是《中华人民共和国畜牧法》（以下简称《畜牧法》）《中华人民共和国动物防疫法》（以下简称《动物防疫法》）等法律、法规规定或授权的县级以上畜牧兽医行政执法机关（畜牧兽医局或畜牧兽医监督所）。

2. 存在应受畜牧兽医行政处罚的行为

即：违反畜牧兽医法律法规，且应承担畜牧兽医行政法律责任的行为，尚未构成犯罪。

3. 存在畜牧兽医行政处罚的对象

即具有作为相对人的公民、法人或者其他组织。也就是《畜牧法》《动物防疫法》等法律、法规“法律责任”一章中所列的单位、组织和个人。

4. 存在法律效果

即畜牧兽医行政处罚做出后产生直接或间接的法律效果，使行政相对人的权利义务受到影响。

三、畜牧兽医行政处罚的基本原则

1. 法定原则

法定原则是指畜牧兽医行政执法机关必须依法对违反畜牧兽医管理秩序应当给予行政处罚的行为，实施行政处罚。处罚的法定原则主要包括四个方面内容：

（1）处罚的主体法定。畜牧兽医行政处罚只能由县级以上畜牧兽医行政执法机关在法定的范围内给予实施处罚。其他任何机关、社会团体和个人均无权实施处罚，而且这种行政处罚权必须在法定职权范围内行使。如《行政处罚法》第十七条、《畜牧法》第七条、《动物防疫法》第八条等相关法律法规作了明确的规定。

（2）处罚的依据法定。畜牧兽医行政执法机关只能对自己业务主管范围内的对违反畜牧兽医行政管理秩序的行为给予行政处罚。对哪些行为应该处罚，哪些行为不该处罚，以及怎么处罚等等，都必须有法定依据。这里法定依据的“法”主要包括法律、行政法规、地方法规、行政规章和地方规章，畜牧兽医行政执法机关根据这四种规范性法律文件实施处罚，否则，其行政处罚无效。公民、法人或者其他组织有权拒绝接受处罚，或者依法申请行政复议或提起行政诉讼。

（3）处罚的程序法定。《行政处罚法》对行政处罚的程序作出了明确规定，不遵照法定程序实施行政处罚，处罚无效。因此，畜牧兽医行政执法机关对违反畜牧兽医行政法律、法规的相对人进行行政处罚，必须依照《行政处罚法》《农业行政处罚程序规定》等法律法规规定的法定程序，否则，导致作出的行政处罚决定无效。

（4）处罚的种类和幅度法定。畜牧兽医行政执法机关只能对违反畜牧兽医法律、法规的当事人进行处罚，必须根据违法的事实和性质，严格遵照相应的条款所规定的处罚种类和幅度进行处罚，否则就会违法。

2. 公开公正原则

公开原则：指畜牧兽医行政执法机关作出行政处罚的依据和处罚过程中的有关内容要公开。公开原则主要包括四项内容。

（1）处罚依据公开。就是处罚所依据的有关行政法律、法规和规章的规定必须是公开公布过的，没有公开公布的不能作处罚依据。

（2）处罚程序公开。畜牧兽医行政处罚必须公开进行，无论是简易程序或一般程序，对相对人的违法事实、调查证据等都应公开。同时，畜牧兽医行政执法机关在作出行政处罚决定之前，告知当事人处罚的理由和依据、当事人享有的权利等，也都必须公开。

（3）处罚结果要公开。使当事人及群众对处罚有较充分的了解，有利于宣传教育，也利于社会监督公正原则。

（4）执法人员的身份必须公开。畜牧兽医行政执法人员在查处畜牧兽医违法案件时，必须出示执法证件，表明身份。

公正原则：是指畜牧兽医行政执法机关在处罚中对受罚者用同一尺度平等对待。就是公平正直、没有偏私，平等和公正地适用法律，不能因违法者的权势、地位和名望等方面的不同，处罚轻重不一。具体讲包含三方面含义：

① 畜牧兽医行政处罚的轻重与违法行为对社会的危害程度的大小应相适应。

② 畜牧兽医行政处罚应用统一尺度对待每一个受处罚者，法律面前人人平等。

③ 畜牧兽医行政处罚应杜绝畸轻畸重现象。

3. 处罚与教育相结合的原则

《行政处罚法》第五条规定："实施行政处罚，纠正违法行为，应当坚持处罚与教育相结合，教育公民、法人或其他组织自觉守法。"这里法律明确规定了处罚与教育相结合的原则。畜牧兽医法律法规，一方面设置对违反法律、法规的行政管理相对人进行惩罚，使处罚者在精神上受到一定的痛苦，物质上受到一定的损失。另一方面，也要教育他们自觉的遵守法律，处罚不是万能，不能从根本上杜绝违反畜牧兽医法律、法规行为的发生。况且，畜牧兽医行政处罚的相对人大多是中小饲养加工企业和农民个体户，他们的法律意识相对淡薄，更需要坚持处罚与教育相结合的原则，二者不可偏废。

4. 保护相对人合法权益原则

保护相对人合法权益原则是指畜牧兽医行政执法机关在实施畜牧兽医行政处罚时，必须秉公处理，必须重视当事人依法享有的合法权利，并保证合法权利合法正确的实施。也就是说：无论是畜牧兽医行政执法机关还是其他部门、行业在实施行政处罚过程中，一般都享有较大的自由裁量等权力，难免会出现处理不公或违法的情况。为保障当事人的合法权益，真正使违法行为人受到公正处理，无辜的人不受处罚或遭到违法侵害的人得到有效的救济。《行政处罚法》等法律法规赋予当事人许多程序性权利，如知情权、陈述权、申辩权、复议权、诉讼权等，在实施处罚过程中，必须尊重当事人的这些权利，否则，行政处罚无效。

5. 职能分离原则

主要包括：畜牧兽医行政处罚的调查人员、检查人员、作出行政处罚决定的人员与对行政处罚审核的人员分离；作出罚款决定的畜牧兽医行政执法机关与收缴罚款的机构相分离。除依法应当当场收缴罚款外，当事人还应到指定的银行缴纳罚款，并将罚款直接上缴国库；听证主持人由非本案人员担任的原则。

6. 受处罚不免除民事责任的原则

《行政处罚法》第七条规定：“公民、法人或者其他组织因违法受到行政处罚，其违法行为对他人造成损害的，应当依法承担民事责任。”行政处罚是公法上的责任，是行为人对国家承担的责任。民事责任是私法上的责任，是行为人对另外的公民、法人和组织承担的责任。凡是侵犯公共利益，破坏行政管理秩序的行为，就应当受到行政处罚；凡是对他人的合法权益构成侵害的行为，就要承担民事责任。既侵犯公共利益，破坏行政管理秩序，又侵犯他人合法权益的行为，则要同时承担行政处罚和民事责任等双重责任。

第二节　畜牧兽医行政处罚的种类

一、畜牧兽医行政处罚种类的含义

畜牧兽医行政处罚种类，是指畜牧兽医行政处罚的实施机关对违反畜牧兽医法律法规和规章的公民、法人、或其他组织，可以适用的各种行政处罚方法的总称。

二、畜牧兽医行政处罚的种类

根据《行政处罚法》第八条的规定，法定的行政处罚种类有七种类型：警告；罚款；没收违法所得；没收非法财物；责令停产停业；暂扣或者吊销许可证、暂扣或者吊销执照；行政拘留；法律法规规定的其他行政处罚。结合《畜牧法》《动物防疫法》《草原法》《兽药管理条例》等法律法规的规定，目前，畜牧兽医行政处罚的种类主要有：警告；罚款；没收违法所得；没收非法财物；责令暂停经营；吊销动物诊疗许可证、动物防疫条件合格证等。

（一）警告

1. 畜牧兽医行政处罚警告的概念

畜牧兽医行政执法机关对违反畜牧兽医行政法律规范的公民、法人或其他组织所实施的一种书面形式的谴责和警戒，属于申戒罚的一种。畜牧兽医行政处罚警告一般适用于那些违反畜牧兽医行政管理法规较轻微、对社会危害程度不大的行为。是畜牧兽医行政处罚中最轻的一种。

2. 畜牧兽医行政处罚中“警告”处罚的特征

（1）警告是一种具有单纯性精神惩戒作用的处罚。它使违法者的声誉受到一定的影响，但不涉及违法者的人身自由和财产权利。

（2）警告一般适用于情节轻微或未造成一定后果的违反畜牧兽医行政法律法规和规章的行为。

（3）警告具有预防违法者再次实施违反畜牧兽医法律法规和规章行为的作用。

（4）警告处罚一般可以当场做出。

3. 适用“警告”处罚时应注意的事项

（1）警告可以独立处罚。如《动物防疫条件审查办法》第三十六条第二款：“违反本办法第三十一条第二款规定，未经审查擅自变更布局、设施设备和制度的，由畜牧兽医监督机构给予警告。对不符合动物防疫条件的，由畜牧兽医监督机构责令改正；拒不改正或者整改后仍不合格的，由发证机关收回并注销《动物防疫条件合格证》。”

（2）警告必须以书面形式作出，并指明当事人的违法错误，并具有限期改正的性质。

（3）警告是其他处罚的先行程序，否则其他处罚无法依据程序实施。如《动物防疫法》第八十二条规定：“执业兽医有下列行为之一的，由畜牧兽医监督机构给予警告，责令暂停六个月以上一年以下动物诊疗活动；情节严重的，由发证机关吊销注册证书：① 违反有关动物诊疗的操作技术规范，造成或者可能造成动物疫病传播、流行的；② 使用不符合国家规定的兽药和兽医器械的；③ 不按照当地人民政府或者兽医主管部门要求参加动物疫病预防、控制和扑灭活动的。”可见，警告是作出吊销兽医执业注册证书的先决条件，没有警告，很难证明实施“吊销兽医执业注册证书”的行政处罚符合法律程序。

（二）罚款

1. 畜牧兽医行政处罚罚款的概念

指畜牧兽医行政执法机关依法强制违法行为人在一定期限内向国家缴纳一定数量货币而使其遭受经济损失的一种处罚行为。罚款是一种财产罚。罚款是畜牧兽医行政处罚中使用最经常最普遍的行政处罚形式之一。罚款通常由法律、法规、规章明确一定的数额或者幅度。

2. 畜牧兽医行政处罚中“罚款”处罚的特征

（1）罚款是畜牧兽医行政处罚中适用范围最为广泛的一种处罚种类。

（2）罚款是以违法者向国家缴纳一定数量货币为内容的一种处罚行为。

（3）罚款是畜牧兽医行政处罚执法机关纠正违反畜牧兽医法律法规和规章行为的一种处罚方式。

3. 适用“罚款”处罚的数额和幅度的主要表现形式

（1）规定罚款的上下限。如《畜牧法》第五十八条：“违反本法第十三条第二款规定，擅自处理受保护的畜禽遗传资源，造成畜禽遗传资源损失的，由省级以上人民政府畜牧兽医行政主管部门处五万元以上五十万元以下罚款”。又如《动物防疫法》第七十九条：“违反本法规定，转让、伪造或者变造检疫证明、检疫标志或者畜禽标识的，由畜牧兽医监督机构没收违法所得，收缴检疫证明、检疫标志或者畜禽标识，并处三千元以上三万元以下罚款。”

（2）规定上限，不规定下限。如《农产品质量安全法》第四十八条：“违反本法第二十八条规定，销售的农产品未按照规定进行包装、标识的，责令限期改正；逾期不改正的，可以处二千元以下罚款”。又如《动物防疫法》第七十五条：“不按照国务院兽医主管部门规定处置染疫动物及其排泄物，染疫动物产品，病死或者死因不明的动物尸体，运载工具中的动物排泄物以及垫料、包装物、容器等污染物以及其他经检疫不合格的动物、动物产品的，由畜牧兽医监督机构责令无害化处理，所需处理费用由违法行为人承担，可以处三千元以下罚款。”

（3）规定某一特定基数为标准，罚款数额按这个特定基数的倍数计算。如《畜牧法》第六十一条：“违反本法有关规定，销售、推广未经审定或者鉴定的畜禽品种的，由县级以上人民政府畜牧兽医行政主管部门责令停止违法行为，没收畜禽和违法所得；违法所得在五万元以上的，并处违法所得一倍以上三倍以下罚款；没有违法所得或者违法所得不足五万元的，并处五千元以上五万元以下罚款”。又如《动物防疫法》第八十一条第一款：“违反本法规定，未取得动物诊疗许可证从事动物诊疗活动的，由畜牧兽医监督机构责令停止诊疗活动，没收违法所得；违法所得在三万元以上的，并处违法所得一倍以上三倍以下罚款；没有违法所得或者违法所得不足三万元的，并处三千元以上三万元以下罚款。”

4. 罚款数额大小应遵循的一般原则

畜牧兽医法律、法规和规章都设有罚款类处罚，关于罚款数额的设定应当遵循法律设定的罚款，法规设定的罚款不能超出法律规定的额度，只能在法律的规定内作出具体安排。规章设定的罚款不能超出法规规定的额度，只能在法规的规定内作出更具体的安排。作为畜牧兽医行政执法机关在作出罚款处罚决定时，其罚款额度大小在遵循法律法规的规定及自由裁量权的基础上，还应遵循以下原则。

（1）危害程度。直接的、潜在的、严重的或轻微的。

（2）社会影响。恶劣与一般，面大与面小等。

（3）违法情节（初犯、累犯、知法犯法、执法犯法）手段、认错态度、改进情况等。

（4）罚额一般大于违法所得。

（5）受罚者的实际承受能力等情况。

（三）没收违法所得

1. 畜牧兽医行政处罚“没收违法所得”的概念

没收违法所得是指畜牧兽医行政执法机关依法将违法行为人在违反畜牧兽医行政法规活动中所获得的财产，没收归国有的行政处罚形式。没收是一种较为严厉的财产罚，其执行领域有一定的限制性，只有对那些为谋取非法收入而违反畜牧兽医法律法规的公民、法人或组织才可以实施这种财产罚。

2. 实施“没收违法所得”处罚时应具备的条件

（1）没收违法所得必须有法定依据。没收违法所得是把当事人违反畜牧兽医法律法规和规章的行为而获得的财产没收归国有的一种处罚，在适用方面有比较严格的限制。因此，没收违法所得必须有法定依据。

（2）违法所得的获取手段违法。也就是说当事人通过畜牧兽医法律、法规和规章所禁止的手段获取的，所得的具有经济价值的物质实体（赃款和赃物）不受国家法律保护。

（3）违法所得客观存在。畜牧兽医行政执法机关要通过调查，取得证明当事人获得了违法所得的有效证据，证明违法所得客观存在。对当事人的违法所得，在执法实践中一般通过销售发票、财务账表以及当事人自己认可的违法行为金额来确认。

3. 实施没收违法所得处罚时应注意的问题

（1）及时采取登记保存措施。在实施“没收违法所得”这一行政处罚过程中，被处罚人往往采取转移违法所得、非法财物和销毁证据等手段逃避处罚，这就给畜牧兽医行政执法机关的执法带来了很大困难。为有效解决这个问题，应根据《行政处罚法》第三十七条第 2 款关于“在证据可能灭失或者以后难以取得的情况下，经行政机关负责人批准，可以先行登记保存，并应当在 7 个工作日内及时作出处理决定”的规定，只要认为证据可能灭失或者以后难以取得，就可以采用登记保存的办法加以解决。

（2）注意对“违法所得”的认定。“没收违法所得”作为行政处罚的一种，违法所得的计算应当如何界定，不尽相同。根据《农业部办公厅关于〈中华人民共和国动物防疫法〉违法所得问题的函》（农办政函〔2010〕9 号）规定，“违法所得”是指违反《动物防疫法》规定所取得的全部收入。

（3）“没收违法所得”不一定需使用听证程序。《行政处罚法》第四十二条规定：行政机关作出责令停产停业、吊销许可证或者营业执照、较大数额罚款等行政处罚决定之前，应当告知当事人有要求举行听证的权利；当事人要求听证的，行政机关应当组织听证……。这就是说，尽管听证是行政处罚当事人的一项重要权利，但听证并不是所有行政处罚的必经程序，它只适用于法定范围内的行政处罚案件。对“没收违法所得”并没有要求必须适用听证程序。

（四）没收非法财物

1. 畜牧兽医行政处罚“没收非法财物”的概念

是指畜牧兽医行政执法机关依据《畜牧法》《动物防疫法》等法律规定，将违反畜牧兽医行政法规行为人经营的违禁动物、动物产品、饲料、兽药等予以没收，并依法进行无害化处理的处罚方式。

2. 没收违法所得与没收非法财物的区别

（1）对象不同。没收违法所得是通过没收违法者实施违法行为而获取的财产，该财产原本就不属违法者所有。而没收非法财物是没收违法者非法占有的财务、非法物品和违法使用的工具。

（2）对财物的处理方式不同。没收违法所得是将违反畜牧兽医法律、法规和规章的行为而获得的财产全部上缴国库。而没收非法财物不一定把非法财物全部上缴国库，有的可能通过法定方式进行处理。

（五）责令停产、停业

1. 畜牧兽医行政处罚“责令停产、停业”的概念

指畜牧兽医行政执法机关责令违法行为人暂时停止经营违禁动物及动物产品、饲料、兽药等生产、经营等活动的处罚，属于能力罚，是一种比较严厉的处罚。其目的避免危害社会的行为继续发生发展。

2. 畜牧兽医行政处罚的责令停产、停业处罚特征

（1）责令停产、停业是在一定期限内剥夺违法者从事某种动物及产品、饲料、兽药等生产、经营活动权利的处罚。责令停产、停业是畜牧兽医行政执法机关要求违法者停止正在进行的生产、经营活动，并非是永远剥夺违法者从事这种活动的资格。

（2）责令停产、停业必须以当事人存在违法从事某种动物及产品、饲料、兽药等生产经营活动的事实为前提。

（3）责令停产、停业是一种严厉的畜牧兽医行政处罚。责令停产、停业虽然不直接涉及行政相对人的财产，但相对人的行为能力的限制间接导致相对人的财产受损。甚至影响相对人的生活、生计问题，所以，为保护相对人的合法权益，《行政处罚法》对责令停产、停业规定了听证程序。

（六）吊销动物诊疗许可证、动物防疫条件合格证等

1. 畜牧兽医行政处罚吊销动物诊疗许可证的含义

该许可证指畜牧兽医行政执法机关依法吊销行政相对人从事与动物诊疗、防疫等有关生产经营活动的资格证书，剥夺其从事相关动物防疫、饲料、兽药有关生产经营活动权利的一种处罚。

吊销动物诊疗许可证、动物防疫条件合格证是一种比责令停止经营更严厉的处罚。因此，《行政处罚法》对吊销动物诊疗许可证、动物防疫条件合格证规定了听证程序。实施吊销动物诊疗许可证、动物防疫条件合格证时，必须慎重审核处罚依据和证据。

2. 吊销动物诊疗许可证、动物防疫条件合格证一般适用的情况

（1）违法情节恶劣或后果严重的。

（2）污染环境、社会公德等不符合国家有关标准，且能够解决，而未解决，继续经营开业的。

（3）经停业整顿，改进无效或确定无法改进的。

（4）违法严重，屡教不改的。

第三节　畜牧兽医行政处罚的主体

畜牧兽医行政处罚的主体是指对违反畜牧兽医法律、法规和规章的当事人具体实施畜牧兽医行政处罚的组织。根据《行政处罚法》和《畜牧法》《防疫法》《草原法》等相关畜牧兽医法律法规的规定，我国能够实施畜牧兽医行政处罚的执法主体主要有三种：一是法定的畜牧兽医行政处罚主体，即县级以上人民政府畜牧兽医行政主管部门（畜牧兽医局）；二是法律法规授权的畜牧兽医行政处罚主体，即法律法规授权的畜牧兽医监督机构（县级以上畜牧兽医监督所）；三是委托实施畜牧兽医行政处罚的组织，县级以上人民政府畜牧兽医行政主管部门依法委托的畜牧兽医综合执法机构（畜牧兽医综合执法总队、支队、大队）等。

一、法定的畜牧兽医行政处罚主体

1. 法定的畜牧兽医行政处罚主体的概念

所谓法定的畜牧兽医行政处罚主体，是指畜牧兽医法律、法规和规章直接规定有权行使某种畜牧兽医行政处罚权的机关。主要包括县级人民政府畜牧兽医行政主管部门、地市级人民政府畜牧兽医行政主管部门、省级人民政府畜牧兽医行政主管部门和国务院畜牧兽医行政主管部门。

2. 法定的畜牧兽医行政处罚主体的特征

《行政处罚法》第十五条规定："行政处罚由具有行政处罚权的行政机关在法定职权范围内实施。"根据这一规定，在我国畜牧兽医行政处罚的法定主体是畜牧兽医行政管理机关。畜牧兽医行政机关要取得处罚的主体资格，具备如下特征。

（1）法定的畜牧兽医行政处罚主体是依法享有畜牧兽医行政处罚权的组织。其行政处罚权来源于法律法规的明确规定。

（2）法定的畜牧兽医行政处罚主体能以自己的名义作出畜牧兽医行政处罚决定。

（3）法定的畜牧兽医行政处罚主体对自己作出的畜牧兽医行政处罚决定产生的后果能独立承担法律责任。

（4）法定的畜牧兽医行政处罚主体只能在自己法定的职权内作出畜牧兽医行政处罚。

二、法律法规授权的畜牧兽医行政处罚主体

1. 法律法规授权的畜牧兽医行政处罚主体的概念

所谓法律法规授权的畜牧兽医行政处罚主体，是指通过法律法规的授权，可以以自己的名义作出畜牧兽医行政处罚决定，并对由此而产生的法律后果能独立承担法律责任的组织。根据《动物防疫法》第八条"县级以上地方人民政府设立的畜牧兽医监督机构依照本法规定，负责动物、动物产品的检疫工作和其他有关动物防疫的监督管理执法工作"的规定，县级以上畜牧兽医监督机构性质上属于法律授权组织，具有行政主体资格，能以自己的名义作出畜牧兽医行政处罚决定，并对由此而产生的法律后果能独立承担法律责任。

2. 法律法规授权实施行政处罚应具备的条件

《行政处罚法》第十七条规定："法律、法规授权的具有管理公共事务职能的组织可以在法定授权范围内实施行政处罚"。行政处罚权作为一项行政

权，授权必须符合一定的条件才具有法律效力。一项有效的授权必须同时具备以下三个条件。

（1）授权的主体必须是特定的国家机关，任何个人都不能作为行政处罚授权的主体，行政处罚主体只能是国家机关。但是，也不是任何一个机关都可以作为授权主体，根据《行政处罚法》规定，我国的授权机关只有三个：全国人大及其常委会、国务院、省级地方人大及其常委会。这三个不同的授权主体的各自授权范围和授权内容是有明显区别的。

（2）授权的内容应当是共有权力而不是专有权力。共有权力是几个机关都可以享有的权力，具有可转让性，而专有权力只能归某一特定机关行使。如行政拘留权只属公安机关专有。根据《行政处罚法》规定，除限制人身自由以外的行政处罚，可以授权有关组织在法定职权范围内实施。正因为被授出的权力是共有权力，因此被授权的组织必须具有管理公共事务职能的组织。

（3）授权必须以公开、规范的方式进行。所谓公开是指授权的内容、范围及被授权组织的地位、作用必须公布于众，如果通过内部文件的方式下达是无效的，对公民、法人或者其他组织来说不具约束力。所谓规范是指上述授权的内容及被授权的组织的地位等是相对稳定和普遍适用的。根据《行政处罚法》的规定，授权非行政机关的组织实施行政处罚，必须以法律、行政法规和地方性法规的方式进行。一个组织被授予处罚权，意味着它具有不同于其他组织的特殊身份，它就具备了处罚主体资格，可以在法定权限内行使行政处罚权。

3. 法律法规授权的畜牧兽医行政处罚主体的特征

（1）法律法规授权的畜牧兽医行政处罚主体（如畜牧兽医监督机构）不是国家行政机关，从成立起，并不具备行政主体资格。其行政职权的获得是靠法律法规授权。

（2）法律法规授权的畜牧兽医行政处罚主体获得行政主体资格是依据宪法和组织法以外的法律授权。而行政机关是依据宪法和组织法设立，从成立起就有行政主体资格。

（3）法律法规授权的畜牧兽医行政处罚主体行使的行政处罚权限比较单一、狭窄。如畜牧兽医监督机构仅限于违反《动物防疫法》及配套法规等方面规定的行为。

（4）法律法规授权的畜牧兽医行政处罚主体能以自己的名义作出畜牧兽医行政处罚决定。

（5）法律法规授权的畜牧兽医行政处罚主体能对畜牧兽医行政处罚所产生的后果负责。

三、委托实施畜牧兽医行政处罚的组织

1. 委托实施畜牧兽医行政处罚组织的概念

委托实施畜牧兽医行政处罚组织，是指畜牧兽医行政主体（即县级以上畜牧兽医局）基于畜牧兽医行政管理的需要，在畜牧兽医法律、法规和规章有明文规定的情况下，委托畜牧兽医下属机构或某一组织以畜牧兽医行政行政处罚主体的名义代行畜牧兽医行政处罚权，其行为后果由行使委托权的畜牧兽医行政行政处罚主体承担的法律制度。

当前，国家为加强畜牧兽医综合行政执法工作，省、市、县三级成立畜牧兽医综合执法机构，实施畜牧兽医综合执法，就是将法律法规赋予畜牧兽医行政主管部门的行政执法职权，委托给畜牧兽医综合执法机构即省畜牧兽医执法总队、市畜牧兽医执法支队和县畜牧兽医执法大队实施。省畜牧兽医执法总队、市畜牧兽医执法支队和县畜牧兽医执法大队就是委托实施畜牧兽医行政处罚组织。

2. 委托实施畜牧兽医行政处罚的特点

根据《行政处罚法》第十八条“行政机关依照法律、法规或者规章的规定，可以在其法定权限内委托符合本法第十九条规定条件的组织实施行政处罚。行政机关不得委托其他组织或者个人实施行政处罚。委托行政机关对受委托的组织实施行政处罚的行为应当负责监督，并对该行为的后果承担法律责任。受委托组织在委托范围内，以委托行政机关名义实施行政处罚；不得再委托其他任何组织或者个人实施行政处罚”规定。委托实施畜牧兽医行政

处罚具有七方面的特点：

（1）畜牧兽医行政处罚委托人必须是畜牧兽医行政处罚的主体。在畜牧兽医行政委托的法律关系中，委托实施畜牧兽医行政处罚的主体，必须是县级以上畜牧兽医行政管理机关，即县级以上畜牧兽医局。否则，就不能成为委托人。

（2）畜牧兽医行政处罚委托必须有法定依据，没有法律法规和规章的明确规定，委托执法无效。

（3）受委托组织以委托组织的名义处罚。不能以自己组织名义实施处罚，更不能超越委托范围实施行政处罚。

（4）畜牧兽医行政处罚委托机关要监督，要承担法律后果。

（5）畜牧兽医行政处罚被委托的组织不能再次委托。受委托的组织本身并不具有行政处罚权，它行使的处罚权是别的行政机关赋予的，它不具有委托权，因此不能再委托。

（6）畜牧兽医行政处罚被委托的组织要符合一定的条件。一是依法成立的管理公共事务的事业组织；二是具有熟悉有关法律、法规、规章和业务的工作人员；三是对违法行为需要进行技术检查或者技术鉴定的，应当有条件组织进行相应的技术检查或者技术鉴定。

（7）委托以书面形式进行。畜牧兽医行政委托是一种法律行为，必须有法律依据，并以书面形式进行，制作委托书，分清委托行为引起的权利、义务和责任。

第四节　畜牧兽医行政处罚的当事人

一、畜牧兽医行政处罚当事人的概念

畜牧兽医行政处罚当事人是指在畜牧兽医行政法律关系中与畜牧兽医行政执法机关相对应一方的公民、法人或其他组织。

畜牧兽医行政处罚当事人是畜牧兽医行政法律关系中的一方主体。无论

是包括国家行政机关在内的国家机关，还是我国公民、法人或其他组织以及我国境内的外国人、无国籍人、外国组织，都可以作为畜牧兽医行政法律关系的行政相对人主体参加畜牧兽医行政法律关系，享有一定的权利，并承担一定的义务。

二、畜牧兽医行政处罚当事人主要权利

畜牧兽医行政处罚是畜牧兽医行政执法机关为加强畜牧兽医行政管理的一个重要法律手段。从畜牧兽医行政执法方面来说，畜牧兽医行政处罚是最多、行政管理运用频率最高、处罚适用范围最广，同时又是最有可能侵犯当事人的合法权益的行政执法手段。当事人在行政处罚过程中处于弱小、与畜牧兽医行政执法机关完全不平等的地位。因此容易产生对当事人随意惩治的现象，导致滥施处罚等情况发生。为了保障当事人的合法权益，《行政处罚法》等法律、法规和规章赋予当事人许多程序性权利，结合畜牧兽医行政处罚实际，主要有：

1. 知情权

调查或监督检查中，当事人有权要求执法人员出示执法证件，了解执法人员真实身份；在畜牧兽医行政执法机关做出行政处罚决定前，当事人有权知情了解处罚所依据的事实、理由和法律法规等。

2. 陈述权

畜牧兽医行政执法机关认定的违法事实和适用的法律法规。当事人有权从违法行为的性质情节、社会危害程度等方面陈述自己的看法等权利。

3. 申辩权

当事人有权进行申明、反驳和辩论。畜牧兽医行政执法机关应当认真听取，正确、合法的采纳，不能因当事人的陈述申辩，加重处罚。由《行政处罚法》第六条赋予，《行政处罚法》第三十二条进一步明确。

4. 复议权

对畜牧兽医行政执法机关的处罚决定，当事人不服的，有权依法向上一级兽医行政管理部门或当地人民政府申请复议，请求变更或撤销处罚决定。

由《行政处罚法》第六条赋予,《行政复议法》进一步明确。

5. 诉讼权

畜牧兽医行政执法机关作出行政处罚决定后，当事人认为侵犯其合法权益的，有权直接依法提起行政诉讼，请求人民法院变更或撤销处罚决定。由《行政处罚法》第六条赋予,《行政诉讼法》进一步明确。

6. 拒绝罚款权

畜牧兽医行政执法机关当场收缴 20 元以下罚款时，必须出具统一罚款收据，不出具财政部门统一罚款收据的，当事人有权拒绝缴纳罚款。

7. 听证权

畜牧兽医行政执法机关在作出责令停产停业，吊销许可证或较大数额罚款时，当事人有权要求听证，畜牧兽医行政执法机关应当组织举行听证。由《行政处罚法》第四十二条赋予,《行政处罚法》听证程序进一步明确。

8. 索赔权

因畜牧兽医行政执法机关工作人员违反《动物防疫法》的有关规定，对未检疫或检疫不合格的动物、动物产品出具检疫证明、加盖验讫印章，给有关当事人造成损害的，当事人有权请求畜牧兽医行政执法机关给予赔偿。由《行政处罚法》第六条赋予,《行政赔偿法》进一步明确。

9. 申请延期或分期缴纳罚款权

《行政处罚法》第五十二条规定:“当事人确有经济困难，需要延期或分期缴纳罚款的，经当事人申请和行政机关批准，可以暂缓或者分期缴纳。”

10. 申诉或者检举权

《行政处罚法》第五十四条规定:“公民、法人或者其他组织对行政机关作出的行政处罚，有权申诉或者检举；行政机关应当认真审查，发现行政处罚有错误的，应当主动改正。”

11. 批评、建议权

畜牧兽医行政处罚当事人对畜牧兽医行政执法机关及其工作人员实施的违法、不当的畜牧兽医行政处罚有权提出批评，并有权就如何改善畜牧兽医行政执法机关的工作和提高行政管理质量提出建议、意见。

12. 除此之外，《行政处罚法》还赋予了当事人要求行政机关及执法人员申请回避权等各项权利

三、畜牧兽医行政处罚当事人主要义务

畜牧兽医行政处罚当事人在畜牧兽医行政关系中主要应履行下述义务：

1. 服从行政管理的义务

畜牧兽医行政处罚当事人在畜牧兽医行政管理法律关系中，其首要义务是服从行政管理。具体指遵守畜牧兽医行政法规、规章和其他规范性文件；执行行政命令、行政处罚决定；履行畜牧兽医行政法上的各项义务。

2. 协助公务的义务

畜牧兽医行政处罚当事人有义务协助畜牧兽医行政执法机关及执法人员执行公务。比如配合畜牧兽医行政执法机关和执法人员的调查，为执行公务提供便利条件和设施等。

3. 接受行政监督的义务

畜牧兽医行政执法机关为了对案件进行调查，会进行询问、讯问、勘验、鉴定以及抽样调查等，畜牧兽医行政处罚当事人对合法的调查行为应当予以配合。

4. 提供真实信息的义务

畜牧兽医行政处罚当事人在畜牧兽医行政执法过程中有提供真实信息的义务。尤其是在申请的行政行为中，申请人有义务提供真实的信息。

5. 遵守法定程序的义务

法定的行政程序不仅畜牧兽医行政执法机关应当遵守，畜牧兽医行政处罚当事人亦应遵守，包括法律法规规定的程序、手续、期限等。如果不遵守法定的行政程序，如果不按时缴纳罚款，不提供法定的材料等，还要承担一定的法律责任。

第五节　畜牧兽医行政处罚的管辖

一、畜牧兽医行政处罚管辖的概念

畜牧兽医行政处罚的管辖就是各级畜牧兽医行政执法机关之间进行畜牧兽医行政处罚时，在事务、权限、地域和层级方面的分工。确立畜牧兽医行政处罚的管辖目的，在于确定发生的畜牧兽医行政处罚案件由哪一级、哪一个畜牧兽医行政执法机关进行直接查处办理的问题。

畜牧兽医行政处罚管辖主要分为：地域管辖、级别管辖、指定管辖、转移管辖、移送管辖等。

二、畜牧兽医行政处罚案件的管辖规定

根据《行政处罚法》和农业农村部《农业行政处罚程序规定》，畜牧兽医行政管理案件的管辖，具备下列规定：

1. 畜牧兽医行政处罚的地域管辖

畜牧兽医行政处罚的地域管辖，是指同一种类、同一级别的畜牧兽医行政主体即畜牧兽医行政执法机关之间对违反畜牧兽医法律规范的行为，实行畜牧兽医行政处罚的权限分工。根据《行政处罚法》《农业行政处罚程序规定》畜牧兽医行政处罚由违法行为发生地的县级（含县级）以上畜牧兽医行政执法处罚机关管辖。法律、法规另有规定的除外。地域管辖实际上就是属地管辖。举例说明：有一个在湖北省襄樊市注册的生猪屠宰加工厂将其生产的病害“众益”牌猪肉，销售给邯郸市一经销商张某，张某在销售病害“众益”牌猪肉过程中被当地畜牧兽医行政执法机关发现，当地畜牧兽医行政执法机关只能对张某的违法经营行为管辖，而不能对在湖北省襄樊市注册的生猪屠宰加工厂的违法行为管辖。但是，如果该生猪屠宰加工厂在襄樊市进行生产，运输经过邢台市，直接销售到邯郸市，并且有些产品储存在衡水市，那么襄樊市、邢台市、邯郸市和衡水市四个地方的违法主体都是该生猪屠宰

加工厂。因此，这四个地方的畜牧兽医行政执法机关对该生猪屠宰加工厂的违法行为都有权管辖。

地域管辖的优点主要体现在三个方面：一是便于保护和查验畜牧兽医行政执法案件现场，有利于收集、核实相关证据，查明案情真相；二是便于畜牧兽医行政执法机关分析、研究总结本地区的畜牧兽医行政案件的特点，及时采取有效的措施同各种违反畜牧兽医行政管理的违法行为作斗争；三是便于当地群众了解、知情案件情况，达到进行普法宣传教育的效果。

2. 畜牧兽医行政处罚的级别管辖

畜牧兽医行政处罚的级别管辖，是指不同级别的畜牧兽医行政执法机关之间对违反畜牧兽医法律规范的行为，实行畜牧兽医行政处罚的权限分工。

根据《农业行政处罚程序规定》要求，畜牧兽医行政处罚的级别管辖的规定主要有以下几点。

（1）县级畜牧兽医行政执法机关管辖本行政区域内的畜牧兽医行政违法案件。

（2）设区的市、自治州的畜牧兽医行执法政机关和省级畜牧兽医行政执法机关管辖本行政区域内重大复杂的畜牧兽医行政违法案件。

（3）农业农村部及所属的经法律法规授权的畜牧兽医行政执法机关管辖全国或所辖区域内重大、复杂的畜牧兽医行政违法案件。

3. 畜牧兽医行政处罚管辖权的转移

畜牧兽医行政处罚的管辖权转移，指畜牧兽医行政执法机关将有权管辖的行政处罚案件交由另一畜牧兽医行政执法机关管辖。《农业行政处罚程序规定》第十一条规定了两种情况：一是上级农业行政处罚机关在必要时可以管辖下级农业行政处罚机关管辖的行政处罚案件；二是下级农业行政处罚机关认为行政处罚案件重大复杂或者本地不宜管辖，可以报请上一级农业行政处罚机关管辖。

4. 畜牧兽医行政处罚的移送管辖

畜牧兽医行政处罚的移送管辖，是指畜牧兽医行政执法机关发现受理的行政处罚案件不属于自己管辖的，将案件移送给有管辖权的机关进行处理，或违法行为构成犯罪，畜牧兽医行政执法机关必须将案件移送司法机关管辖。

5. 畜牧兽医行政处罚的指定管辖

畜牧兽医行政处罚的指定管辖，是指几个同一级别的畜牧兽医行政执法机关之间就畜牧兽医处罚管辖权发生争议，由它们共同的上一级畜牧兽医行政执法机关指定其中一个畜牧兽医行政执法机关实行管辖的制度。这里的"管辖权发生争议"是指两个以上的畜牧兽医行政执法机关在实施一处罚上，发生相互推诿或者相互争夺管辖权，经各方协商达不成协议等现象。

根据《农业行政处罚程序》第十二条规定，如果两个以上畜牧兽医行政执法机关因管辖权发生争议的，应当协商解决或报请共同的上一级畜牧兽医行政执法机关指定管辖。因此，上级畜牧兽医行政执法机关行使指定权时，要依法作出指定决定，制作指定决定书。

6. 管辖的特殊处理

（1）对当事人的同一违法行为，两个以上畜牧兽医行政执法机关都有处罚权的，应当由先立案的畜牧兽医行政执法机关管辖。

（2）畜牧兽医行政执法机关发现受理的行政处罚案件不属于自己管辖的，应当移送有管辖权的畜牧兽医行政执法机关处理，受移送的畜牧兽医行政执法机关如果认为不当，应当报请共同上一级畜牧兽医行政执法机关指定管辖，不得再自行移送。

（3）上级畜牧兽医行政执法机关在收到报请管辖或指定管辖的请示后，应当在 10 个工作日内作出书面决定。

（4）县级以上畜牧兽医行政执法机关在办理跨行政区域案件时，需要其他畜牧兽医行政执法机关协查的，可以发送协查函，有关畜牧兽医行政执法机关应当予以协助并及时书面告知协查结果。

（5）畜牧兽医行政执法机关在办理案件时，对需要其他部门作出吊销有关许可证、批准文号、营业执照等行政处罚决定的，应当将查处结果告知作出许可决定的部门并提出处理建议。

第六节　畜牧兽医行政处罚的简易程序

一、畜牧兽医行政处罚简易程序的概念

简易程序又称当场处罚程序，是畜牧兽医行政执法机关对符合法定条件的畜牧兽医行政处罚事项当场作出行政处罚决定的处罚程序。设置这种程序，可以迅速及时地惩处违反畜牧兽医法律规范的行为，有利于提高畜牧兽医行政执法效率。当场处罚一般适用于事实清楚、情节简单，而且后果比较轻微的案件。如果案情复杂，事实不清，需进一步调查取证，不能实施当场处罚。

二、适用简易程序的条件

1. 处罚较轻

较小数额罚款或警告，即对公民处以 50 元以下，对法人或其他组织处以 1 000 元以下罚款的行政处罚。

2. 违法事实确凿

即当事人的违法事实确凿，案情清楚、简单明了，当场能够有充分的证据确认违法事实，不必进一步调查取证。

3. 有法定依据

即该行为违法有明确的法律规定，无法律依据或法律依据不明确，不能施行行政处罚。

实施简易程序时，上述三个条件必须同时具备。同时，应该注意的是：具备适用简易程序的条件，畜牧兽医行政执法机关及行政执法人员可以决定使用这种程序，但不是必须适用这种程序，也可以根据案件的具体情况，认为适用一般程序更为合适的，也可以适用一般程序。

三、简易程序的操作步骤及相应法律文书

1. 向当事人表明身份，出示执法证件

即通常所说的“亮证”执法，表明具有处罚主体资格。查明执法人员的身份，也是当事人应有的权利。证件主要是省级人民政府颁发的《行政执法证》。

2. 当场调查取证

当场确认违法事实，收集和保存必要的证据，应用相关的执法文书《询问笔录》《现场检查笔录》等。

3. 告知当事人违法事实、处罚理由和依据，并听取当事人陈述和申辩

执法人员在作出行政处罚决定之前，应当场告知当事人处罚的事实、理由、依据，如有不服行政处罚决定，可以依法申请行政复议或者提起行政诉讼，并听取当事人的陈述，当事人提出的事实、理由成立的，应当采纳。应用相关的执法文书《陈述申辩笔录》等。

4. 制作处罚决定并执行

填写并当场交付《当场处罚决定书》于当事人。并应当告知当事人如不服行政处罚决定，可以依法申请行政复议或者提起行政诉讼。当场处罚的罚款数额为 20 元以下，或者当场不予收缴事后难以收缴执行的，当场收缴并出具收据。应用相关的执法文书《现场行政处罚决定书》等。

5. 备案

执法人员应当在作出当场处罚决定之日起 2 日内将《当场处罚决定书》及相关材料报所属畜牧兽医执法机构备案。

第七节　畜牧兽医行政处罚的一般程序

一、畜牧兽医行政处罚一般程序的概念

畜牧兽医行政处罚一般程序，是指畜牧兽医行政执法机关对于事实比较

复杂或者情节比较严重的违反畜牧兽医行政法律规范的行为，给予较重的行政处罚时所遵循的方法与步骤。一般程序又称普通程序。有两个明显特点：一是对违法行为不能当场作出处罚决定，而是先要经过仔细调查取证，搞清违法事实；二是畜牧兽医行政处罚的决定不能由一般的执法人员作出，要由畜牧兽医行政执法机关的负责人决定，对于情节复杂或者重大违法行为给予较重处罚的，要由畜牧兽医行政执法机关负责人集体讨论决定。

二、一般程序与简易程序的区别

（1）适用于简易程序的违法案件，有的也可以适用一般程序。

（2）简易程序的案件执法调查人员和作出处罚决定的执法人员是一致的。即作出处罚决定的执法人员是融调查身份和决定身份于一体。

（3）一般程序案件的执法调查人员和作出行政处罚决定的执法人员相分离的，即调查权和决定权相分离。也就是说具体办案人员行使调查权，是否处罚由畜牧兽医行政执法机关法制机构和畜牧兽医行政执法机关的负责人决定，或重大案件集体讨论决定。

三、一般程序的操作流程

1. 立案

（1）立案的概念。立案是畜牧兽医行政执法机关对公民、法人或者其他组织的检举、控告或者执法检查中发现的违法情况或较大嫌疑问题，决定专项查处的活动，并报单位负责人批准。立案阶段的重点工作是发现案源及核实线索。

（2）立案的期限和手续。立案的期限，现行的畜牧兽医行政法规中没有特别规定，我国《行政诉讼法》和《民事诉讼法》规定的人民法院受理案件的立案期限都是 7 个工作日。因此，畜牧兽医行政处罚案件的立案期限不应超过 7 个工作日，接受控告、投诉等举报情形长期不予立案，涉嫌行政不作为。

畜牧兽医行政执法机关立案时，应当填写《立案审批表》，由畜牧兽医行政执法机关负责人批准后立案，重大案件应报上一级机关批准或备案。在边远、水上和交通不便的地区按一般程序实施处罚时，执法人员可以采用通信方式报请畜牧兽医行政执法机关负责人批准立案，报批记录必须存档备案。

（3）立案应注意的有关问题。

① 执法主体要合法。执法主体是县级以上畜牧兽医行政执法机关。乡镇兽医站、畜牧兽医行政执法机关内部科室等均不能以自己的名义立案。

② 对管辖作出正确判断。根据具体情况，判断是否是本机构的法定职能，是否是畜牧兽医行政执法机关的管辖。是否涉嫌犯罪，是否超过追查时效。

③ 畜牧兽医行政执法机关经过初步审查有关资料，认为有违反畜牧兽医行政法律法规的事实发生。

④ 违反畜牧兽医行政法律、法规的行为是应受畜牧兽医行政处罚的行为。

⑤ 属于适用一般程序的畜牧兽医行政处罚案件。

⑥ 是否涉嫌违法。不可因部门利益和个人利益违法办事，不可出现该立的案不立案查处，不该立案的却立案，导致行政不作为或越权执法，不得出现该移送刑事处罚的以行政处罚代替刑事处罚，引起单位和个人违法行为发生。

2. 调查取证

（1）调查的概念。调查是畜牧兽医行政执法机关对违反畜牧兽医法律、法规和规章的行为立案后，为了查明真实案情，收集并印证有关证据、揭露、证实违法事实和查获当事人，依照法定程序采取的各种执法活动。

（2）调查取证应遵循的原则。调查取证的原则是畜牧兽医行政执法机关及其执法人员，在调查活动中必须遵循的基本准则。根据《行政处罚法》和《农业行政处罚程序规定》的有关内容，调查取证必须遵循以下几条原则：

① 合法原则。畜牧兽医执法人员在办理畜牧兽医行政处罚案件过程中，要询问当事人及证明人，要求当事人及证明人提供相关材料，进行现场勘验、检查以及鉴定等，这些行为均要符合法律的要求，不得违法进行。例

如，以威胁、利诱方式获得的当事人陈述或证人证言，不仅没有法定证据力，而且当事人或者证人还可以通过行政复议、行政诉讼等方式控告畜牧兽医行政执法机关违法，要求畜牧兽医行政执法机关承担相应的法律责任。畜牧兽医行政执法机关更不能通过限制或者变相限制当事人人身自由的方式调查、取证，这属于严重的行政违法行为。如果案情确有需要，必须由公安机关协助，且由公安机关依法行使限制当事人人身自由的职权。

② 全面原则。在畜牧兽医行政处罚案件办理过程中，办案人员应当全面调查、收集与案件有关的所有事实和相关的证据，既包括对当事人不利的证据，也包括对当事人有利的证据。只有这样才能保证最终采信那些真正反映案件事实的证据，在众多的证据中去伪存真，借助可靠的证据认清案件事实，对当事人的行为作出是否违法的认定。例如，畜牧兽医行政执法办案人员对一起涉嫌经营未经检疫的猪肉的行为进行调查。假定办案人员对相关的物证（正在销售或存放在仓库待售的未经检疫的猪肉）、书证（销售发票、进货单据）等收集顺利，重要证据确凿，即使当事人对违法行为予以否认（但提不出有力的反证），也不影响办案机构对当事人销售未经检疫的猪肉行为的认定。但如果在物证、书证等证据不足或者证据相互矛盾的情况下，需继续调查此案；办案人员在获取证人证言时，不仅要向举报人、证人了解情况，还要向其他证人作调查，进行更广泛的调查、取证，这样做是为了避免举报人出于同业竞争等原因作出不实举报。这样，办案人员不会因调查不全面得出不正确的结论。

③ 公正原则。畜牧兽医执法办案人员在调查、收集证据时，应当本着法律面前人人平等的原则，公正地判断案件中的利害关系，平等对待涉案的各方当事人，不带个人偏见和喜好，排除外界的干扰和压力。公正是法律的重要属性，执法公正更是法治的基本目标和要求。为此，几乎所有的实体法和程序法，均反复强调公正原则及其适用。对执法公正的要求贯穿于执法全过程，体现在案件调查、取证阶段就更具有意义。

④ 及时原则。立案后，畜牧兽医行政执法办案人员应当及时调查、收集与案件有关的证据。要求执法办案人员及时调查，一方面是为了督促办案

机构及其人员认真履行职责，另一方面也是为了防止证据灭失造成案件办理困难。无论是为了保证违法行为能够及时得到惩处，还是为了有效保护当事人合法权益，均需要办案机构及其执法人员及时展开调查、取证工作，以保证案件的正常办理。

（3）调查取证的程序和手段。

调查取证是畜牧兽医行政处罚的核心程序，也是受理、立案程序的延伸，是裁决程序的基础。主要包括调查人员的确定、进行调查、了解、询问和检查、勘验等几个方面。

① 确定调查人员。畜牧兽医行政执法机关必须确定 2 名以上执法人员参与调查。调查人员的确定贯彻回避原则，包括执法人员自行回避和行政相对人申请回避。执法人员应当回避的理由：一是与本案行政相对人有近亲属关系或者曾经有近亲属关系；二是本人或近亲属与本案有利害关系；三是本人或近亲属与本案相对人有其他关系，可能影响案件公正处理的。行政相对人或利害关系人有权向畜牧兽医行政执法机关提出申请，要求执法人员回避。

② 进行调查、了解、询问，掌握有关事实，并制作笔录等。畜牧兽医行政执法人员向当事人调查、了解、询问时，必须出示证件，表明身份，否则，程序违法，处罚无效。调查的主要内容包括：当事人的基本情况；实施违法行为的时间、地点、情节、后果及与案件有关的其他事实等。询问是畜牧兽医行政执法机关对当事人所实施的违反畜牧兽医行政法规的行为所进行的查问。询问可以到当事人住所或违法行为现场进行，也可以将当事人通知到畜牧兽医行政执法机关进行。询问应当由 2 名以上承办人员参加，以保证询问的真实性和合法性。当事人有 2 个或 2 个以上的，应当分别询问。当事人是女性的，询问的执法人员中也应有一名女执法人员参加。询问应当当场制作《询问笔录》。

③ 进行检查、勘验，并制作《现场检查（勘验）笔录》等。畜牧兽医行政执法人员依据有关法律法规的规定，对违反畜牧兽医法律、法规和规章的行为及有关场所、物品可以进行勘验、检查。必要时，可以邀请相关部门

有专门知识的人进行勘验、检查。当事人拒绝参加的，并不影响勘验检查的进行。只要不涉及国家秘密等，可邀请与案件无关人员参加。勘验检查当场制作《现场勘验（检查）笔录》，勘验检查人员、当事人、邀请的见证人等应在笔录上签名或盖章。

④ 抽样取证，并制作抽样单等。畜牧兽医行政执法机关和执法人员收集证据时，可以采取抽样取证的方法。从非生产单位直接抽样的，畜牧兽医行政执法机关可以向产品标注生产单位发送《产品确认通知书》。

⑤ 登记保存，并制作登记保存通知单等。畜牧兽医行政执法机关和执法人员收集证据时，在证据可能灭失或以后难以取得的情况下，经负责人批准，可以先行登记保存。填写《登记保存通知单》，对先行登记保存的物品就地由当事人保存的，当事人或者有关人员不得使用、销售、转移、损毁或者隐匿。就地保存可能妨害公共秩序、公共安全，或者存在其他不适宜就地保存情况的，可以异地保存。对异地保存的物品，畜牧兽医行政执法机关应当妥善保管。并在 7 个工作日内作出处理决定。

⑥ 鉴定。在调查过程中，对某些专门性问题，不易直接下结论定性的问题，畜牧兽医行政执法机关可以指派或聘请有专门知识的人员和机构进行鉴定。鉴定机构和人员进行鉴定后，要出具《鉴定证书》，并签名和盖章。

3. 提出处理意见

调查终结后，执法人员认为案件事实清楚，证据充分，应当制作《调查终结报告》《案件处理意见书》，连同案卷送报畜牧兽医行政执法机关法制部门审查和机关负责人审批。对于违法事实不成立，应当予以销案的；违法行为轻微，没有造成危害后果，不予行政处罚的；无管辖权，应当移交其他行政处罚机关管辖的；涉嫌犯罪，应当移送司法机关的案件，应当在《案件处理意见书》中说明理由。

在边远、水上和交通不便的地区按一般程序实施处罚时，执法人员可以采用通信方式报请畜牧兽医行政执法机关负责人对调查结果及处理意见进行审查。报批记录必须存档备案，但重大、复杂案件，或者重大违法行为给予较重处罚的案件不适用。

4. 核审

（1）案件核审的内容。畜牧兽医行政执法机关在作出行政处罚决定之前，畜牧兽医行政处罚机关应当根据执法人员制作的《案件处理意见书》进行核审，核审的内容主要包括：是否具有管辖权、当事人情况是否详实、违法事实是否清楚、证据是否确凿充分、定性是否准确、适用法律法规是否正确、自由裁量是否恰当、程序是否合法等。

（2）核审意见。主要核审人员核审后，提出核审意见，主要包括：

① 对事实清楚、证据确凿、适用依据正确、定性准确、处罚适当、程序合法的，同意案件承办人员意见；

② 对当事人有法定从轻或者减轻行政处罚情节的，建议从轻或者减轻行政处罚；

③ 对当事人有法定免予行政处罚情节的，建议不予行政处罚；

④ 对超出管辖范围的，建议按有关规定移送；

⑤ 对事实不清、证据不足的，建议案件承办人员补齐证据；

⑥ 对定性不准、适用依据错误、处罚不当的，建议案件承办人员改正；

⑦ 对程序不合法的，建议案件承办人员纠正；

⑧ 对涉嫌犯罪的，建议移送司法机关；

⑨ 对违法事实不成立的，建议销案；

⑩ 其他相关意见。

根据核审意见，对属于本机构管辖、违法事实成立且应受到行政处罚的违法行为，畜牧兽医行政处罚承办人员制作《行政处罚事先告知书（一般程序）》或《行政处罚事先告知书（听证程序）》。不属于本机构管辖，移送相关部门，制作《案件移送函》等。

5. 告知，听取陈述、申辩和听证

（1）告知。畜牧兽医行政执法办案人员向当事人送达《行政处罚事先告知书（一般程序）》或《行政处罚事先告知书（听证程序）》，告知当事人拟给予的行政处罚内容及其事实、理由和依据，并告知当事人可以在收到告知书之日起三日内，进行陈述、申辩和听证。当事人无正当理由逾期未提出陈述、申辩或者要求听证的，视为放弃上述权利。

告知的内容主要包括作出行政处罚决定的事实根据、法律依据以及将法律适用于事实的道理。这样，当事人可以有针对性地提出反驳意见，提出有关证据。告知是畜牧兽医行政执法机关在实施行政处罚过程中必须履行的程序性义务，否则，行政处罚无效。

告知当事人权利的内容包括申请回避权、申辩权、陈述权、申请行政复议权、提起行政诉讼权等（适用听证条件的案件，告知当事人可以要求听证。）。告知权利和说明理由的重要意义在于给当事人以针对处罚理由、根据进行申辩的机会，保障当事人的合法权利得到保护，保证当事人在处罚过程后及时请求救济，防止错过救济时效。

（2）陈述、申辩。当事人的陈述、申辩权是行政处罚程序中相对人的重要权利，是保护相对人不受非法侵害，制止畜牧兽医行政执法机关滥用权力的重要机制之一。当事人在接到《行政处罚事先告知书》的规定期限内，如果提出有力的证据证明自己是无辜的，畜牧兽医行政执法机关必须充分听取当事人的意见，对当事人提出的事实理由和证据，应当进行复核，当事人提出的理由、事实和证据成立的，应予采纳，不得因当事人的申辩而加重处罚。

（3）听证。畜牧兽医行政处罚听证是指为查清事实，正确适用法律，从而作出正确的处罚决定，防止因错罚给当事人造成重大损失，在做出责令停产、停业、吊销畜牧兽医许可证、较大数额的罚款等行政处罚决定前，应当事人要求公开举行由利害关系人参加的听证会，听取陈述和申辩的法律程序。它实际上是一般程序的特例。

① 适用听证的条件。

a. 畜牧兽医行政执法机关作出了 3 类重大行政处罚。一是责令停产停业，二是吊销畜牧兽医许可证照，三是较大数额罚款。较大数额罚款是指畜牧兽医行政执法机关罚款的标准达到或超过省级人大常委会或者人民政府规定的额定标准。如农业农村部及其所属的经法律、法规授权的农业管理机构，对公民罚款超过三千元，对法人或其他组织罚款超过三万元的，属较大数额罚款；根据《河南省行政机关执法条例》规定，河南省规定的所谓较大数额罚款分三种情况：对非经营性活动中的违法行为实施罚款一次达到或者超过 1000 元的；对无违法所得的经营性违法行为实施罚款一次达到或者超过 10000 元的；对有违法所得的经营性违法行为实施罚款，一次达到或者超过 30000 元的。

b. 当事人在法定期限内提出听证要求。若当事人在法定期限内没有提出听证要求，畜牧兽医行政执法机关可以不再组织听证，也就是说是否组织听证，以当事人提出听证要求为前提。

② 举行听证会的步骤和程序。

a. 听证书记员宣布听证会场纪律、当事人的权利和义务。听证主持人宣布案由，核实听证参加人名单，宣布听证开始；

b. 案件调查人员提出当事人的违法事实、出示证据，说明拟作出的畜牧兽医行政处罚的内容及法律依据；

c. 当事人或其委托代理人对案件的事实、证据、适用的法律等进行陈述、申辩和质证，可以向听证会提交新的证据；

d. 听证主持人就案件的有关问题向当事人、案件调查人员、证人询问；

e. 案件调查人员、当事人或其委托代理人相互辩论；

f. 当事人或其委托代理人及案件调查人员作最后陈述；

g. 听证主持人宣布听证结束。听证笔录交当事人和案件调查人员审核无误后签字或者盖章。

③ 听证主持人回避制度。

为保证听证的公正性，听证主持人应是畜牧兽医行政执法机关中具备听证主持人资格的非本案调查人员主持。下列担当听证主持人应当回避：

a. 案件调查人、取证人员。

b. 当事人的近亲属。

c. 与案件的处理结果有利害关系的人员。

④ 听证主持人的权力和义务。

a. 决定在何时、何地举行听证。

b. 决定听证过程的中止及终止。

c. 有权对案件的事实或与之相关的法律进行询问、发问。

d. 维护听证秩序，对违反听证纪律的人员，有权进行警告和处理。

e. 依据听证情况和案件的事实、证据等，对案件作出准确的判断，提出行政处罚决定的建议。

⑤ 当事人在听证中的权利和义务

a. 有权对案件涉及的事实、适用法律及有关情况进行陈述和申辩。

b. 有权对案件调查人员提出的证据质证并提出新的证据。

c. 如实回答听证主持人的提问。

d. 遵守听证会场纪律，服从听证主持人指挥。

6. 作出处罚决定

畜牧兽医行政执法人员根据调查结果和《行政处罚事先告知书》送达后当事人的陈述、申辩情况等，制作《行政处罚决定审批表》，报单位法制机构和负责人进行审批，决定给予行政处罚的，应当制作《行政处罚决定书》。案情复杂或者有重大违法行为需要给予较重行政处罚的，应当由畜牧兽医行政执法机关负责人集体讨论决定。

7. 送达

（1）送达的概念：是指畜牧兽医行政执法机关依照法定的程序和方式，将《行政处罚事先告知书》《行政处罚决定书》等法律文书交付当事人。

（2）送达的规定及生效日期：依据《行政处罚法》第四十条规定，《行政处罚决定书》的送达应按照《民事诉讼法》的规定执行。即《行政处罚决定书》应当在制作后当场交付当事人；当事人不在场的，应当在 7 个工作日内送达当事人。并由当事人在《送达回证》上签名盖章。当事人不在的，可以交给其成年家属或者所在单位的负责人代收，并在送达回证上签名或者盖章。

当事人或者代收人拒绝接收、签名、盖章的，送达人可以邀请其邻居或单位有关人员到场，说明情况，把《行政处罚决定书》留在其住处或者单位，并在送达回证上注明拒绝的事由、送达的日期，由送达人、见证人签名或者盖章，视为送达。

直接送达行政处罚文书有困难的，可委托其他机关代为送达，也可以邮寄、公告送达。邮寄送达的，挂号回执上注明的收件日期为送达日期；公告送达的，自发出公告之日起经过六十日，视为送达。

畜牧兽医行政处罚送达的方式，最主要的是直接送达，只有在直接送达无法送达时，才选用其他送达方式。

8. 执行

（1）畜牧兽医行政处罚执行的概念。畜牧兽医行政处罚的执行是指畜牧兽医行政执法机关将本机关作出的已经发生法律效力的《行政处罚决定书》付诸实施的活动。是畜牧兽医行政处罚经过的最后一个程序，没有行政处罚的执行，行政处罚决定就没有意义，只有确保处罚决定的内容得以实现，才能体现畜牧兽医行政处罚在实际生活中得到贯彻实施，才能确定整个国家社会生活有序发展。

（2）畜牧兽医行政处罚执行的方式。畜牧兽医行政处罚执行的方式是畜牧兽医行政处罚决定的内容实现的方法。根据《行政处罚法》《农业行政处罚程序规定》的有关规定，执行有以下几种方式。

① 主动履行。行政相对人自收到畜牧兽医行政执法机关的《行政处罚决定书》之日起 15 个工作日内到指定的银行缴纳罚款，履行处罚决定。

② 强制执行。当事人逾期不履行畜牧兽医行政处罚决定的，作出行政处罚决定的畜牧兽医行政执法机关可以采取三方面措施：一是到期不缴纳罚款的，每日按罚款数额的百分之三加处罚款。二是根据法律规定，将查封、扣押的货物拍卖抵缴罚款。三是申请人民法院强制执行。

③ 当场收缴。根据《行政处罚法》第四十七条规定，执法人员当场收缴的情形之，应符合三方面条件：一是依法给予 20 元以下罚款的。二是对公民处以 20 元以上 50 元以下，对法人或者其他组织处于 1 000 元以下罚款，不当场收缴事后难以执行的。三是在边远、水上交通不便地区，行政相对人向指定银行缴纳罚款确有困难，经过相对人提出的，当场收缴罚款，应当出具统一罚没收据。

执法人员应当自收缴罚款之日起 2 天内交其所在畜牧兽医行政执法机关，所在单位应当在 2 天内将罚款缴付指定银行。

④延期执行。当事人确有经济困难，需要延期或者分期缴纳罚款的，当事人应当书面申请。经畜牧兽医行政执法机关批准，可以暂缓或分期缴纳。

行政相对人对畜牧兽医行政执法机关处罚决定不服可申请行政复议或者提出行政诉讼，但行政处罚不停止执行。法律另规定的除外。

（3）执行财物的处理

除依法应当予以销毁的物品外，依法没收的非法财物必须按国家有关规定处理。

销毁物品：按法律有关规定，经畜牧兽医行政执法机关负责人批准，并由 2 名以上畜牧兽医执法人员监督销毁，并制作销毁记录清单等。

罚没款和没收物品的拍卖变价款，必须全部上缴国库，不得截留、私分和变相私分。

所查扣物品：在 3 个月内找不到行政相对人的，应作无主财产，上缴财政。

9. 结案

畜牧兽医行政处罚决定执行完毕后，经畜牧兽医行政执法机关负责人批准，方可结案，结案应填写《结案报告》等。有下列情况之一，应予结案。

（1）处理、处罚决定已经执行的。

（2）行政复议决定已经执行的。

（3）经人民法院一审或终审判决或裁定的。

（4）由当事人死亡和不可抗拒力等原因造成无法追究行政法律责任的。

根据《农业行政处罚程序规定》：畜牧兽医行政处罚案件自立案之日起，应当在三个月内作出处理决定；在特殊情况下三个月内不能作出处理的，报经同级兽医主管部门批准可以延长至一年。对专门性问题需要鉴定的，所需时间不计算在办案期限内。

附　录　畜牧兽医行政处罚事项一览表

根据《动物防疫法》《畜牧法》等畜牧兽医法律、法规法律责任章节中的规定，涉及违反畜牧兽医行政管理的行政违法行为和应承担的行政处罚较多。从行政处罚的责任人来看，不仅包括管理相对人，还包括畜牧兽医行政主体和工作人员；从行政处罚的行为表现情况看，涉及畜牧、饲料、兽药、生鲜乳生产经营和动物的饲养、经营和动物产品的生产、经营、加工、贮藏、运输等环节的方方面面。为了减少篇幅，附录重点介绍畜牧兽医法律法规中对行政管理相对人的行政处罚事项。

序号	给予行政处罚的主要违法行为	处罚主体	法律责任（处罚种类）	处罚依据
1	对饲养的动物不按照动物疫病强制免疫计划进行免疫接种的	县级以上动物卫生监督机构	责令改正，给予警告；拒不改正的，由动物卫生监督机构代作处理，所需处理费用由违法行为人承担，可以处1000元以下罚款。	《动物防疫法》第七十三条
2	种用、乳用动物未经检测或者经检测不合格而不按照规定处理的			
3	动物、动物产品的运载工具在装载前和卸载后没有及时清洗、消毒的			
4	对经强制免疫的动物未按照国务院兽医主管部门规定建立免疫档案、加施畜禽标识的		依照《中华人民共和国畜牧法》的有关规定处罚。	《动物防疫法》第七十四条
5	不按照国务院兽医主管部门规定处置染疫动物及其排泄物，染疫动物产品，病死或者死因不明的动物尸体，运载工具中的动物排泄物以及垫料、包装物、容器等污染物以及其他经检疫不合格的动物、动物产品的		责令无害化处理，所需处理费用由违法行为人承担，可以处3000元以下罚款。	《动物防疫法》第七十五条

（续表）

序号	给予行政处罚的主要违法行为	处罚主体	法律责任（处罚种类）	处罚依据
6	违反《动物防疫法》第二十五条屠宰、经营、运输动物或者生产、经营、加工、贮藏、运输动物产品的	县级以上动物卫生监督机构	责令改正、采取补救措施，没收违法所得和动物、动物产品，并处同类检疫合格动物、动物产品货值金额1倍以上5倍以下罚款；其中依法应当检疫而未检疫的，依照本法第七十八条的规定处罚。	《动物防疫法》第七十六条
7	兴办动物饲养场（养殖小区）和隔离场所，动物屠宰加工场所，以及动物和动物产品无害化处理场所，未取得动物防疫条件合格证的		责令改正，处1000元以上1万元以下罚款；情节严重的，处1万元以上10万元以下罚款。	《动物防疫法》第七十七条
8	未办理审批手续，跨省、自治区、直辖市引进乳用动物、种用动物及其精液、胚胎、种蛋的			
9	未经检疫，向无规定动物疫病区输入动物、动物产品的			
10	屠宰、经营、运输的动物未附有检疫证明，经营和运输的动物产品未附有检疫证明、检疫标志的		责令改正，处同类检疫合格动物、动物产品货值金额10%以上50%以下罚款；对货主以外的承运人处运输费用1倍以上3倍以下罚款。	《动物防疫法》第七十八条
11	参加展览、演出和比赛的动物未附有检疫证明的		责令改正，处1000元以上3000元以下罚款。	
12	转让、伪造或者变造检疫证明、检疫标志或者畜禽标识的		没收违法所得，收缴检疫证明、检疫标志或者畜禽标识，并处3000元以上3万元以下罚款。	《动物防疫法》第七十九条
13	不遵守县级以上人民政府及其兽医主管部门依法作出的有关控制、扑灭动物疫病规定的		责令改正，处1000元以上1万元以下罚款	《动物防疫法》第八十条
14	藏匿、转移、盗掘已被依法隔离、封存、处理的动物和动物产品的			
15	违反《中华人民共和国动物防疫法》规定，发布动物疫情的			

（续表）

序号	给予行政处罚的主要违法行为	处罚主体	法律责任（处罚种类）	处罚依据
16	未取得动物诊疗许可证从事动物诊疗活动的	县级以上动物卫生监督机构	责令停止诊疗活动，没收违法所得；违法所得在3万元以上的，并处违法所得1倍以上3倍以下罚款；没有违法所得或者违法所得不足3万元的，并处3000元以上3万元以下罚款。	《动物防疫法》第八十一条
17	动物诊疗机构造成动物疫病扩散的		责令改正，处1万元以上5万元以下罚款；情节严重的，由发证机关吊销动物诊疗许可证。	
18	未经兽医执业注册从事动物诊疗活动的		责令停止动物诊疗活动，没收违法所得，并处1000元以上1万元以下罚款。	《动物防疫法》第八十二条
19	执业兽医违反有关动物诊疗的操作技术规范，造成或者可能造成动物疫病传播、流行的		给予警告，责令暂停六个月以上一年以下动物诊疗活动；情节严重的，由发证机关吊销注册证书	
20	执业兽医使用不符合国家规定的兽药和兽医器械的			
21	执业兽医不按照当地人民政府或者兽医主管部门要求参加动物疫病预防、控制和扑灭活动的			
22	从事动物疫病研究与诊疗和动物饲养、屠宰、经营、隔离、运输，以及动物产品生产、经营、加工、贮藏等活动的单位和个人不履行动物疫情报告义务的		责令改正；拒不改正的，对违法行为单位处1000元以上1万元以下罚款，对违法行为个人可以处500元以下罚款。	《动物防疫法》第八十三条
23	从事动物疫病研究与诊疗和动物饲养、屠宰、经营、隔离、运输，以及动物产品生产、经营、加工、贮藏等活动的单位和个人不如实提供与动物防疫活动有关资料的			
24	从事动物疫病研究与诊疗和动物饲养、屠宰、经营、隔离、运输，以及动物产品生产、经营、加工、贮藏等活动的单位和个人拒绝动物卫生监督机构进行监督检查的			

（续表）

序号	给予行政处罚的主要违法行为	处罚主体	法律责任（处罚种类）	处罚依据
25	从事动物疫病研究与诊疗和动物饲养、屠宰、经营、隔离、运输，以及动物产品生产、经营、加工、贮藏等活动的单位和个人拒绝动物疫病预防控制机构进行动物疫病监测、检测的	县级以上动物卫生监督机构		
26	擅自处理受保护的畜禽遗传资源，造成畜禽遗传资源损失的	省级以上人民政府畜牧兽医行政主管部门	处5万元以上50万元以下罚款。	《畜牧法》第五十八条
27	未经审核批准，从境外引进畜禽遗传资源的		责令停止违法行为，没收畜禽遗传资源和违法所得，并处1万元以上5万元以下罚款。	《畜牧法》第五十九条
28	未经审核批准，在境内与境外机构、个人合作研究利用列入保护名录的畜禽遗传资源的			
29	在境内与境外机构、个人合作研究利用未经国家畜禽遗传资源委员会鉴定的新发现的畜禽遗传资源的			
30	销售、推广未经审定或者鉴定的畜禽品种的	县级以上地方畜牧兽医行政主管部门	责令停止违法行为，没收畜禽和违法所得；违法所得在5万元以上的，并处违法所得1倍以上3倍以下罚款；没有违法所得或者违法所得不足5万元的，并处5000元以上5万元以下罚款。	《畜牧法》第六十一条
31	无种畜禽生产经营许可证或者违反种畜禽生产经营许可证的规定生产经营种畜禽的，转让、租借种畜禽生产经营许可证的		责令停止违法行为，没收违法所得；违法所得在3万元以上的，并处违法所得1倍以上3倍以下罚款；没有违法所得或者违法所得不足3万元的，并处3000元以上3万元以下罚款。违反种畜禽生产经营许可证的规定生产经营种畜禽或者转让、租借种畜禽生产经营许可证，情节严重的，并处吊销种畜禽生产经营许可证。	《畜牧法》第六十二条

（续表）

序号	给予行政处罚的主要违法行为	处罚主体	法律责任（处罚种类）	处罚依据
32	使用的种畜禽不符合种用标准的	县级以上地方畜牧兽医行政主管部门	责令停止违法行为，没收违法所得；违法所得在5000元以上的，并处违法所得1倍以上2倍以下罚款；没有违法所得或者违法所得不足5000元的，并处1000元以上5000元以下罚款。	《畜牧法》第六十四条
33	销售种畜禽以其他畜禽品种、配套系冒充所销售的种畜禽品种、配套系；		责令停止销售，没收违法销售的畜禽和违法所得；违法所得在5万元以上的，并处违法所得1倍以上5倍以下罚款；没有违法所得或者违法所得不足5万元的，并处5000元以上5万元以下罚款；情节严重的，并处吊销种畜禽生产经营许可证或者营业执照。	《畜牧法》第六十五条
34	销售种畜禽以低代别种畜禽冒充高代别种畜禽；			
35	销售种畜禽以不符合种用标准的畜禽冒充种畜禽；			
36	销售种畜禽销售未经批准进口的种畜禽的			
37	畜禽养殖场未建立养殖档案的，或者未按照规定保存养殖档案的		责令限期改正，可以处1万元以下罚款。	《畜牧法》第六十六条
38	销售的种畜禽未附具种畜禽合格证明、检疫合格证明、家畜系谱的		责令改正，可以处2000元以下罚款。	《畜牧法》第六十八条
39	销售、收购国务院畜牧兽医行政主管部门规定应当加施标识而没有标识的畜禽的			
40	重复使用，畜禽标识的			
41	使用伪造、变造的畜禽标识的		没收伪造、变造的畜禽标识和违法所得，并处3000元以上3万元以下罚款。	
42	销售不符合国家技术规范的强制性要求的畜禽的		责令停止违法行为，没收违法销售的畜禽和违法所得，并处违法所得1倍以上3倍以下罚款。	《畜牧法》第六十九条
43	买卖或者以其他形式非法转让草原尚不够刑事处罚的		责令限期改正，没收违法所得，并处违法所得1倍以上5倍以下的罚款。	《草原法》第六十四条

（续表）

序号	给予行政处罚的主要违法行为	处罚主体	法律责任（处罚种类）	处罚依据
44	未经批准或者采取欺骗手段骗取批准，非法使用草原尚不够刑事处罚的	县级以上草原行政主管部门	责令退还非法使用的草原，对违反草原保护、建设、利用规划擅自将草原改为建设用地的，限期拆除在非法使用的草原上新建的建筑物和其他设施，恢复草原植被，并处草原被非法使用前3年平均产值6倍以上12倍以下的罚款。	《草原法》第六十五条
45	非法开垦草原尚不够刑事处罚的		责令停止违法行为，限期恢复植被，没收非法财物和违法所得，并处违法所得1倍以上5倍以下的罚款；没有违法所得的，并处5万元以下的罚款。	《草原法》第六十六条
46	在荒漠、半荒漠和严重退化、沙化、盐碱化、石漠化、水土流失的草原，以及在生态脆弱区的草原上采挖植物或者从事破坏草原植被的其他活动的		责令停止违法行为，没收非法财物和违法所得，可以并处违法所得1倍以上5倍以下的罚款；没有违法所得的，可以并处5万元以下的罚款。	《草原法》第六十七条
47	未经批准或者未按照规定的时间、区域和采挖方式在草原上进行采土、采砂、采石等活动的		责令停止违法行为，限期恢复植被，没收非法财物和违法所得，可以并处违法所得1倍以上2倍以下的罚款；没有违法所得的，可以并处2万元以下的罚款。	《草原法》第六十八条
48	擅自在草原上开展经营性旅游活动，破坏草原植被的		责令停止违法行为，限期恢复植被，没收违法所得，可以并处违法所得1倍以上2倍以下的罚款；没有违法所得的，可以并处草原被破坏前3年平均产值6倍以上12倍以下的罚款。	《草原法》第六十九条
49	非抢险救灾和牧民搬迁的机动车辆离开道路在草原上行驶或者从事地质勘探、科学考察等活动未按照确认的行驶区域和行驶路线在草原上行驶，破坏草原植被的		责令停止违法行为，限期恢复植被，可以并处草原被破坏前3年平均产值3倍以上9倍以下的罚款。	《草原法》第七十条
50	在临时占用的草原上修建永久性建筑物、构筑物的		责令限期拆除；逾期不拆除的，依法强制拆除，所需费用由违法者承担。	《草原法》第七十一条

（续表）

序号	给予行政处罚的主要违法行为	处罚主体	法律责任（处罚种类）	处罚依据
51	临时占用草原，占用期届满，用地单位不予恢复草原植被的		责令限期恢复；逾期不恢复的，由县级以上地方人民政府草原行政主管部门代为恢复，所需费用由违法者承担。	《草原法》第七十一条
52	农产品质量安全检测机构出具检测结果不实，造成损害的	农业行政主管部门	承担赔偿责任；造成重大损害的，并撤销其检测资格。	《农产品质量安全法》第四十四条第二款
53	农产品质量安全检测机构伪造检测结果的		责令改正，没收违法所得，并处 5 万元以上 10 万元以下罚款，对直接负责的主管人员和其他直接责任人员处 1 万元以上 5 万元以下罚款；情节严重的，撤销其检测资格；造成损害的，依法承担赔偿责任。	《农产品质量安全法》第四十四条第一款
54	农产品生产企业、农民专业合作经济组织未建立或者未按照规定保存农产品生产记录的，或者伪造农产品生产记录的		责令限期改正；逾期不改正的，可以处 2000 元以下罚款。	《农产品质量安全法》第四十七条
55	农产品生产企业、农民专业合作经济组织以及从事农产品收购的单位或者个人销售的农产品未按照规定进行包装、标识的		责令限期改正；逾期不改正的，可以处 2000 元以下罚款。	《农产品质量安全法》第四十八条
56	使用的保鲜剂、防腐剂、添加剂等材料不符合国家有关强制性的技术规范的		责令停止销售，对被污染的农产品进行无害化处理，对不能进行无害化处理的予以监督销毁；没收违法所得，并处 2000 元以上 2 万元以下罚款。	《农产品质量安全法》第四十九条
57	农产品生产企业、农民专业合作经济组织销售的农产品有本法第三十三条第一项至第三项或者第五项所列情形之一的；农产品销售企业销售的农产品有前款所列情形的		责令停止销售，追回已经销售的农产品，对违法销售的农产品进行无害化处理或者予以监督销毁；没收违法所得，并处 2000 元以上 2 万元以下罚款。	《农产品质量安全法》第五十条第一款

（续表）

序号	给予行政处罚的主要违法行为	处罚主体	法律责任（处罚种类）	处罚依据
58	农产品批发市场违反农产品质量安全法第三十七条第一款规定的	农业行政主管部门	责令改正，处2000元以上2万元以下罚款。	《农产品质量安全法》第五十条第四款
59	冒用农产品质量标志的		责令改正，没收违法所得，并处2000元以上2万元以下罚款。	《农产品质量安全法》第五十一条
60	无兽药生产许可证、兽药经营许可证生产、经营兽药的，或者虽有兽药生产许可证、兽药经营许可证，生产、经营假、劣兽药的，或者兽药经营企业经营人用药品的	县级以上兽医行政管理部门（吊销兽药生产许可证、兽药经营许可证、撤销兽药批准证明文件或者责令停止兽药研究试验的，由原发证、批准部门决定。）	责令其停止生产、经营，没收用于违法生产的原料、辅料、包装材料及生产、经营的兽药和违法所得，并处违法生产、经营的兽药（包括已出售的和未出售的兽药，下同）货值金额2倍以上5倍以下罚款，货值金额无法查证核实的，处10万元以上20万元以下罚款；无兽药生产许可证生产兽药，情节严重的，没收其生产设备；生产、经营假、劣兽药，情节严重的，吊销兽药生产许可证、兽药经营许可证。	《兽药管理条例》第五十六条
61	擅自生产强制免疫所需兽用生物制品的		按照无兽药生产许可证生产兽药处罚。	

（续表）

序号	给予行政处罚的主要违法行为	处罚主体	法律责任（处罚种类）	处罚依据
62	提供虚假的资料、样品或者采取其他欺骗手段取得兽药生产许可证、兽药经营许可证或者兽药批准证明文件的	县级以上兽医行政管理部门（吊销兽药生产许可证、兽药经营许可证、撤销兽药批准证明文件或者责令停止兽药研究试验的，由原发证、批准部门决定。）	吊销兽药生产许可证、兽药经营许可证或者撤销兽药批准证明文件，并处 5 万元以上 10 万元以下罚款。	《兽药管理条例》第五十七条
63	买卖、出租、出借兽药生产许可证、兽药经营许可证和兽药批准证明文件的		没收违法所得，并处 1 万元以上 10 万元以下罚款；情节严重的，吊销兽药生产许可证、兽药经营许可证或者撤销兽药批准证明文件。	《兽药管理条例》第五十八条
64	兽药安全性评价单位、临床试验单位、生产和经营企业未按照规定实施兽药研究试验、生产、经营质量管理规范的		给予警告，责令其限期改正；逾期不改正的，责令停止兽药研究试验、生产、经营活动，并处 5 万元以下罚款；情节严重的，吊销兽药生产许可证、兽药经营许可证。	《兽药管理条例》第五十九条
65	研制新兽药不具备规定的条件擅自使用一类病原微生物或者在实验室阶段前未经批准的		责令其停止实验，并处 5 万元以上 10 万元以下罚款。	
66	兽药的标签和说明书未经批准的		责令其限期改正；逾期不改正的，按照生产、经营假兽药处罚；有兽药产品批准文号的，撤销兽药产品批准文号。	《兽药管理条例》第六十条
67	兽药包装上未附有标签和说明书，或者标签和说明书与批准的内容不一致的		责令其限期改正；情节严重的，按照生产、经营假兽药处罚；有兽药产品批准文号的，撤销兽药产品批准文号。	
68	境外企业在中国直接销售兽药的		责令其限期改正，没收直接销售的兽药和违法所得，并处 5 万元以上 10 万元以下罚款；情节严重的，吊销进口兽药注册证书。	《兽药管理条例》第六十一条

（续表）

序号	给予行政处罚的主要违法行为	处罚主体	法律责任（处罚种类）	处罚依据
69	未按照国家有关兽药安全使用规定使用兽药的、未建立用药记录或者记录不完整真实的，或者使用禁止使用的药品和其他化合物的，或者将人用药品用于动物的	县级以上兽医行政管理部门（吊销兽药生产许可证、兽药经营许可证、撤销兽药批准证明文件或者责令停止兽药研究试验的，由原发证、批准部门决定。）	责令其立即改正，并对饲喂了违禁药物及其他化合物的动物及其产品进行无害化处理；对违法单位处1万元以上5万元以下罚款。	《兽药管理条例》第六十二条
70	销售尚在用药期、休药期内的动物及其产品用于食品消费的，或者销售含有违禁药物和兽药残留超标的动物产品用于食品消费的		责令其对含有违禁药物和兽药残留超标的动物产品进行无害化处理，没收违法所得，并处3万元以上10万元以下罚款。	《兽药管理条例》第六十三条
71	擅自转移、使用、销毁、销售被查封或者扣押的兽药及有关材料的		责令其停止违法行为，给予警告，并处5万元以上10万元以下罚款。	《兽药管理条例》第六十四条
72	兽药生产企业、经营企业、兽药使用单位和开具处方的兽医人员发现可能与兽药使用有关的严重不良反应，不向所在地人民政府兽医行政管理部门报告的		给予警告，并处5 000元以上1万元以下罚款。	《兽药管理条例》第六十五条
73	生产企业在新兽药监测期内不收集或者不及时报送该新兽药的疗效、不良反应等资料的		责令其限期改正，并处1万元以上5万元以下罚款；情节严重的，撤销该新兽药的产品批准文号。	
74	未经兽医开具处方销售、购买、使用兽用处方药的		责令其限期改正，没收违法所得，并处5万元以下罚款。	《兽药管理条例》第六十六条
75	兽药生产、经营企业把原料药销售给兽药生产企业以外的单位和个人的，或者兽药经营企业拆零销售原料药的		责令其立即改正，给予警告，没收违法所得，并处2万元以上5万元以下罚款；情节严重的，吊销兽药生产许可证、兽药经营许可证。	《兽药管理条例》第六十七条
76	在饲料和动物饮用水中添加激素类药品和国务院兽医行政管理部门规定的其他禁用药品		依照《饲料和饲料添加剂管理条例》的有关规定处罚；直接将原料药添加到饲料及动物饮用水中，或者饲喂动物的，责令其立即改正，并处1万元以上3万元以下罚款。	《兽药管理条例》第六十八条

（续表）

序号	给予行政处罚的主要违法行为	处罚主体	法律责任（处罚种类）	处罚依据
77	抽查检验连续 2 次不合格的		撤销兽药的产品批准文号或者吊销进口兽药注册证书。	《兽药管理条例》第六十九条
78	药效不确定、不良反应大以及可能对养殖业、人体健康造成危害或者存在潜在风险的			
79	国务院兽医行政管理部门禁止生产、经营和使用的兽药			
80	提供虚假的资料、样品或者采取其他欺骗方式取得许可证明文件的	发证机关	撤销相关许可证明文件，处 5 万元以上 10 万元以下罚款，申请人 3 年内不得就同一事项申请行政许可。	《饲料和饲料添加剂管理条例》第三十六条
81	假冒、伪造或者买卖许可证明文件的	县级以上地方人民政府饲料管理部门	收缴或者吊销、撤销相关许可证明文件。	《饲料和饲料添加剂管理条例》第三十七条
82	未取得生产许可证生产饲料、饲料添加剂的	县级以上地方人民政府饲料管理部门	责令停止生产，没收违法所得、违法生产的产品和用于违法生产饲料的饲料原料、单一饲料、饲料添加剂、药物饲料添加剂、添加剂预混合饲料以及用于违法生产饲料添加剂的原料，违法生产的产品货值金额不足 1 万元的，并处 1 万元以上 5 万元以下罚款，货值金额 1 万元以上的，并处货值金额 5 倍以上 10 倍以下罚款；情节严重的，没收其生产设备，生产企业的主要负责人和直接负责的主管人员 10 年内不得从事饲料、饲料添加剂生产、经营活动。	《饲料和饲料添加剂管理条例》第三十八条
83	已经取得生产许可证，但不再具备《饲料和饲料添加剂管理条例》第十四条规定的条件而继续生产饲料、饲料添加剂的		责令停止生产、限期改正，并处 1 万元以上 5 万元以下罚款；逾期不改正的，由发证机关吊销生产许可证。	

（续表）

序号	给予行政处罚的主要违法行为	处罚主体	法律责任（处罚种类）	处罚依据
84	已经取得生产许可证，但未取得产品批准文号而生产饲料添加剂、添加剂预混合饲料的	县级以上地方人民政府饲料管理部门	责令停止生产，没收违法所得、违法生产的产品和用于违法生产饲料的饲料原料、单一饲料、饲料添加剂、药物饲料添加剂以及用于违法生产饲料添加剂的原料，限期补办产品批准文号，并处违法生产的产品货值金额1倍以上3倍以下罚款；情节严重的，由发证机关吊销生产许可证。	《饲料和饲料添加剂管理条例》第三十八条
85	使用限制使用的饲料原料、单一饲料、饲料添加剂、药物饲料添加剂、添加剂预混合饲料生产饲料，不遵守国务院农业行政主管部门的限制性规定的	县级以上地方人民政府饲料管理部门	责令改正，没收违法所得、违法生产的产品和用于违法生产饲料的饲料原料、单一饲料、饲料添加剂、药物饲料添加剂、添加剂预混合饲料以及用于违法生产饲料添加剂的原料，违法生产的产品货值金额不足1万元的，并处1万元以上5万元以下罚款，货值金额1万元以上的，并处货值金额5倍以上10倍以下罚款；情节严重的，由发证机关吊销、撤销相关许可证明文件，生产企业的主要负责人和直接负责的主管人员年内不得从事饲料、饲料添加剂生产、经营活动。	《饲料和饲料添加剂管理条例》第三十九条
86	使用国务院农业行政主管部门公布的饲料原料目录、饲料添加剂品种目录和药物饲料添加剂品种目录以外的物质生产饲料的			
87	生产未取得新饲料、新饲料添加剂证书的新饲料、新饲料添加剂或者禁用的饲料、饲料添加剂的			
88	饲料、饲料添加剂生产企业不按照国务院农业行政主管部门的规定和有关标准对采购的饲料原料、单一饲料、饲料添加剂、药物饲料添加剂、添加剂预混合饲料和用于饲料添加剂生产的原料进行查验或者检验的		责令改正，处1万元以上2万元以下罚款；拒不改正的，没收违法所得、违法生产的产品和用于违法生产饲料的饲料原料、单一饲料、饲料添加剂、药物饲料添加剂、添加剂预混合饲料以及用于违法生产饲料添加剂的原料，并处5万元以上10万元以下罚款；情节严重的，责令停止生产，可以由发证机关吊销、撤销相关许可证明文件。	《饲料和饲料添加剂管理条例》第四十条

（续表）

序号	给予行政处罚的主要违法行为	处罚主体	法律责任（处罚种类）	处罚依据
89	饲料、饲料添加剂生产企业在饲料、饲料添加剂生产过程中不遵守国务院农业行政主管部门制定的饲料、饲料添加剂质量安全管理规范和饲料添加剂安全使用规范的	县级以上地方人民政府饲料管理部门	责令改正，处1万元以上2万元以下罚款；拒不改正的，没收违法所得、违法生产的产品和用于违法生产饲料的饲料原料、单一饲料、饲料添加剂、药物饲料添加剂、添加剂预混合饲料以及用于违法生产饲料添加剂的原料，并处5万元以上10万元以下罚款；情节严重的，责令停止生产，可以由发证机关吊销、撤销相关许可证明文件。	《饲料和饲料添加剂管理条例》第四十条
90	饲料、饲料添加剂生产企业生产的饲料、饲料添加剂未经产品质量检验的			
91	饲料、饲料添加剂生产企业不依照本条例规定实行采购、生产、销售记录制度或者产品留样观察制度的		责令改正，处1万元以上2万元以下罚款；拒不改正的，没收违法所得、违法生产的产品和用于违法生产饲料的饲料原料、单一饲料、饲料添加剂、药物饲料添加剂、添加剂预混合饲料以及用于违法生产饲料添加剂的原料，处2万元以上5万元以下罚款，并可以由发证机关吊销、撤销相关许可证明文件。	《饲料和饲料添加剂管理条例》第四十一条
92	饲料、饲料添加剂生产企业销售的饲料、饲料添加剂未附具产品质量检验合格证或者包装、标签不符合规定的	县级人民政府饲料管理部门	责令改正；情节严重的，没收违法所得和违法销售的产品，可以处违法销售的产品货值金额30%以下罚款。	
93	不符合《饲料和饲料添加剂管理条例》第二十二条规定的条件经营饲料、饲料添加剂的		责令限期改正；逾期不改正的，没收违法所得和违法经营的产品，违法经营的产品货值金额不足1万元的，并处2000元以上2万元以下罚款，货值金额1万元以上的，并处货值金额2倍以上5倍以下罚款；情节严重的，责令停止经营，并通知工商行政管理部门，由工商行政管理部门吊销营业执照。	《饲料和饲料添加剂管理条例》第四十二条

（续表）

序号	给予行政处罚的主要违法行为	处罚主体	法律责任（处罚种类）	处罚依据
94	饲料、饲料添加剂经营者对饲料、饲料添加剂进行再加工或者添加物质的	县级人民政府饲料管理部门	责令改正，没收违法所得和违法经营的产品，违法经营的产品货值金额不足1万元的，并处2000元以上2万元以下罚款，货值金额1万元以上的，并处货值金额2倍以上5倍以下罚款；情节严重的，责令停止经营，并通知工商行政管理部门，由工商行政管理部门吊销营业执照。	《饲料和饲料添加剂管理条例》第四十三条
95	饲料、饲料添加剂经营者经营无产品标签、无生产许可证、无产品质量检验合格证的饲料、饲料添加剂的			
96	饲料、饲料添加剂经营者经营无产品批准文号的饲料添加剂、添加剂预混合饲料的			
97	饲料、饲料添加剂经营者经营用国务院农业行政主管部门公布的饲料原料目录、饲料添加剂品种目录和药物饲料添加剂品种目录以外的物质生产的饲料的			
98	饲料、饲料添加剂经营者经营未取得新饲料、新饲料添加剂证书的新饲料、新饲料添加剂或者未取得饲料、饲料添加剂进口登记证的进口饲料、进口饲料添加剂以及禁用的饲料、饲料添加剂的			
99	饲料、饲料添加剂经营者对饲料、饲料添加剂进行拆包、分装的		责令改正，没收违法所得和违法经营的产品，并处2 000元以上1万元以下罚款。	《饲料和饲料添加剂管理条例》第四十四条
100	饲料、饲料添加剂经营者不依照《饲料和饲料添加剂管理条例》规定实行产品购销台账制度的			
101	饲料、饲料添加剂经营者经营的饲料、饲料添加剂失效、霉变或者超过保质期的			
102	对《饲料和饲料添加剂管理条例》第二十八条规定的饲料、饲料添加剂，生产企业不主动召回的	县级以上地方人民政府饲料管理部门	责令召回，并监督生产企业对召回的产品予以无害化处理或者销毁；情节严重的，没收违法所得，并处应召回的产品货值金额1倍以上3倍以下罚款，可以由发证机关吊销、撤销相关许可证明文件；生产企业对召回的产品不予以无害化处理或者销毁的，由县级人民政府饲料管理部门代为销毁，所需费用由生产企业承担。	《饲料和饲料添加剂管理条例》第四十五条

（续表）

序号	给予行政处罚的主要违法行为	处罚主体	法律责任（处罚种类）	处罚依据
103	对《饲料和饲料添加剂管理条例》第二十八条规定的饲料、饲料添加剂，经营者不停止销售的	县级以上地方人民政府饲料管理部门	责令停止销售；拒不停止销售的，没收违法所得，处 1 000 元以上 5 万元以下罚款；情节严重的，责令停止经营，并通知工商行政管理部门，由工商行政管理部门吊销营业执照。	《饲料和饲料添加剂管理条例》第四十五条
104	饲料、饲料添加剂生产企业、经营者在生产、经营过程中，以非饲料、非饲料添加剂冒充饲料、饲料添加剂或者以此种饲料、饲料添加剂冒充他种饲料、饲料添加剂的	县级以上地方人民政府饲料管理部门	责令停止生产、经营，没收违法所得和违法生产、经营的产品，违法生产、经营的产品货值金额不足 1 万元的，并处 2000 元以上 2 万元以下罚款，货值金额 1 万元以上的，并处货值金额 2 倍以上 5 倍以下罚款。	《饲料和饲料添加剂管理条例》第四十六条
105	饲料、饲料添加剂生产企业、经营者生产、经营无产品质量标准或者不符合产品质量标准的饲料、饲料添加剂的	县级以上地方人民政府饲料管理部门	责令停止生产、经营，没收违法所得和违法生产、经营的产品，违法生产、经营的产品货值金额不足 1 万元的，并处 2000 元以上 2 万元以下罚款，货值金额 1 万元以上的，并处货值金额 2 倍以上 5 倍以下罚款。	《饲料和饲料添加剂管理条例》第四十六条
106	饲料、饲料添加剂生产企业、经营者生产、经营的饲料、饲料添加剂与标签标示的内容不一致的	县级以上地方人民政府饲料管理部门	责令停止生产、经营，没收违法所得和违法生产、经营的产品，违法生产、经营的产品货值金额不足 1 万元的，并处 2000 元以上 2 万元以下罚款，货值金额 1 万元以上的，并处货值金额 2 倍以上 5 倍以下罚款。	《饲料和饲料添加剂管理条例》第四十六条
107	饲料、饲料添加剂生产企业在生产中以非饲料、非饲料添加剂冒充饲料、饲料添加剂或者以此种饲料、饲料添加剂冒充他种饲料、饲料添加剂的；生产无产品质量标准或者不符合产品质量标准的饲料、饲料添加剂的；生产的饲料、饲料添加剂与标签标示的内容不一致的行为，情节严重的	发证机关	吊销、撤销相关许可证明文件；饲料、饲料添加剂经营者有前款规定的行为，情节严重的，通知工商行政管理部门，由工商行政管理部门吊销营业执照。	《饲料和饲料添加剂管理条例》第四十六条
108	养殖者对外提供自行配制的饲料的	县级人民政府饲料管理部门	责令改正，处 2000 元以上 2 万元以下罚款。	《饲料和饲料添加剂管理条例》第四十八条

（续表）

序号	给予行政处罚的主要违法行为	处罚主体	法律责任（处罚种类）	处罚依据
109	养殖者使用未取得新饲料、新饲料添加剂证书的新饲料、新饲料添加剂或者未取得饲料、饲料添加剂进口登记证的进口饲料、进口饲料添加剂的	县级人民政府饲料管理部门	没收违法使用的产品和非法添加物质，对单位处1万元以上5万元以下罚款，对个人处5 000元以下罚款。	《饲料和饲料添加剂管理条例》第四十七条
110	养殖者使用无产品标签、无生产许可证、无产品质量标准、无产品质量检验合格证的饲料、饲料添加剂的			
111	养殖者使用无产品批准文号的饲料添加剂、添加剂预混合饲料的			
112	养殖者在饲料或者动物饮用水中添加饲料添加剂，不遵守国务院农业行政主管部门制定的饲料添加剂安全使用规范的			
113	养殖者使用自行配制的饲料，不遵守国务院农业行政主管部门制定的自行配制饲料使用规范的		没收违法使用的产品和非法添加物质，对单位处1万元以上5万元以下罚款，对个人处5000元以下罚款。	《饲料和饲料添加剂管理条例》第四十七条
114	养殖者使用限制使用的物质养殖动物，不遵守国务院农业行政主管部门的限制性规定的			
115	养殖者在反刍动物饲料中添加乳和乳制品以外的动物源性成分的			
116	养殖者在饲料或者动物饮用水中添加国务院农业行政主管部门公布禁用的物质以及对人体具有直接或者潜在危害的其他物质，或者直接使用上述物质养殖动物的		责令其对饲喂了违禁物质的动物进行无害化处理，处3万元以上10万元以下罚款。	
117	拒绝、阻碍动物防疫监督机构进行重大动物疫情监测，	动物卫生监督机构	给予警告，并处以2 000元以上5 000元以下的罚款。	《重大动物疫情应急条例》第46条
118	发现动物出现群体发病或者死亡，不向当地动物防疫监督机构报告的		给予警告，并处以2 000元以上5 000元以下的罚款。	

（续表）

序号	给予行政处罚的主要违法行为	处罚主体	法律责任（处罚种类）	处罚依据
119	擅自采集重大动物疫病病料，或者在重大动物疫病病原分离时不遵守国家有关生物安全管理规定的		给予警告，并处5000元以下罚款。	《重大动物疫情应急条例》第47条
120	未经批准擅自从事环境释放、生产性试验的，已获批准但未按照规定采取安全管理、防范措施的，或者超过批准范围进行试验的	省级以上人民政府农业行政主管部门	责令停止试验，并处1万元以上5万元以下的罚款。	《农业转基因生物安全管理条例》第44条
121	未经批准生产、加工农业转基因生物或者未按照批准的品种、范围、安全管理要求和技术标准生产、加工的		责令停止生产或者加工，没收违法生产或者加工的产品及违法所得；违法所得10万元以上的，并处违法所得1倍以上5倍以下的罚款；没有违法所得或者违法所得不足10万元的，并处10万元以上20万元以下的罚款。	《农业转基因生物安全管理条例》第47条
122	未按照规定制作、保存转基因生产、经营档案的	县级以上级农业部门	责令改正，处1000元以上1万元以下的罚款。	《农业转基因生物安全管理条例》第48条
123	违反农业转基因生物标识管理规定的		责令限期改正，可以没收非法销售的产品和违法所得，并可以处万元以上万元以下的罚款。	《农业转基因生物安全管理条例》第52条
124	假冒、伪造、转让或者买卖农业转基因生物有关证明文书的		收缴相应的证明文书，并处2万元以上10万元以下的罚款。	《农业转基因生物安全管理条例》第53条

（续表）

序号	给予行政处罚的主要违法行为	处罚主体	法律责任（处罚种类）	处罚依据
125	在生产性试验结束后，未取得农业转基因生物安全证书，擅自将农业转基因生物投入生产和应用的	国务院农业行政主管部门或者省、自治区、直辖市人民政府农业行政主管部门	责令停止生产和应用，并处2万元以上10万元以下的罚款。	《农业转基因生物安全管理条例》第四十五条
126	未经国务院农业行政主管部门批准，从事农业转基因生物研究与试验的	国务院农业行政主管部门或者省、自治区、直辖市人民政府农业行政主管部门	责令立即停止研究与试验，限期补办审批手续。	《农业转基因生物安全管理条例》第四十六条
127	转基因、种畜禽、水产苗种的销售单位，不履行审批手续代办义务或者在代办过程中收取代办费用的	国务院农业行政主管部门或者省、自治区、直辖市人民政府农业行政主管部门	责令改正，处2万元以下的罚款。	《农业转基因生物安全管理条例》第四十九条
128	未经国务院农业行政主管部门批准，擅自进口农业转基因生物的	国务院农业行政主管部门或者省、自治区、直辖市人民政府农业行政主管部门	责令停止进口，没收已进口的产品和违法所得；违法所得10万元以上的，并处违法所得1倍以上5倍以下的罚款；没有违法所得或者违法所得不足10万元的，并处10万元以上20万元以下的罚款。	《农业转基因生物安全管理条例》第五十条
129	未经批准生产、加工农业转基因生物或者未按照批准的品种、范围、安全管理要求和技术标准生产、加工的	省级以上人民政府农业行政主管部门	责令停止生产或者加工，没收违法生产或者加工的产品及违法所得；违法所得10万元以上的，并处违法所得1倍以上5倍以下的罚款；没有违法所得或者违法所得不足10万元的，并处10万元以上20万元以下的罚款。	《农业转基因生物安全管理条例》第四十七条
130	生鲜乳收购者在生鲜乳收购过程中，加入非食品用化学物质或者其他可能危害人体健康的物质的处罚	县级以上畜牧兽医部门	构成犯罪的，依法追究刑事责任，并由发证机关吊销许可证照；尚不构成犯罪的，没收违法所得和违法生产的乳品，以及相关的工具、设备等物品，并处违法乳品货值金额15倍以上30倍以下罚款，由发证机关吊销许可证照。	《乳品质量安全监督管理条例》第五十四条

（续表）

序号	给予行政处罚的主要违法行为	处罚主体	法律责任（处罚种类）	处罚依据
131	生产、销售不符合乳品质量安全国家标准的乳品的	县级以上畜牧兽医部门	构成犯罪的，依法追究刑事责任，并由发证机关吊销许可证照；尚不构成犯罪的，没收违法所得、违法乳品和相关的工具、设备等物品，并处违法乳品货值金额10倍以上20倍以下罚款，由发证机关吊销许可证照。	《乳品质量安全监督管理条例》第五十五条
132	奶畜养殖者、生鲜乳收购者、乳制品生产企业和销售者发生乳品质量安全事故后未报告、处置的		责令改正，给予警告；毁灭有关证据的，责令停产停业，并处10万元以上20万元以下罚款；造成严重后果的，由发证机关吊销许可证照。	《乳品质量安全监督管理条例》第五十九条
133	未取得生鲜乳收购许可证收购生鲜乳的；生鲜乳收购站取得生鲜乳收购许可证后，不再符合许可条件继续从事生鲜乳收购的；生鲜乳收购站收购本条例第二十四条规定禁止收购的生鲜乳的		没收违法所得、违法收购的生鲜乳和相关的设备、设施等物品，并处违法乳品货值金额5倍以上10倍以下罚款；有许可证照的，由发证机关吊销许可证照。	《乳品质量安全监督管理条例》第六十条
134	三级、四级实验室未取得资格证书或未经批准从事某种高致病性病原微生物或者疑似高致病性病原微生物实验活动		责令停止有关活动，监督其将用于实验活动的病原微生物销毁或者送交保藏机构，并给予警告；造成传染病传播、流行或者其他严重后果的，由实验室的设立单位对主要负责人、直接负责的主管人员和其他直接责任人员，依法给予撤职、开除的处分；有资格证书的，应当吊销其资格证书。	《病原微生物实验室生物安全管理条例》第五十六条
135	在不符合要求的实验室从事病原微生物实验活动	县级以上兽医主管部门	责令停止有关活动，监督其将用于实验活动的病原微生物销毁或者送交保藏机构，并给予警告；造成传染病传播、流行或者其他严重后果的，由实验室的设立单位对主要负责人、直接负责的主管人员和其他直接责任人员，依法给予撤职、开除的处分。	《病原微生物实验室生物安全管理条例》第五十九条

（续表）

序号	给予行政处罚的主要违法行为	处罚主体	法律责任（处罚种类）	处罚依据
136	未依照规定在明显位置标示国务院卫生主管部门和兽医主管部门规定的生物危险标识和生物安全实验室级别标志的	县级以上兽医主管部门	责令限期改正，给予警告；逾期不改正的，由实验室的设立单位对主要负责人、直接负责的主管人员和其他直接责任人员，依法给予撤职、开除的处分；有许可证件的，并由原发证部门吊销有关许可证件。	《病原微生物实验室生物安全管理条例》第六十条
137	未向原批准部门报告实验活动结果以及工作情况的		责令限期改正，给予警告；逾期不改正的，由实验室的设立单位对主要负责人、直接负责的主管人员和其他直接责任人员，依法给予撤职、开除的处分；有许可证件的，并由原发证部门吊销有关许可证件。	
138	未依照规定采集病原微生物样本，或者对所采集样本的来源、采集过程和方法等未作详细记录的			
139	新建、改建或者扩建一级、二级实验室未向设区的市级人民政府卫生主管部门或者兽医主管部门备案的			
140	未依照规定定期对工作人员进行培训，或者工作人员考核不合格允许其上岗，或者批准未采取防护措施的人员进入实验室的			
141	实验室工作人员未遵守实验室生物安全技术规范和操作规程的；未依照规定建立或者保存实验档案的			
142	未依照规定制定实验室感染应急处置预案并备案的			
143	高致病性病原微生物实验室的设立单位未建立健全安全保卫制度，或者未采取安全保卫措施		责令限期改正；逾期不改正，导致高致病性病原微生物菌（毒）种、样本被盗、被抢或者造成其他严重后果的，由原发证部门吊销该实验室从事高致病性病原微生物相关实验活动的资格证书；造成传染病传播、流行的，该实验室设立单位的主管部门，还应当对该实验室的设立单位的直接负责的主管人员和其他直接责任人员，依法给予降级、撤职、开除的处分。	《病原微生物实验室生物安全管理条例》第六十一条

（续表）

序号	给予行政处罚的主要违法行为	处罚主体	法律责任（处罚种类）	处罚依据
144	未经批准运输高致病性病原微生物菌（毒）种或者样本，或者承运单位经批准运输高致病性病原微生物菌（毒）种或者样本未履行保护义务，导致高致病性病原微生物菌（毒）种或者样本被盗、被抢、丢失、泄漏的	县级以上兽医主管部门	责令采取措施，消除隐患，给予警告；造成传染病传播、流行或者其他严重后果的，由托运单位和承运单位的主管部门对主要负责人、直接负责的主管人员和其他直接责任人员，依法给予撤职、开除的处分。	《病原微生物实验室生物安全管理条例》第六十二条
145	违反《病原微生物实验室安全管理条例》第六十三条的行为	市级兽医主管部门	责令有关单位立即停止违法活动，监督其将病原微生物销毁或者送交保藏机构；造成传染病传播、流行或者其他严重后果的，由其所在单位或者其上级主管部门对主要负责人、直接负责的主管人员和其他直接责任人员，依法给予撤职、开除的处分；有许可证件的，并由原发证部门吊销有关许可证件。	《病原微生物实验室安全管理条例》第六十三条
146	未依照规定报告实验室人员感染情况，或者未依照规定采取控制措施的	县级以上兽医主管部门	责令限期改正，给予警告；造成传染病传播、流行或者其他严重后果的，由其设立单位对实验室主要负责人、直接负责的主管人员和其他直接责任人员，依法给予撤职、开除的处分；有许可证件的，并由原发证部门吊销有关许可证件。	《病原微生物实验室生物安全管理条例》第六十五条
147	拒绝兽医主管部门依法开展有关高致病性病原微生物扩散的调查取证、采集样品的	县级以上兽医主管部门	责令改正，给予警告；造成传染病传播、流行以及其他严重后果的，由实验室的设立单位对实验室主要负责人、直接负责的主管人员和其他直接责任人员，依法给予降级、撤职、开除的处分；有许可证件的，并由原发证部门吊销有关许可证件。	《病原微生物实验室生物安全管理条例》第六十六条

（续表）

序号	给予行政处罚的主要违法行为	处罚主体	法律责任（处罚种类）	处罚依据
148	实验室的设立单位未依照有关规定报告病原微生物被盗、被抢、丢失等情况	县级以上兽医主管部门	警告；造成传染病传播、流行或者其他严重后果的，由实验室的设立单位或者承运单位、保藏机构的上级主管部门对主要负责人、直接负责的主管人员和其他直接责任人员，依法给予撤职、开除的处分。	《病原微生物实验室生物安全管理条例》第六十七条
149	保藏机构未依照规定储存实验室送交的菌（毒）种和样本，或者未依照规定提供菌（毒）种和样本的		由其指定部门责令限期改正，收回违法提供的菌（毒）种和样本，并给予警告；造成传染病传播、流行或者其他严重后果的，由其所在单位或者其上级主管部门对主要负责人、直接负责的主管人员和其他直接责任人员，依法给予撤职、开除的处分。	《病原微生物实验室安全管理条例》第六十八条
150	未经批准在草原上野外用火或者进行爆破、勘察和施工等活动的处罚	县级以上地方人民政府草原防火主管部门	责令停止违法行为，采取防火措施，并限期补办有关手续，对有关责任人员处 2000 元以上 5000 元以下罚款，对有关责任单位处 5000 元以上 2 万元以下罚款。	《草原防火条例》第四十四条
151	未取得草原防火通行证进入草原防火管制区的处罚		责令停止违法行为，采取防火措施，并限期补办有关手续，对有关责任人员处 2000 元以上 5000 元以下罚款，对有关责任单位处 5000 元以上 2 万元以下罚款。	
152	在草原防火期内，经批准的野外用火未采取防火措施的		责令停止违法行为，采取防火措施，消除火灾隐患，并对有关责任人员处 200 元以上 2000 元以下罚款，对有关责任单位处 2000 元以上 2 万元以下罚款；拒不采取防火措施、消除火灾隐患的，由县级以上地方人民政府草原防火主管部门代为采取防火措施、消除火灾隐患，所需费用由违法单位或者个人承担。	《草原防火条例》第四十五 条

（续表）

序号	给予行政处罚的主要违法行为	处罚主体	法律责任（处罚种类）	处罚依据
153	在草原上作业和行驶的机动车辆未安装防火装置或者存在火灾隐患的	县级以上地方人民政府草原防火主管部门	责令停止违法行为，采取防火措施，消除火灾隐患，并对有关责任人员处200元以上2000元以下罚款，对有关责任单位处2000元以上2万元以下罚款；拒不采取防火措施、消除火灾隐患的，由县级以上地方人民政府草原防火主管部门代为采取防火措施、消除火灾隐患，所需费用由违法单位或者个人承担。	《草原防火条例》第四十五条
154	在草原上行驶的公共交通工具上的司机、乘务人员或者旅客丢弃火种的			
155	在草原上从事野外作业的机械设备作业人员不遵守防火安全操作规程或者对野外作业的机械设备未采取防火措施的			
156	在草原防火管制区内未按照规定用火的			
157	草原上的生产经营等单位未建立或者未落实草原防火责任制的处罚		责令改正，对有关责任单位处5000元以上2万元以下罚款。	《草原防火条例》第四十六条
158	获得无公害农产品产地认定证书的单位或者个人无公害农产品产地被污染或者产地环境达不到标准要求的．	省级农业行政主管部门	警告，并责令限期改正；逾期未改正的，撤销其无公害农产品产地认定证书。	《无公害农产品管理办法》第三十六条
159	获得无公害农产品产地认定证书的单位或者个人无公害农产品产地使用的农业投入品不符合无公害农产品相关标准要求的．			
160	获得无公害农产品产地认定证书的单位或者个人擅自扩大无公害农产品产地范围的．			
161	伪造、冒用、转让、买卖无公害农产品产地认定证书、产品认证证书和标志的	县级以上农业行政主管部门	责令其停止，并可处以违法所得1倍以上3倍以下的罚款，但最高罚款不得超过3万元；没有违法所得的，可以处1万元以下的罚款。	《无公害农产品管理办法》第三十七条

（续表）

序号	给予行政处罚的主要违法行为	处罚主体	法律责任（处罚种类）	处罚依据
162	获得无公害农产品认证并加贴标志的产品，经检查、检测、鉴定，不符合无公害农产品质量标准要求的		责令停止使用无公害农产品标志，由认证机构暂停或者撤销认证证书。	《无公害农产品管理办法》第三十八条
163	乡村兽医不按照规定区域从业的	县级以上动物卫生监督机构	责令暂停6个月以上1年以下动物诊疗服务活动；情节严重的，由原登记机关收回、注销乡村兽医登记证。	《乡村兽医管理办法》第十九条
164	乡村兽医不按照当地人民政府或者有关部门的要求参加动物疫病预防、控制和扑灭活动的			
165	乡村兽医在动物诊疗服务活动中，违法使用兽药的		警告，责令暂停6个月以上1年以下动物诊疗活动；情节严重的，由发证机关吊销注册证书.	《乡村兽医管理办法》第二十一条、《动物防疫法》第八十二条
166	执业兽医超出注册机关核定的执业范围从事动物诊疗活动的	县级以上动物卫生监督机构	责令停止动物诊疗活动，没收违法所得，并处1000元以上1万元以下罚款。情节严重的，并报原注册机关收回、注销兽医师执业证书或者助理兽医师执业证书。	《执业兽医管理办法》第三十二条、《动物防疫法》第八十二条
167	执业兽医变更受聘的动物诊疗机构未重新办理注册或者备案的			
168	使用伪造、变造、受让、租用、借用的兽医师执业证书或者助理兽医师执业证书的		依法收缴，责令停止动物诊疗活动，没收违法所得，并处1000元以上1万元以下罚款。	《执业兽医管理办法》第三十三条、《中华人民共和国动物防疫法》第八十二条

（续表）

序号	给予行政处罚的主要违法行为	处罚主体	法律责任（处罚种类）	处罚依据
169	执业兽医师不使用病历，或者应当开具处方未开具处方的	县级以上动物卫生监督机构	警告，责令限期改正；拒不改正或者再次出现同类违法行为的，处 1000 元以下罚款。	《执业兽医管理办法》第三十五条
170	执业兽医师使用不规范的处方笺、病历册，或者未在处方笺、病历册上签名的			
171	执业兽医未经亲自诊断、治疗，开具处方药、填写诊断书、出具有关证明文件的		警告，责令限期改正；拒不改正或者再次出现同类违法行为的，处 1000 元以下罚款。	
172	执业兽医师伪造诊断结果，出具虚假证明文件的			
173	执业兽医在动物诊疗活动中，违法使用兽药的		警告，责令暂停 6 个月以上 1 年以下动物诊疗活动；情节严重的，由发证机关吊销注册证书。	《执业兽医管理办法》第三十六条、《动物防疫法》第八十二条
174	动物诊疗机构超出动物诊疗许可证核定的诊疗活动范围从事动物诊疗活动的		责令停止诊疗活动，没收违法所得；违法所得在 3 万元以上的，并处违法所得 1 倍以上 3 倍以下罚款；没有违法所得或者违法所得不足 3 万元的，并处 3000 元以上 3 万元以下罚款。对于情节严重的，报原发证机关收回、注销其动物诊疗许可证。	《动物诊疗机构管理办法》第二十九条、《动物防疫法》第八十一条
175	动物诊疗机构变更从业地点、诊疗活动范围未重新办理动物诊疗许可证的			
176	动物诊疗机构使用伪造、变造、受让、租用、借用的动物诊疗许可证的		当场收缴；责令停止诊疗活动，没收违法所得；违法所得在 3 万元以上的，并处违法所得 1 倍以上 3 倍以下罚款；没有违法所得或者违法所得不足 3 万元的，并处 3000 元以上 3 万元以下罚款。出让、出租、出借动物诊疗许可证的，原发证机关应当收回、注销其动物诊疗许可证。	《动物诊疗机构管理办法》第三十条、《动物防疫法》第八十一条第一款

（续表）

序号	给予行政处罚的主要违法行为	处罚主体	法律责任（处罚种类）	处罚依据
177	动物诊疗场所不具备动物诊疗机构设立的条件，或从事动物颅腔、胸腔和腹腔手术不具备规定要求的	县级以上动物卫生监督机构县级以上动物卫生监督机构	警告，责令限期改正；逾期仍达不到规定条件的，由原发证机关收回、注销其动物诊疗许可证。	《动物诊疗机构管理办法》第三十一条
178	动物诊疗机构变更机构名称或者法定代表人未办理变更手续的		警告，责令限期改正；拒不改正或者再次出现同类违法行为的，处以 1000 元以下罚款。	《动物诊疗机构管理办法》第三十三条
179	动物诊疗机构未在诊疗场所悬挂动物诊疗许可证或者公示从业人员基本情况的			
180	动物诊疗机构不使用病历，或者应当开具处方未开具处方的			
181	使用不规范的病历、处方笺的			
182	动物诊疗机构在动物诊疗活动中，违法使用兽药的		警告，责令暂停 6 个月以上 1 年以下动物诊疗活动；情节严重的，由发证机关吊销注册证书。	《动物诊疗机构管理办法》第三十五条、《动物防疫法》第八十二条（法律法规有其他规定的从其规定）
183	动物诊疗机构随意抛弃病死动物、动物病理组织和医疗废弃物，排放未经无害化处理或者处理不达标的诊疗废水的		责令无害化处理，所需处理费用由违法行为人承担，可以处 3000 元以下罚款。	《动物诊疗机构管理办法》第三十五条、《动物防疫法》第七十五条

（续表）

序号	给予行政处罚的主要违法行为	处罚主体	法律责任（处罚种类）	处罚依据
184	动物饲养场、养殖小区、动物隔离场所、动物屠宰加工场所以及动物和动物产品无害化处理场所变更场所地址或者经营范围，未按规定重新申请《动物防疫条件合格证》的	县级以上动物卫生监督机构	责令改正，处1000元以上1万元以下罚款；情节严重的，处1万元以上10万元以下罚款。	《动物防疫条件审查办法》第三十六条、《动物防疫法》第七十七条
185	动物饲养场、养殖小区、动物隔离场所、动物屠宰加工场所以及动物和动物产品无害化处理场所未经审查擅自变更布局、设施设备和制度		警告。	《动物防疫条件审查办法》第三十六条
186	动物饲养场、养殖小区、动物隔离场所、动物屠宰加工场所以及动物和动物产品无害化处理场所未经审查擅自变更布局、设施设备和制度，造成不符合动物防疫条件的		责令改正；拒不改正或者整改后仍不合格的，由发证机关收回并注销《动物防疫条件合格证》。	
187	专门经营动物、兼营动物和动物产品的集贸市场不符合动物防疫条件的		责令改正；拒不改正的，由畜牧兽医行政执法机关处5000元以上2万元以下的罚款，并通报同级工商行政管理部门依法处理。	《动物防疫条件审查办法》第三十七条
188	动物饲养场、养殖小区、动物隔离场所、动物屠宰加工场所以及动物和动物产品无害化处理场所转让、伪造或者变造《动物防疫条件合格证》的		收缴《动物防疫条件合格证》，处2000元以上1万元以下的罚款。	《动物防疫条件审查办法》第三十八条
189	动物饲养场、养殖小区、动物隔离场所、动物屠宰加工场所以及动物和动物产品无害化处理场所使用转让、伪造或者变造《动物防疫条件合格证》的		责令改正，处1000元以上1万元以下罚款；情节严重的，处1万元以上10万元以下罚款。	《动物防疫条件审查办法》第三十八条、《动物防疫法》第七十七条
190	跨省、自治区、直辖市引进用于饲养的非乳用、非种用动物和水产苗种到达目的地后，未向所在地动物卫生监督机构报告的		处500元以上2000元以下罚款	《动物检疫管理办法》第四十八条

（续表）

序号	给予行政处罚的主要违法行为	处罚主体	法律责任（处罚种类）	处罚依据
191	跨省、自治区、直辖市引进的乳用、种用动物到达输入地后，未按规定进行隔离观察的		责令改正，处 2000 元以上 1 万元以下罚款。	《动物检疫管理办法》第四十九条
192	对不按规定保藏或者提供菌（毒）种或者样本的处罚	县级以上兽医主管部门	责令其将菌（毒）种或者样本销毁或者送交保藏机构；拒不销毁或者送交的，对单位处 1 万元以上 3 万元以下罚款，对个人处 500 元以上 1000 元以下罚款。	《动物病原微生物菌（毒）种保藏管理办法》第三十二条
193	不按规定及时向保藏机构提供菌（毒）种或者样本的处罚	县级以上兽医主管部门	责令改正；拒不改正的，对单位处 1 万元以上 3 万元以下罚款，对个人处 500 元以上 1000 元以下罚款。	《动物病原微生物菌（毒）种保藏管理办法》第三十三条
194	未经农业部批准，从国外引进或者向国外提供菌（毒）种或者样本的处罚	县级以上兽医主管部门	责令其将菌（毒）种或者样本销毁或者送交保藏机构，并对单位处 1 万元以上 3 万元以下罚款，对个人处 500 元以上 1000 元以下罚款。	《动物病原微生物菌毒种保藏管理办法》第三十四条
195	保藏机构违反本办法规定的	农业部	责令改正；情节严重的，取消保藏机构资格。	《动物病原微生物菌毒种保藏管理办法》第三十五条

（续表）

序号	给予行政处罚的主要违法行为	处罚主体	法律责任（处罚种类）	处罚依据
196	因试验死亡的临床试验用食用动物及其产品作为动物性食品供人消费，没有无害化处理	县级以上兽医主管部门	责令其对含有违禁药物和兽药残留超标的动物产品进行无害化处理，没收违法所得，并处 3 万元以上 10 万元以下罚款；构成犯罪的，依法追究刑事责任；给他人造成损失的，依法承担赔偿责任。	《新兽药研制管理办法》第二十五条《兽药管理条例》第六十三条
197	临床试验用食用动物及其产品供人消费的，没有提供农业农村部认定的兽药安全性评价实验室出具的对人安全并超过休药期的证明的			
198	申请人申请新兽药临床试验时，提供虚假资料和样品的	批准机关	不予受理或者对申报的新兽药临床试验不予批准，并对申请人给予警告，1 年内不受理该申请人提出的该新兽药临床试验申请；已批准进行临床试验的，撤销该新兽药临床试验批准文件，终止试验，并处 5 万元以上 10 万元以下罚款，3 年内不受理该申请人提出的该新兽药临床试验申请。	《新兽药研制管理办法》第二十六条
199	兽药安全性评价单位、临床试验单位未按照《兽药非临床研究质量管理规范》或《兽药临床试验质量管理规范》规定实施兽药研究试验的	县级以上人民政府兽医行政管理部门	责令其限期改正；逾期不改正的，责令停止兽药研究试验、生产、经营活动，并处 5 万元以下罚款；情节严重的，吊销兽药生产许可证、兽药经营许可证；给他人造成损失的，依法承担赔偿责任。	《新兽药研制管理办法》第二十七条《兽药管理条例》第五十九条
200	提供虚假试验结果和对试验结果弄虚作假的试验单位和责任人	农业农村部	建立不良行为记录，予以公布，并撤销相应试验的资格	《新兽药研制管理办法》第二十七条

（续表）

序号	给予行政处罚的主要违法行为	处罚主体	法律责任（处罚种类）	处罚依据
201	申请人隐瞒有关情况或者提供虚假材料申请新饲料、新饲料添加剂审定的	农业农村部	不予受理或者不予许可，并给予警告；申请人在1年内不得再次申请新饲料、新饲料添加剂审定。	《新饲料和新饲料添加剂管理办法》第二十二条
202	以欺骗、贿赂等不正当手段取得新饲料、新饲料添加剂证书的	农业农村部	撤销新饲料、新饲料添加剂证书，申请人在3年内不得再次申请新饲料、新饲料添加剂审定；以欺骗方式取得新饲料、新饲料添加剂证书的，并处5万元以上10万元以下罚款；构成犯罪的，依法移送司法机关追究刑事责任。	《新饲料和新饲料添加剂管理办法》第二十二条
203	对未经定点从事生猪屠宰活动，冒用、使用伪造生猪定点屠宰证书或者生猪定点屠宰标志牌的	县级以上地方畜牧兽医行政主管部门	由畜牧兽医行政主管部门予以取缔，没收生猪、生猪产品、屠宰工具和设备以及违法所得，并处货值金额3倍以上5倍以下的罚款；货值金额难以确定的，对单位并处10万元以上20万元以下的罚款，对个人并处5000元以上1万元以下的罚款；构成犯罪的，依法追究刑事责任。	《生猪屠宰管理条例》第二十四条
204	生猪定点屠宰厂（场）出借、转让生猪定点屠宰证书或者生猪定点屠宰标志牌的	县级以上地方畜牧兽医行政主管部门	由设区的市级人民政府取消其生猪定点屠宰厂（场）资格；有违法所得的，由畜牧兽医行政主管部门没收违法所得。	《生猪屠宰管理条例》第二十四条
205	对屠宰生猪不符合国家规定的操作规程和技术要求的；未如实记录其屠宰的生猪来源和生猪产品流向的；未建立或者实施肉品品质检验制度的；对经肉品品质检验不合格的生猪产品未按照国家有关规定处理并如实记录处理情况的	县级以上地方畜牧兽医行政主管部门	由畜牧兽医行政主管部门责令限期改正，处2万元以上5万元以下的罚款；逾期不改正的，责令停业整顿，对其主要负责人处5000元以上1万元以下的罚款。	《生猪屠宰管理条例》第二十五条

（续表）

序号	给予行政处罚的主要违法行为	处罚主体	法律责任（处罚种类）	处罚依据
206	对生猪定点屠宰厂（场）出厂（场）未经肉品品质检验或者经肉品品质检验不合格的生猪产品的	县级以上地方畜牧兽医行政主管部门	由畜牧兽医行政主管部门责令停业整顿，没收生猪产品和违法所得，并处货值金额1倍以上3倍以下的罚款，对其主要负责人处1万元以上2万元以下的罚款；货值金额难以确定的，并处5万元以上10万元以下的罚款；造成严重后果的，由设区的市级人民政府取消其生猪定点屠宰厂（场）资格；构成犯罪的，依法追究刑事责任。	《生猪屠宰管理条例》第二十六条
207	对生猪定点屠宰厂（场）、其他单位或者个人对生猪、生猪产品注水或者注入其他物质的	县级以上地方畜牧兽医行政主管部门	由畜牧兽医行政主管部门没收注水或者注入其他物质的生猪、生猪产品、注水工具和设备以及违法所得，并处货值金额3倍以上5倍以下的罚款，对生猪定点屠宰厂（场）或者其他单位的主要负责人处1万元以上2万元以下的罚款；货值金额难以确定的，对生猪定点屠宰厂（场）或者其他单位并处5万元以上10万元以下的罚款，对个人并处1万元以上2万元以下的罚款；构成犯罪的，依法追究刑事责任。	《生猪屠宰管理条例》第二十七条

（续表）

序号	给予行政处罚的主要违法行为	处罚主体	法律责任（处罚种类）	处罚依据
208	对生猪定点屠宰厂（场）对生猪、生猪产品注水或者注入其他物质的	县级以上地方畜牧兽医行政主管部门	由畜牧兽医行政主管部门没收注水或者注入其他物质的生猪、生猪产品、注水工具和设备以及违法所得，并处货值金额 3 倍以上 5 倍以下的罚款，对生猪定点屠宰厂（场）或者其他单位的主要负责人处 1 万元以上 2 万元以下的罚款；货值金额难以确定的，对生猪定点屠宰厂（场）或者其他单位并处 5 万元以上 10 万元以下的罚款，对个人并处 1 万元以上 2 万元以下的罚款；构成犯罪的，依法追究刑事责任。还应当由畜牧兽医行政主管部门责令停业整顿；造成严重后果，或者两次以上对生猪、生猪产品注水或者注入其他物质的，由设区的市级人民政府取消其生猪定点屠宰厂（场）资格。	《生猪屠宰管理条例》第二十七条
209	对生猪定点屠宰厂（场）屠宰注水或者注入其他物质的生猪的		由畜牧兽医行政主管部门责令改正，没收注水或者注入其他物质的生猪、生猪产品以及违法所得，并处货值金额 1 倍以上 3 倍以下的罚款，对其主要负责人处 1 万元以上 2 万元以下的罚款；货值金额难以确定的，并处 2 万元以上 5 万元以下的罚款；拒不改正的，责令停业整顿；造成严重后果的，由设区的市级人民政府取消其生猪定点屠宰厂（场）资格。	《生猪屠宰管理条例》第二十八条
210	对于未经定点违法从事生猪屠宰活动的单位或者个人提供生猪屠宰场所或者生猪产品储存设施，或者为对生猪、生猪产品注水或者注入其他物质的单位或者个人提供场所的		由畜牧兽医行政主管部门责令改正，没收违法所得，对单位并处 2 万元以上 5 万元以下的罚款，对个人并处 5000 元以上 1 万元以下的罚款。	《生猪屠宰管理条例》第三十条

第四章 畜牧兽医行政强制

第一节 畜牧兽医行政强制概述

一、畜牧兽医行政强制的概念

畜牧兽医行政强制是指畜牧兽医行政主体为实现一定的畜牧兽医行政目的，依法采取强制措施、对相对人的人身或财产予以处置的行为。为了规范行政强制的设定和实施，保障和监督行政机关依法履行职责，维护公共利益和社会秩序，保护公民、法人和其他组织的合法权益，根据宪法，制定了《中华人民共和国行政强制法》(以下简称《行政强制法》)。按照《行政强制法》的规定行政强制包括行政强制措施和行政强制执行两种。在畜牧兽医领域，为了行政管理顺利进行，畜牧兽医行政主体及相关行政机关运用行政强制措施迫使相对方履行其应当履行的义务，或者排除妨害、消除危险。

二、畜牧兽医行政强制的特征

1. 畜牧兽医行政强制的主体是行政主体

一般情况下，只有具备行政主体资格的畜牧兽医行政机关或法律、法规授权的组织具有依法实施畜牧兽医行政强制。

2. 畜牧兽医行政强制的对象是特定人的人身或财产

按照行政强制法的规定，行政强制并非在任何情形下对任何人都可使用，其设定和实施应当适当，只有在行政相对方拒不履行行政法义务，或对社会秩序及其他人人身健康和安全可能产生危害或其本身正处在或将处在某种危险状态下，有权行政主体可对其人身或者财产采取强制性措施予以处置。

3. 畜牧兽医行政强制具有强制性与法定性

行政强制是行政主体为实现一定的行政目的，基于单方面的意思表示作出，它以国家强制力为后盾，因此具有强制性。同时为了保护行政相对人的合法权益，防止行政主体滥用行政强制权，必须在法律上对行政强制的主体、对象、方式、程序等作出规定，行政主体必须依法实施行政强制。没有法律依据，行政主体不得实施行政强制。

4. 畜牧兽医行政强制的法律性质是一种具有可诉性的具体行政行为

畜牧兽医行政强制属单方行政行为，由畜牧兽医行政主体单方面作出，无须行政相对人同意。但行政相对人不服畜牧兽医行政强制，可以依法申请行政复议或者向人民法院提起诉讼。

第二节　畜牧兽医行政强制的基本原则

行政强制涉及相对人的人身权、财产权，因此实施行政强制必须遵守《行政强制法》规定的五项基本原则。畜牧兽医行政强制同样需要严格遵循这五项原则。

一、行政强制合法性原则

行政强制的“设定和实施”应当依照法定的“权限、范围、条件和程序”。

二、行政强制适当原则

行政强制的设定和实施应当适当、合理，应当符合比例原则。

1.“设定”行政强制应当适当

法律、法规的立法机关设定行政强制时，应当保持谨慎的态度，在维护公共秩序和保护公民权利之间掌握平衡。

2.“实施”行政强制应当适当

（1）能不实施就不实施。违法行为情节显著轻微或者没有明显社会危害的，“可以不”采取行政强制措施；对没有明显社会危害，当事人确无能力履行，中止执行满3年未恢复执行的，行政机关“不再”执行。

（2）查封、扣押、冻结的财物价值应当适当。查封、扣押的限于涉案的场所、设施或者财物，不得查封、扣押与违法行为无关的场所、设施或者财物；不得查封、扣押公民个人及其所扶养家属的生活必需品；冻结存款、汇款的数额应当与违法行为涉及的金额相当。

（3）选择适当的强制手段。当事人不依法履行行政决定时，应当优先使用非强制手段；行政机关应当优先使用间接强制手段（代履行、执行罚），在代履行和执行罚无法实现行政目的时，才适用直接强制执行；多种强制手段都可以实现行政目的，应当选择对当事人损害最小的方式，即符合“比例原则”的要求。

三、教育与强制相结合原则

1. 经教育能达到行政管理目的的，不再实施强制

2. 先行催告

（1）在制作行政强制决定前要催告，实施行政强制时要说理；在催告或者实施前，只要当事人愿意自动履行的，应当立即停止强制执行；

（2）行政机关申请人民法院强制执行前，应当催告当事人履行义务。

3. 在催告过程中一旦发现当事人有故意逃避履行行为的，应当立即执行（教育不能成为恶意逃避惩罚和制裁的漏洞）

四、禁止利用行政强制权谋取利益原则

（1）不得使用被查封、扣押的财产。

（2）不得收取保管费。

（3）收支两条线。

（4）合理确定代履行费用。

五、保障当事人程序权利和法律救济权利原则

1. 陈述权、申辩权

作出对当事人不利的决定前，应当听取当事人的意见。

2. 申请行政复议、提起行政诉讼和申请行政赔偿的权利

（1）当事人对基础行政决定没有异议，只认为行政强制执行违法的，应当单独就行政强制执行提出行政复议或诉讼。

（2）当事人对基础行政决定不服的，可以对基础行政决定和行政强制行为提出行政复议或诉讼。

（3）针对“在法定期限内既不申请复议又不提起诉讼才可强制执行”的情况，由于基础行政决定的救济期限已过，当事人只能就行政强制执行行为寻求救济。

（4）针对“当事人对基础行政决定不服，提起诉讼后，法院维持了行政决定或者驳回了当事人诉讼请求”的情况，如果进入强制执行阶段，当事人又对强制执行决定提起行政诉讼的，法院应当集中审查强制执行行为本身的合法性。

3. 申请司法赔偿的权利

（1）行政机关申请人民法院强制执行后，如果法院裁定并执行，且没有变更基础行政决定，因基础行政决定违法导致法院的司法强制执行行为违法，且损害当事人合法权益的，应当由“申请执行的行政机关”承担主要赔偿责任。

（2）公民、法人或者其他组织因人民法院在强制执行中有违法行为或者扩大强制执行范围受到损害的，也有权依法要求其给予赔偿。

第三节　畜牧兽医行政强制措施

一、畜牧兽医行政强制措施的含义

畜牧兽医行政强制措施，是指畜牧兽医行政机关在行政管理过程中，为

制止违法行为、防止证据损毁、避免危害发生、控制危险扩大等情形，依法对公民、法人或者其他组织的财物实施暂时性控制的行为。

二、畜牧兽医行政强制措施的特征

1. 从属性

畜牧兽医行政强制措施是为实现一定的畜牧兽医行政目的，也就是说，一般是为保障其他畜牧兽医行政行为的顺利作出或实现所采取的畜牧兽医行政手段。

2. 单向性

畜牧兽医行政强制措施由畜牧兽医行政主体单方面实施。

3. 临时性

畜牧兽医行政强制措施是对某种权利的临时约束，而不是对这种权利的最终处分。如扣押财物，“扣押”本身不是一种永恒的目的，它只是一种临时的保障措施；它只是约束被扣押物的使用，而不是对被扣押物所有权的最终处分。

4. 非制裁性

畜牧兽医行政强制措施不是以制裁违法为直接目的，是以实现某一行政目标为直接目的。因此，畜牧兽医行政强制措施并非需以行政相对人违法为前提。它可以针对违法的当事人作出，也可针对没有违法的当事人作出。

5. 可诉性

行政相对人对行政主体的畜牧兽医行政强制措施不服的，可以申请行政复议或者提起行政诉讼。

三、畜牧兽医行政强制措施的种类

根据《行政强制法》第九条的规定，行政强制措施的种类有五种：一是限制公民人身自由，二是查封场所、设备或者财物，三是扣押财物，四是冻结存款、汇款，五是其他行政强制措施。结合畜牧兽医法律法规，在畜牧兽医行政管理领域，经常运用的行政强制措施主要有查封场所、设备或者财物，扣押财物等几种。

四、畜牧兽医行政强制措施的设定权限

（1）法律可以设定各种行政强制措施。

（2）尚未制定法律，且属于国务院行政管理职权事项的，行政法规可以设定除限制公民人身自由；冻结存款、汇款；以及应当由法律规定的行政强制措施以外的其他行政强制措施。

（3）尚未制定法律、行政法规，且属于地方性事务的，地方性法规可以设定查封场所、设施或者财物；扣押财物的行政强制措施。

（4）法律、法规以外的其他规范性文件不得设定行政强制措施。

（5）法律对行政强制措施的对象、条件、种类作了规定的，行政法规、地方性法规不得作出扩大规定。

五、畜牧兽医行政强制措施的实施主体

根据《行政强制法》的规定，畜牧兽医行政强制的实施主体主要有三类：

（1）法律、法规规定的畜牧兽医行政机关实施，并且在法定职权范围内实施。

（2）依据《行政处罚法》的规定行使相对集中行政处罚权的行政机关，可以实施法律、法规规定的与行政处罚权有关的行政强制措施；所以，畜牧兽医行政强制措施也可以由集中行政处罚权的行政机关实施。

（3）“法律、行政法规”授权的组织在法定授权范围内以自己的名义实施。

畜牧兽医行政强制措施不得委托。畜牧兽医行政强制措施应当由“行政机关”具备“资格”的行政执法人员实施，其他人员不得实施。

六、畜牧兽医行政强制措施的实施程序

1. 一般程序规定

根据《行政强制法》第十八条的规定。结合畜牧兽医行政执法实践，畜

牧兽医行政强制措施的一般程序大体可以归纳为：批准、告知、实施和解除四个步骤。

（1）批准。实施畜牧兽医行政强制措施前必须向畜牧兽医行政机关负责人报告并经批准。但在紧急情况下，为降低危害程度、控制事态发展，需要当场实施畜牧兽医行政强制措施的，畜牧兽医行政执法人员应当在24小时内向畜牧兽医行政机关负责人报告，补办批准手续。如果畜牧兽医行政机关负责人认为不应当采取畜牧兽医行政强制措施的，应当立即解除。值得注意的是，畜牧兽医行政强制措施由法律、法规规定的畜牧兽医行政机关在法定职责范围内实施，不得委托实施；畜牧兽医行政强制措施由两名以上具备资格的畜牧兽医行政执法人员实施，出示执法身份证件，违法行为情节显著轻微或者没有明显社会危害的，可以不采取畜牧兽医行政强制措施。

（2）告知。实施畜牧兽医行政强制措施应当通知当事人到场，告知当事人采取行政措施的理由、依据以及当事人依法享有的权利、救济途径。

（3）实施。听取当事人的陈述和申辩；制作现场笔录，由当事人和行政执法人员签名或盖章，当事人拒绝的，在笔录中予以注明；当事人不到场的，邀请见证人到场，由见证人和行政执法人员在现场笔录上签名或盖章。

（4）解除。畜牧兽医行政强制措施作为一种临时性的行政手段，如发现当事人没有违法行为，查封、扣押或者冻结的财物等与违法行为无关，期限届满等，畜牧兽医行政强制措施就应当及时解除。

2. 查封、扣押的程序规定

（1）查封和扣押的概念。查封指畜牧兽医行政主体对公民、法人或者其他组织的财物就地封存，不许公民、法人或者其他组织使用、处分的行政强制措施。这种措施一般在公民、法人或者其他组织的财物不便取走时采用，只需就地在财物上粘贴封条即可，被查封的财物不转移到畜牧兽医行政主体。当然在必要时，对查封的财物要设专人加以保管。

扣押指畜牧兽医行政主体将可以用作证据或需要作其他处理的公民、法人或者其他组织的财物（指动产）予以留置的行政强制措施。扣押措施使公民、法人或者其他组织的财物置于畜牧兽医行政主体的控制之下，并对这些财物应当妥善保管或封存，不得使用或损毁。

（2）实施查封和扣押的程序要求。根据《中华人民共和国行政强制法》有关程序方面的规定。畜牧兽医行政主体查封和扣押行政强制措施的程序可以归纳为以下几个步骤。

① 实施前报告。畜牧兽医行政主体实施查封和扣押行政强制措施前须向单位负责人报告并经批准。

紧急情况下可以当场实施，但畜牧兽医行政执法人员应当在 24 小时内向机关负责人报告，并补办批准手续。机关负责人认为不应当采取行政强制措施的，应当立即解除。

如果是在行政处罚程序中进行查封、扣押，因为已经经过了立案程序，所以这种情况下就不必在经过立案，但要向行政机关负责人报告并经批准。

值得注意的是，行政强制措施由法律、法规规定的畜牧兽医行政主体在法定职责范围内实施，不得委托实施。

② 确定实施人员。根据《行政强制法》规定，由 2 名以上畜牧兽医行政执法人员实施。并且实施的畜牧兽医行政执法人员应符合《国务院关于贯彻实施中华人民共和国行政强制法的通知》（国发〔2011〕25 号）规定，即“行政强制措施应当由行政机关具备资格的行政执法人员实施，其他人员不得实施。”

③ 现场出示执法身份证件。

④ 通知当事人到场。让当事人知晓并配合畜牧兽医行政主体采取行政强制措施。有利于防止把对象、标的搞错。

⑤ 当场告知权利。即当场告知当事人采取行政强制措施的理由、依据以及当事人依法享有的权利、救济途径。

⑥ 听取当事人的陈述和申辩。可以口头也可以书面提出陈述申辩。口头提出的，行政机关应当做好记录。

⑦ 制作现场笔录。现场笔录由当事人和畜牧兽医行政执法人员签名或者盖章，当事人拒绝的，在笔录中予以注明。当事人不到场的，邀请见证人到场，由见证人和行政执法人员在现场笔录上签名或者盖章。

⑧ 制作查封、扣押决定书和清单。决定实施查封、扣押的，应当制作并当场交付查封、扣押决定书和清单。查封、扣押决定书应当载明下列事项：当事人的姓名或者名称、地址；查封、扣押的理由、依据和期限；查封、扣押场所、设施或者财物的名称、数量等；申请行政复议或者提起行政诉讼的途径和期限；行政机关的名称、印章和日期。查封、扣押清单一式二份，由当事人和行政机关分别保存。

3. 查封和扣押的其他相关规定

（1）查封、扣押的期限。查封、扣押的期限不得超过 30 个工作日（未包括节假日），情况复杂的，经畜牧兽医行政主体负责人批准，可以延长，但是延长期限不得超过 30 个工作日。法律、行政法规另有规定的除外。延长查封、扣押的决定应当及时书面告知当事人，并说明理由。对物品需要进行检测、检验、检疫或者技术鉴定的，查封、扣押的期间不包括检测、检验、检疫或者技术鉴定的期间。检测、检验、检疫或者技术鉴定的期间应当明确，并书面告知当事人。检测、检验、检疫或者技术鉴定的费用由畜牧兽医行政执法行政机关承担。

（2）查封、扣押物品的保管。对查封、扣押的场所、设施或者财物由畜牧兽医行政主体妥善保管，不得使用或者损毁；造成损失的，应当承担赔偿责任。对查封的场所、设施或者财物，畜牧兽医行政主体可以委托第三人保管，第三人不得损毁或者擅自转移、处置。因第三人的原因造成的损失，畜牧兽医行政主体先行赔付后，有权向第三人追偿。因查封、扣押发生的保管费用由畜牧兽医行政主体承担。

（3）查封、扣押物品法定期限内的处理。查封、扣押的物品，其产权处于未确定状态，畜牧兽医行政主体采取查封、扣押措施后，应当及时查清事实，在规定的期限内作出处理决定。一是可以先行处理，对不易保管的物品在作出解除查封扣押决定或处理决定前拍卖或变卖。二是根据行政决定进行处理：对违法事实清楚，依法应当没收的非法财物予以没收；法律、行政法规规定应当销毁的，依法销毁；应当解除查封、扣押的，作出解除查封、扣押的决定。

（4）查封、扣押的实施范围。查封、扣押限于涉案的场所、设施或者财物，不得查封、扣押与违法行为无关的场所、设施或者财物；不得查封、扣押公民个人及其所扶养家属的生活必需品；当事人的场所、设施或者财物已被其他国家机关依法查封的，不得重复查封。

4. 查封、扣押与先行登记保存区别

在畜牧兽医行政执法实践中，混淆使用“查封扣押”和“先行登记保存”的现象时有发生，有的执法人员认为就地保存就是查封，异地保存就是扣押。查封、扣押与先行登记保存的区别主要在于四点：

一是行为性质不同。查封、扣押属于一种行政强制措施。而根据《行政处罚法》有关规定，先行登记保存仅是一种证据保全措施。

二是处理的时限要求不同。先行登记保存处理时限 7 个工作日的规定与查封、扣押 30 个工作日的规定不一致。

三是法律后果不同。查封、扣押是一个独立的具体行政行为，《查封（扣押）决定书》一经发出，不管其最后导致什么后果，行政相对人均可由此直接提起行政诉讼或者申请行政复议、国家赔偿等。而先行登记保存只是具体行政行为（畜牧兽医行政处罚）的一个环节，不是独立的具体行政行为，当事人不能由此种行为直接提出行政诉讼或者申请行政复议等。

四是实施对象不同。查封、扣押是在调查取证阶段采取的行政强制措施，其强制对象也是与违法行为有关的财物。而先行登记保存则是在证据可能不复存在，或者虽然事实上存在但以后难以再取得此证据时使用，其实施对象为证据而并非与违法行为有关的一切财物。

第四节　畜牧兽医行政强制执行

一、畜牧兽医行政强制执行的含义

畜牧兽医行政强制执行，是指畜牧兽医行政主体或者畜牧兽医行政主体申请人民法院，对不履行行政决定的公民、法人或者其他组织，依法强制履行义务的行为。这一概念包括以下几层含义：

一是畜牧兽医行政强制执行以义务人逾期不履行义务为前提，这是畜牧兽医行政强制执行的核心条件；

二是畜牧兽医行政强制执行产生的根据是义务人不履行行政决定的义务而不是其他法上的义务，行政权利义务关系是畜牧兽医行政强制执行的基础；

三是畜牧兽医行政强制执行的主体是畜牧兽医行政主体或者人民法院。法律没有规定行政机关强制执行的，作出行政决定的行政机关应当申请人民法院强制执行。

二、畜牧兽医行政强制执行的性质

按照行政强制法的规定，畜牧兽医行政强制具有以下特点：

1. 行政性

行畜牧兽医政强制执行是畜牧兽医行政主体为实现行政权力而依法定职权实施的单方的具体行政行为，具有明显的行政性。

2. 强制性

这是行政强制执行的根本特征。正是这种措施所具有的强制性使其区别于畜牧兽医行政主体实施的不需要借助于强制即能实现的其他行政措施。

3. 执行性

行政强制执行的目的在于促使行政相对方履行义务，保障行政处理决定的实际、有效执行。

畜牧兽医行政强制执行的行政性、强制性、执行性是相互联系的，缺一不可。

三、畜牧兽医行政强制执行的条件和种类

1. 畜牧兽医行政强制执行的条件

畜牧兽医行政强制执行的实施，必须具有事实和法律两个方面的条件，且这两方面必须同时具备。具体条件如下：

（1）公民、法人或其他组织受到畜牧兽医行政主体依法作出的行政决定，具有应当履行的某种法定的义务；

（2）义务人无正当理由逾期拒不履行应当履行的义务；

（3）畜牧兽医行政强制执行只能由法律明确授权的畜牧兽医行政机关实施；

（4）畜牧兽医行政强制执行的内容、方式必须依照法律、法规的规定。

2. 畜牧兽医行政强制执行的种类

按照《行政强制法》的规定，行政强制执行方式主要有六种：一是加处罚款或者滞纳金；二是划拨存款、汇款；三是拍卖或者依法处理查封、扣押的场所、设施或者财物；四是排除妨碍、恢复原状；五是代履行；六是其他强制执行方式。结合畜牧兽医法律法规，畜牧兽医行政强制执行的方式有加处罚款、拍卖或者依法处理查封、扣押的场所、设施或者财物，恢复原状和是代履行等几种。

四、畜牧兽医行政强制执行的程序

1. 一般程序规定

畜牧兽医行政强制执行程序，必须严格依照《行政强制法》规定的程序进行，这既是畜牧兽医行政强制执行的性质和特点决定，也是保障畜牧兽医行政主体强制执行的合法性和防止义务人的合法权益被侵害的重要条件。结合畜牧兽医执法实践，畜牧兽医行政主体实施畜牧兽医行政强制执行一般规定，应当遵守下列程序：

（1）催告。畜牧兽医行政主体作出强制执行决定前，应当事先催告当事人履行义务。催告应当以书面形式作出，并载明下列事项：

① 催告所依据的行政决定。

② 履行义务的期限。

③ 履行义务的方式。

④ 涉及金钱给付的，应当有明确的金额和给付方式。

⑤ 当事人依法享有的陈述权和申辩权。

催告书、畜牧兽医行政强制执行决定书应直接送达当事人，不能直接送达的，应按照《民事诉讼法》的规定依法送达。

在催告期间，对有证据证明有转移或者隐匿财物迹象的，畜牧兽医行政主体可以作出立即强制执行决定。

（2）当事人陈述和申辩。当事人收到催告书后有权进行陈述和申辩。畜牧兽医行政主体应当充分听取当事人的意见，对当事人提出的事实、理由和证据，应当进行记录、复核。当事人提出的事实、理由或者证据成立的，畜牧兽医行政主体应当采纳。

（3）决定。经催告，当事人逾期仍不履行行政决定，且无正当理由的，畜牧兽医行政主体可以作出强制执行决定。强制执行决定应当以书面形式作出，并载明下列事项：

① 当事人的姓名或者名称、地址。

② 强制执行的理由和依据。

③ 强制执行的方式和时间。

④ 申请行政复议或者提起行政诉讼的途径和期限。

⑤ 畜牧兽医行政主体的名称、印章和日期。

（4）实施。畜牧兽医行政强制执行决定书送达后，就可以实施行政强制执行，法律另有规定的除外。畜牧兽医行政主体实施强制执行，应当注意如下问题：

一是不得在夜间或者法定节假日实施畜牧兽医行政强制执行。但是，情况紧急的除外。

二是不得对居民生活采取停止供水、供电、供热、供燃气等方式迫使当事人履行相关行政决定。

三是对违法的建筑物、构筑物、设施等需要强制拆除的，应当由畜牧兽医行政主体予以公告，限期当事人自行拆除。当事人在法定期限内不申请行政复议或者提起行政诉讼又不拆除的，畜牧兽医行政主体可以依法强制拆除，如按照草原法的规定，强制拆除草原上的设施。

另外，在执行中或者执行完毕后，据以执行的行政决定被撤销、变更，或者执行错误的，应当恢复原状或者退还财物；不能恢复原状或者退还财物的，依法给予赔偿。

（5）中止执行。按照《行政强制法》的规定，在执行过程中，有下列情形之一的，畜牧兽医行政主体应当中止执行，中止执行是执行程序的中断，不是终止、结束。

① 当事人履行行政决定确有困难或者暂无履行能力的。

② 第三人对执行标的主张权利，确有理由的。

③ 执行可能造成难以弥补的损失，且中止执行不损害公共利益的。

④ 畜牧兽医行政主体认为需要中止执行的其他情形。

中止执行的情形消失后畜牧兽医行政主体应当恢复执行。对没有明显社会危害，当事人确无能力履行，中止执行满三年未恢复执行的，畜牧兽医行政主体不再执行。

（6）终结执行。终结执行是指在行政强制执行中，因发生特殊情况，使执行程序无法或者没有必须进行，从而结束执行程序。终结执行是执行程序的永久性结束。按照《行政强制法》的规定，在执行过程中，有下列情形之一的，畜牧兽医行政主体应当终结执行。

① 公民死亡，无遗产可供执行，又无义务承受人的。

② 法人或者其他组织终止，无财产可供执行，又无义务承受人的。

③ 执行标的灭失的。

④ 据以执行的行政决定被撤销的。

⑤ 畜牧兽医行政主体认为需要终结执行的其他情形。

2. 金钱给付义务的执行程序规定

所谓金钱给付义务是以金钱给付为履行内容的义务。对此执行可以采取的方式包括执行罚、划拨存款或者汇款以及拍卖查封、扣押的场所、设施或财物。结合畜牧兽医法律法规，畜牧兽医行政主体对以金钱给付义务的执行，主要有执行罚以及拍卖查封、扣押的场所、设施或财物，并且实施时不但要遵循行政强制执行一般规定，还应遵循特别规定。

（1）加处罚款。加处罚款是指作出行政处罚决定的畜牧兽医行政主体，按照《行政处罚法》第五十一条的授权，对当事人逾期不缴纳罚款的行为，每日按罚款数额的百分之三加处罚款，迫使当事人自我履行原罚款义务的执行罚措施。

① 加处罚款的条件：当事人逾期不履行行政决定，经催告当事人仍不履行；加处罚款数额不超过金钱给付义务的数额；加处行为行政主体要明确告知当事人；加处罚款决定超过 30 个工作日，方可强制执行。

② 加处罚款的执行程序：

a. 当事人逾期不履行的，畜牧兽医行政主体依法加处罚款并将标准告知当事人。

b. 书面催告当事人，告知其履行义务的期限、金额和给付方式以及当事人依法享有的陈述申辩权。

c. 经催告，当事人逾期仍不履行处罚决定，且无正当理由的，畜牧兽医行政主体依法强制执行；或申请人民法院强制执行；或无行政强制权的畜牧兽医行政主体已经采取查封扣押措施，但当事人在法定期限内不申请复议或不提起行政诉讼，经催告仍不履行的可以将查封扣押的财务依法拍卖抵缴罚款。

（2）依法拍卖查封扣押的场所、设施或者财物。行政强制执行中的拍卖就是指对已经查封扣押的场所、设施或财物，以公开竞价的形式转让给最高竞价者，将所得款项抵缴当事人所负担的金钱给付义务的直接强制执行的方式。拍卖的程序如下。

① 实施前须填写有关事项审批表，经畜牧兽医行政主体负责人批准。

② 依法委托拍卖机构，按照《拍卖法》等法律法规的规定进行拍卖。

③ 变价款全部上缴财政账户或国库。

④ 履行其他法律法规政策规定要求的责任。

3. 代为履行程序规定

（1）代为履行的概念。代为履行是指负有改造法律义务的法定义务人不履行（拒绝履行或没有能力履行）其法定义务，且如果该项义务可以交由他人代为履行也可以达到同一法定义务的目的时，对该义务的履行拥有实施监督权力的畜牧兽医行政主体可以依照法律规定，将该项义务指定或交由除法定义务人外的第三人代为履行，待他人将义务代为履行完毕后，由未依法履行义务的法定义务人负担因代为履行所发生的一切费用。如《动物防疫法》第七十三条规定：“违反本法规定，有下列行为之一的，由畜牧兽医监督机构责令改正，给予警告；拒不改正的，由畜牧兽医监督机构代作处理，所需处理费用由违法行为人承担，可以处1000元以下罚款：（一）对饲养的动物不按照动物疫病强制免疫计划进行免疫接种的……。”这里就规定了代作处理这种强制的措施。

（2）实施代为履行应具备的条件。

① 代履行的主体必须是畜牧兽医行政主体。如《动物防疫法》第七十三条规定有代履行权的行政主体是畜牧兽医行政执法机关的畜牧兽医监督机构，除此以外的行政机关包括畜牧兽医主管部门都无权实施本条规定的代履行权。

② 代履行的对象必须是畜牧兽医行政主体的行政行为所确立的可代替作为义务，且具有履行该义务的法定义务人拒不履行，而该义务又必须履行的。如《动物防疫法》第十四条第二款规定“饲养动物的单位和个人应当依法履行动物疫病强制免疫义务，按照兽医主管部门的要求做好强制免疫工作。”第十八条第二款规定“种用、乳用动物应当接受动物疫病预防控制机构的定期检测；检测不合格的，应当按照国务院兽医主管部门的规定予以处理。”第四十四条第二款规定“运载工具在装载前和卸载后应当及时清洗、消毒。”当事人不履行这些法定义务才能发生代履行的法律后果。

③ 该义务如交由他人代为履行可以达到同一目的。《动物防疫法》第七十三条规定的三种情形是都可以由他人代为履行的，如畜牧兽医行政主体可以组织执业兽医对当事人饲养的拒不免疫的畜禽进行强制免疫等。

④ 畜牧兽医法律法规中必须有明确规定。如《动物防疫法》第七十三条规定的三种情形，当事人如果拒不履行，极可能引发一类动物疫病的发生和流行，造成巨大的经济损失并威胁到公共卫生安全，必须实施代履行。

（3）代为履行的程序。

① 催告履行。代为履行 3 个工作日前，催告当事人履行。根据《行政强制法》规定，催告应当以书面形式作出，并载明下列事项：履行义务的期限；履行义务的方式；当事人依法享有的陈述权和申辩权。催告书应当直接送达当事人。当事人拒绝接收或者无法直接送达当事人的，应当依照《民事诉讼法》的有关规定送达。经催告，当事人履行的，停止代履行。

② 听取意见。当事人收到催告书后有权进行陈述和申辩。畜牧兽医行政主体应当充分听取当事人的意见，对当事人提出的事实、理由和证据，应当进行记录、复核。当事人提出的事实、理由或者证据成立的，畜牧兽医行政主体应当采纳。

③ 制作和送达代履行决定书。根据《行政强制法》规定，代履行决定书应当载明当事人的姓名或者名称、地址，代履行的理由和依据、方式和时间、标的、费用预算以及代履行人。当事人拒绝接收或者无法直接送达当事人的，应当依照《民事诉讼法》的有关规定送达。

④ 代为履行。如代为动物免疫、代为拆除草原建筑物、代为恢复草原植被等。代为履行时，畜牧兽医行政主体应当派员到场监督，指导第三人按照约定履行义务。

这里需要说明一点，畜牧兽医行政主体在实施代为履行时，要与第三人签订委托书。即委托没有利害关系的第三人签订委托书，明确双方的权利义务。法律规定畜牧兽医行政主体自身代为履行的，不必签订委托书。

⑤ 签名或者盖章。代为履行完毕，畜牧兽医行政主体到场监督的工作人员、代为履行人和当事人或者见证人应当在执行文书上签名或者盖章。

⑥ 征收代为履行费用。代为履行费用包括成本加一定利润。代为履行费用一定要在决定书中载明，明确告知当事人。其在知晓费用之后，经过权衡，可能自己履行。代为履行费用由当事人承担，畜牧兽医行政主体自己履行时，当事人应当把费用支付给畜牧兽医行政主体。第三人代为履行时，应当由当事人向畜牧兽医行政主体缴纳，再由畜牧兽医行政主体转交给第三人。因为，畜牧兽医行政主体与第三人之间，是一种公法上的委托关系，第

三人与当事人之间没有权利义务关系。当事人对代为履行费用有争议的，可以通过行政复议或者行政诉讼解决。如果代为履行费用超出了实际支出的人力、物力限度，就带有处罚的性质。代为履行费用征收的时间，可以事前征收，也可以事后征收。事前征收可以给法定义务人造成一定的压力，促使自觉履行义务，又可以了解法定义务人的实际支付能力，便于畜牧兽医行政主体酌情采取执行方法、方式，以免代为执行后，费用征收困难等。

第五节　申请人民法院强制执行的程序

一、申请人民法院强制执行的含义

申请人民法院强制执行又称为非诉行政执行，是指行政机关作出具体行政行为后，行政相对人既不向人民法院提起行政诉讼，又不履行该具体行政行为，行政机关以及与该具体行政行为相关的公民、法人、其他组织向人民法院提出执行申请，由人民法院采取强制措施，使行政机关的具体行政行为得以实现的制度。

二、申请人民法院法院强制执行的条件

（1）法律明确规定行政机关没有行政强制执行权的，只能申请人民法院强制执行。

（2）行政行为已经生效并具有可以强制执行的内容。

（3）申请人是作出该行政行为的行政机关。

（4）被申请人是该行政行为所确定的义务人。

（5）被申请人逾期不复议、不起诉又不履行义务。

（6）申请人在法定期限内提出申请。

（7）申请人向有管辖权的人民法院提出执行申请。

（8）行政机关申请人民法院强制执行前已经履行完催告程序。

三、行政机关申请人民法院强制执行的期限

我国行政复议法和行政诉讼法关于申请救济的法定期限分别是：公民、法人或者其他组织申请行政复议的法定期限是60个工作日，自知道该具体行政行为之日起60个工作日内提出；公民、法人或者其他组织直接向人民法院提起诉讼的，应当自知道或者应当知道作出行政行为之日起6个月内提出。按照本条规定，如果法律规定当事人可以直接向法院起诉，当事人在6个月内没有提起行政诉讼又不履行行政决定，行政机关可以申请法院强制执行。按照行政强制法第五十三条规定，行政机关申请人民法院强制执行的期限是从当事人行使行政救济或者司法救济的法定期限届满之日起3个月内提出，超过此期限申请的，人民法院不予执行。

四、申请人民法院强制执行的程序

1. 提出申请

当事人在法定期限内不申请行政复议或者提起行政诉讼，又不履行行政决定的，没有行政强制执行权的行政主体可以自期限届满之日起3个月内，依法申请人民法院强制执行。申请人民法院强制执行的，应当催告当事人履行义务。催告书送达十日后当事人仍未履行义务，畜牧兽医行政主体可向所在地有管辖权的人民法院申请执行；执行对象为不动产的，向不动产所在地人民法院申请执行。同时提交申请材料。

2. 受理与审查

人民法院收到行政主体的强制执行申请，符合申请受理条件的，应当在5个工作日内裁定受理，并通知申请人。如果不符合受理条件的，应当裁定不予受理。行政主体对法院不予受理的裁定有异议的，可以在15个工作日内向上一级法院申请复议，后者应当在15个工作日内作出裁定。

书面审查强制执行申请书、行政决定书及作出决定的事实、理由和依据；当事人的意见及行政主体的催告情况；申请执行标的情况等，如发现明显缺乏事实证据，缺乏法律、法规证据的以及其他明显违法并损害被执行

人合法权益等情况，在听取被执行人和行政主体的意见后，自受理起30个工作日内作出是否受理执行的决定，并说明理由。

3. 裁定

人民法院对强制执行行政行为的申请审查之后作出是否准予执行的裁定。行政主体不服裁定的，可以自收到裁定之日起15个工作日内向上一级法院申请复议，上一级人民法院应当自收到复议申请之日起30个工作日内作出是否准予执行的裁定。紧急情况下，为保障公共安全，行政机关可以申请法院立即执行。经院长批准，法院应当自作出执行裁定之日起5个工作日内执行。

第六节　畜牧兽医行政主体及工作人员的法律责任

为了保障行政强制法律制度的各项规定得到遵守，《行政强制法》第六十一条至第六十四条规定了行政机关及其工作人员违反《行政强制法》应承担的法律责任，包括违法情形、追究责任主体以及责任形式等，这各项规定，就是畜牧兽医行政主体及工作人员违反《行政强制法》应承担的法律责任。

一、畜牧兽医行政主体及工作人员违法的法律责任

1. 违法、野蛮强制责任

根据《行政强制法》第六十一条规定，行政主体实施行政强制，有下列情形之一的，由上级行政机关或者有关部门责令改正，对直接负责的主管人员和其他直接责任人员依法给予处分。

（1）没有法律、法规依据的。

（2）改变行政强制对象、条件、方式的。

（3）违反法定程序实施行政强制的。

（4）违反本法规定，在夜间或者法定节假日实施行政强制执行的。

（5）对居民生活采取停止供水、供电、供热、供燃气等方式迫使当事人

履行相关行政决定的。

（6）有其他违法实施行政强制情形的。

2. 在强制过程中违法责任

根据《行政强制法》第六十二条规定，行政主体有下列情形之一的，由上级行政机关或者有关部门责令改正，对直接负责的主管人员和其他直接责任人员依法给予处分。

（1）扩大查封、扣押、冻结范围的。

（2）使用或者损毁查封、扣押场所、设施或者财物的。

（3）在查封、扣押法定期间不作出处理决定或者未依法及时解除查封、扣押的。

3. 在强制过程中私分、变相私分、侵占、谋取私利责任

根据《行政强制法》第六十三条、第六十四条规定，行政主体将查封、扣押的财物或者划拨的存款、汇款以及拍卖和依法处理所得的款项，截留、私分或者变相私分的，由财政部门或者有关部门予以追缴；对直接负责的主管人员和其他直接责任人员依法给予记大过、降级、撤职或者开除的处分。

行政机关及工作人员利用职务上的便利，将查封、扣押的场所、设施或者财物据为己有的，由上级行政机关或者有关部门责令改正，依法给予记大过、降级、撤职或者开除的处分。

行政机关及其工作人员利用行政强制权为单位或者个人谋取利益的，由上级行政机关或者有关部门责令改正，对直接负责的主管人员和其他直接责任人员依法给予处分。

二、追究畜牧兽医行政主体及工作人员法律责任的主体

根据《行政强制法》第六十一条和第六十四条的规定，行政机关及其工作人员违反《行政强制法》规定，由上级行政机关或者有关部门责令改正，对直接负责的主管人员和其他直接责任人员依法给予处分。

1. 上级行政机关

这里的上级行政机关是指违法机关上一级行政机关。例如，如果违法机

关是一级人民政府，其上级行政机关就是其上级政府；如果违法机关是政府职能部门，其上一级行政机关既包括其所属的本级人民政府，也包括上级业务主管部门。

2. 有关部门

这里的有关部门一般包括 3 类。

（1）行政监察机关。行政监察机关是行政系统内部承担监督行政机关及其工作人员的行为是否合法的专门机构，既可以责令相关行政机关及其工作人员停止违法行为，又可以对相关责任人员作出行政处分。

（2）财政、审计机关。这两个机关主要是对涉及财政资金违法使用的工作人员个人作出处理决定和处罚决定。

（3）同级人大常委会。同级人大常委会对本级政府和职能部门的领导享有任免权。

三、畜牧兽医行政主体及工作人员承担法律责任的形式

1. 违法机关的责任

对违法的行政机关，由上级行政机关或者有关部门责令改正。所谓责令改正或者限期改正违法行为，是指上级行政机关或者有关部门责令其停止和纠正违法行为，以恢复原状。除了责令改正以外，如果行政机关及其工作人员在实施行政强制过程中，违法侵犯公民、法人或其他组织的合法权益造成损害的，该违法机关还应当承担赔偿责任。

2. 行政机关工作人员的责任

对直接负责的主管人员和其他直接责任人员，由上级行政机关或者有关部门依法给予处分。所谓直接负责主管人员，是指负有领导责任或者指挥责任的人员，如行政机关的正职领导等；其他直接责任人员则是指具体实施行政强制的人员。这里的处分指的是行政处分，包括警告、记过、记大过、降级、撤职和开除 6 种。

附　录　畜牧兽医行政强制事项一览表

序号	强制事项	法律依据	实施主体
1	无害化处理饲喂了违禁药物及其他化合物的兽药残留超标的动物及其产品	《兽药管理条例》第六十二条：违反本条例规定，未按照国家有关兽药安全使用规定使用兽药的、未建立用药记录或者记录不完整真实的，或者使用禁止使用的药品和其他化合物的，或者将人用药品用于动物的，责令其立即改正，并对饲喂了违禁药物及其他化合物的动物及其产品进行无害化处理；对违法单位处 1 万元以上 5 万元以下罚款；给他人造成损失的，依法承担赔偿责任。 《兽药管理条例》第六十三条：违反本条例规定，销售尚在用药期、休药期内的动物及其产品用于食品消费的，或者销售含有违禁药物和兽药残留超标的动物产品用于食品消费的，责令其对含有违禁药物和兽药残留超标的动物产品进行无害化处理，没收违法所得，并处 3 万元以上 10 万元以下罚款；构成犯罪的，依法追究刑事责任；给他人造成损失的，依法承担赔偿责任。 《中华人民共和国农产品质量安全法》第三十三条：有下列情形之一的农产品，不得销售：（一）含有国家禁止使用的农药、兽药或者其他化学物质的。 《中华人民共和国农产品质量安全法》第五十条第一款：农产品生产企业、农民专业合作经济组织销售的农产品有本法第三十三条第一项至第三项或者第五项所列情形之一的，责令停止销售，追回已经销售的农产品，对违法销售的农产品进行无害化处理或者予以监督销毁；没收违法所得，并处 2000 元以上 2 万元以下罚款。	县级以上地方人民政府兽医行政管理部门
2	查封、扣押假、劣兽药	《兽药管理条例》第四十六条：兽医行政管理部门依法进行监督检查时，对有证据证明可能是假、劣兽药的，应当采取查封、扣押的行政强制措施，并自采取行政强制措施之日起 7 个工作日内作出是否立案的决定；需要检验的，应当自检验报告书发出之日起 15 个工作日内作出是否立案的决定；不符合立案条件的，应当解除行政强制措施；需要暂停生产、经营和使用的，由国务院兽医行政管理部门或者省、自治区、直辖市人民政府兽医行政管理部门按照权限作出决定。未经行政强制措施决定机关或者其上级机关批准，不得擅自转移、使用、销毁、销售被查封或者扣押的兽药及有关材料。	县级以上地方人民政府兽医行政管理部门

（续表）

序号	强制事项	法律依据	实施主体
3	查封违法生产、经营饲料、饲料添加剂的场所	《饲料和饲料添加剂管理条例》第三十四条：国务院农业行政主管部门和县级以上地方人民政府饲料管理部门在监督检查中可以采取下列措施：……；（四）查封违法生产、经营饲料、饲料添加剂的场所……	县级以上人民政府饲料管理部门
4	查封、扣押有证据证明用于违法生产饲料的饲料原料、单一饲料、饲料添加剂、药物饲料添加剂、添加剂预混合饲料，用于违法生产饲料添加剂的原料，用于违法生产饲料、饲料添加剂的工具、设施，违法生产、经营、使用的饲料、饲料添加剂	《饲料和饲料添加剂管理条例》第三十四条：国务院农业行政主管部门和县级以上地方人民政府饲料管理部门在监督检查中可以采取下列措施：……；（三）查封、扣押有证据证明用于违法生产饲料的饲料原料、单一饲料、饲料添加剂、药物饲料添加剂、添加剂预混合饲料，用于违法生产饲料添加剂的原料，用于违法生产饲料、饲料添加剂的工具、设施，违法生产、经营、使用的饲料、饲料添加剂……	国务院农业行政主管部门和县级以上地方人民政府饲料管理部门
5	饲料、饲料添加剂生产企业召回的对养殖动物、人体健康有害或者存在其他安全隐患的饲料、饲料添加剂产品不予以无害化处理或者销毁的，代为销毁	《饲料和饲料添加剂管理条例》第四十五条：对本条例第二十八条规定的饲料、饲料添加剂，生产企业不主动召回的，由县级以上地方人民政府饲料管理部门责令召回，并监督生产企业对召回的产品予以无害化处理或者销毁；情节严重的，没收违法所得，并处应召回的产品货值金额1倍以上3倍以下罚款，可以由发证机关吊销、撤销相关许可证明文件；生产企业对召回的产品不予以无害化处理或者销毁的，由县级人民政府饲料管理部门代为销毁，所需费用由生产企业承担	县级以上地方人民政府饲料管理部门

（续表）

序号	强制事项	法律依据	实施主体
6	对在饲料或者动物饮用水中添加国务院农业行政主管部门公布禁用的物质以及对人体具有直接或者潜在危害的其他物质，或者直接使用上述物质养殖动物的处责令其对饲喂了违禁物质的动物无害化处理	《饲料和饲料添加剂管理条例》第四十七条第二款在饲料或者动物饮用水中添加国务院农业行政主管部门公布禁用的物质以及对人体具有直接或者潜在危害的其他物质，或者直接使用上述物质养殖动物的，由县级以上地方人民政府饲料管理部门责令其对饲喂了违禁物质的动物进行无害化处理，处 3 万元以上 10 万元以下罚款；构成犯罪的，依法追究刑事责任	县级以上地方人民政府饲料管理部门
7	隔离、查封、扣押染疫或者疑似染疫的动物、动物产品及相关物品	《中华人民共和国动物防疫法》第五十九条第一款第二项：动物卫生监督机构执行监督检查任务，可以采取下列措施，有关单位和个人不得拒绝或者阻碍：……；（二）对染疫或者疑似染疫的动物、动物产品及相关物品进行隔离、查封、扣押和处理……”	县级以上动物卫生监督机构
8	对饲养的动物不按照动物疫病强制免疫计划进行免疫接种的，拒不改正的代为处理	《动物防疫法》第十四条：饲养动物的单位和个人应当依法履行动物疫病强制免疫义务，按照兽医主管部门的要求做好强制免疫工作。第七条第二款：县级以上地方人民政府兽医主管部门主管本行政区域内的动物防疫工作。《中华人民共和国动物防疫法》第七十三条：违反本法规定，有下列行为之一的，由动物卫生监督机构责令改正，给予警告；拒不改正的，由动物卫生监督机构代为处理，所需处理费用由违法行为人承担，可以处 1000 元以下罚款：（一）对饲养的动物不按照动物疫病强制免疫计划进行免疫接种的……	县级以上动物卫生监督机构
9	对种用、乳用动物未经检测或者经检测不合格而不按照规定处理的，拒不改正的代为处理	《中华人民共和国动物防疫法》第七十三条：违反本法规定，有下列行为之一的，由动物卫生监督机构责令改正，给予警告；拒不改正的，由动物卫生监督机构代为处理，所需处理费用由违法行为人承担，可以处 1000 元以下罚款：……；（二）种用、乳用动物未经检测或者经检测不合格而不按照规定处理的……	县级以上动物卫生监督机构
10	对动物、动物产品的运载工具在装载前和卸载后没有及时清洗、消毒的，拒不改正的代为处理	《中华人民共和国动物防疫法》第七十三条：违反本法规定，有下列行为之一的，由动物卫生监督机构责令改正，给予警告；拒不改正的，由动物卫生监督机构代作处理，所需处理费用由违法行为人承担，可以处 1000 元以下罚款：……；（三）动物、动物产品的运载工具在装载前和卸载后没有及时清洗、消毒的……	县级以上动物卫生监督机构

（续表）

序号	强制事项	法律依据	实施主体
11	发生一类动物疫病时，采取控制和扑灭措施；二、三类动物疫病呈暴发性流行时，采取控制和扑灭措施	《中华人民共和国动物防疫法》第三十一条：发生一类动物疫病时，应当采取下列控制和扑灭措施：（一）当地县级以上地方人民政府兽医主管部门应当立即派人到现场，划定疫点、疫区、受威胁区，调查疫源，及时报请本级人民政府对疫区实行封锁。疫区范围涉及两个以上行政区域的，由有关行政区域共同的上一级人民政府对疫区实行封锁，或者由各有关行政区域的上一级人民政府共同对疫区实行封锁。必要时，上级人民政府可以责成下级人民政府对疫区实行封锁。（二）县级以上地方人民政府应当立即组织有关部门和单位采取封锁、隔离、扑杀、销毁、消毒、无害化处理、紧急免疫接种等强制性措施，迅速扑灭疫病。（三）在封锁期间，禁止染疫、疑似染疫和易感染的动物、动物产品流出疫区，禁止非疫区的易感染动物进入疫区，并根据扑灭动物疫病的需要对出入疫区的人员、运输工具及有关物品采取消毒和其他限制性措施。《中华人民共和国动物防疫法》第三十五条：二、三类动物疫病呈暴发性流行时，按照一类动物疫病处理。	县级以上地方人民政府
12	发生二类动物疫病时，采取控制和扑灭措施	《中华人民共和国动物防疫法》第三十二条：发生二类动物疫病时，应当采取下列控制和扑灭措施：（一）当地县级以上地方人民政府兽医主管部门应当划定疫点、疫区、受威胁区。（二）县级以上地方人民政府根据需要组织有关部门和单位采取隔离、扑杀、销毁、消毒、无害化处理、紧急免疫接种、限制易感染的动物和动物产品及有关物品出入等控制、扑灭措施。	县级以上地方人民政府
13	对依法应当检疫而未经检疫的动物产品，具备补检条件的实施补检，不具备补检条件的予以没收销毁	《中华人民共和国动物防疫法》第五十九条：动物卫生监督机构执行监督检查任务，可以采取下列措施，有关单位和个人不得拒绝或者阻碍：……；（四）对依法应当检疫而未经检疫的动物产品，具备补检条件的实施补检，不具备补检条件的予以没收销毁；……	县级以上动物卫生监督机构
14	对染疫或者疑似染疫的动物、动物产品及相关物品进行隔离、查封扣押和处理	《中华人民共和国动物防疫法》第五十九条：动物卫生监督机构执行监督检查任务，可以采取下列措施，有关单位和个人不得拒绝或者阻碍：……；（二）对染疫或者疑似染疫的动物、动物产品及相关物品进行隔离、查封、扣押和处理……	县级以上动物卫生监督机构

（续表）

序号	强制事项	法律依据	实施主体
15	无害化处理染疫动物及其排泄物、病死动物尸体的代处理	《动物防疫法》第七十五条：违反本法规定，不按照国务院兽医主管部门规定处置染疫动物及其排泄物，染疫动物产品，病死或者死因不明的动物尸体，运载工具中的动物排泄物以及垫料、包装物、容器等污染物以及其他经检疫不合格的动物、动物产品的，由动物卫生监督机构责令无害化处理，所需处理费用由违法行为人承担，可以处 3000 元以下罚款。《畜禽规模养殖污染防治条例》第四十二条：未按照规定对染疫畜禽和病害畜禽养殖废弃物进行无害化处理的，由动物卫生监督机构责令无害化处理，所需处理费用由违法行为人承担，可以处 3 000 元以下的罚款。	县级以上动物卫生监督机构
16	查验检疫证明、检疫标志和畜禽标识	《中华人民共和国动物防疫法》第五十九条：动物卫生监督机构执行监督检查任务，可以采取下列措施，有关单位和个人不得拒绝或者阻碍：……；（五）查验检疫证明、检疫标志和畜禽标识……	县级以上动物卫生监督机构
17	对动物、动物产品按照规定采样、留验、抽检	《中华人民共和国动物防疫法》第五十九条：动物卫生监督机构执行监督检查任务，可以采取下列措施，有关单位和个人不得拒绝或者阻碍：（一）对动物、动物产品按照规定采样、留验、抽检……	县级以上动物卫生监督机构
18	查封、扣押有证据证明不符合乳品质量安全国家标准的乳品以及违法使用的生鲜乳、辅料、添加剂	《乳品质量安全监督管理条例》第四十七条第一款第四项：畜牧兽医、质量监督、工商行政管理等部门在依据各自职责进行监督检查时，行使下列职权：……；（四）查封、扣押有证据证明不符合乳品质量安全国家标准的乳品以及违法使用的生鲜乳、辅料、添加剂。	县级以上畜牧兽医主管部门
19	查封涉嫌违法从事乳品生产经营活动的场所，扣押用于违法生产经营的工具、设备	《乳品质量安全监督管理条例》第四十七条第一款第五项：畜牧兽医、质量监督、工商行政管理等部门在依据各自职责进行监督检查时，行使下列职权：……；（五）查封涉嫌违法从事乳品生产经营活动的场所，扣押用于违法生产经营的工具、设备……	县级以上畜牧兽医主管部门
20	查封、扣押经检测不符合农产品质量安全标准的农产品	《中华人民共和国农产品质量安全法》第三十九条：县级以上人民政府农业行政主管部门在农产品质量安全监督检查中，可以对生产、销售的农产品进行现场检查，调查了解农产品质量安全的有关情况，查阅、复制与农产品质量安全有关的记录和其他资料；对经检测不符合农产品质量安全标准的农产品，有权查封、扣押。	县级以上人民政府农业行政主管部门

（续表）

序号	强制事项	法律依据	实施主体
21	无害化处理被污染的农产品，对不能进行无害化处理的予以监督销毁	《中华人民共和国农产品质量安全法》第四十九条：有本法第三十三条第四项规定情形，使用的保鲜剂、防腐剂、添加剂等材料不符合国家有关强制性的技术规范的，责令停止销售，对被污染的农产品进行无害化处理，对不能进行无害化处理的予以监督销毁；没收违法所得，并处2000元以上2万元以下罚款。	
22	在紧急情况下，对非法研究、试验、生产、加工、经营或者进口、出口的农业转基因生物实施封存或者扣押	《农业转基因生物安全管理条例》（国务院令第304号）第三十九条第五项：农业行政主管部门履行监督检查职责时，有权采取下列措施：（五）在紧急情况下，对非法研究、试验、生产、加工、经营或者进口、出口的农业转基因生物实施封存或者扣押。	县级以上人民政府农业行政主管部门
23	查封、扣押有关合同、票据、账簿以及其他有关资料	《国务院关于加强食品等产品安全监督管理的特别规定》第十五条第二项：农业、卫生、质检、商务、工商、药品等监督管理部门履行各自产品安全监督管理职责，有下列职权：……；（二）查阅、复制、查封、扣押有关合同、票据、账簿以及其他有关资料……	
24	查封、扣押不符合法定要求的产品，违法使用的原料、辅料、添加剂、农业投入品以及用于违法生产的工具、设备	《国务院关于加强食品等产品安全监督管理的特别规定》第十五条：农业、卫生、质检、商务、工商、药品等监督管理部门履行各自产品安全监督管理职责，有下列职权：……；（三）查封、扣押不符合法定要求的产品，违法使用的原料、辅料、添加剂、农业投入品以及用于违法生产的工具、设备……	县级以上人民政府农业行政主管部门
25	查封存在危害人体健康和生命安全重大隐患的生产经营场所	《国务院关于加强食品等产品安全监督管理的特别规定》第十五条：农业、卫生、质检、商务、工商、药品等监督管理部门履行各自产品安全监督管理职责，有下列职权：……；（四）查封存在危害人体健康和生命安全重大隐患的生产经营场所……	

（续表）

序号	强制事项	法律依据	实施主体
26	重大动物疫情发生，对疫区实行封锁	《重大动物疫情应急条例》（国务院令第450号）第二十五条：在重大动物疫情报告期间，有关动物防疫监督机构应当立即采取临时隔离控制措施；必要时，当地县级以上地方人民政府可以作出封锁决定并采取扑杀、销毁等措施。有关单位和个人应当执行。第三十二条：重大动物疫情应急处理中设置临时动物检疫消毒站以及采取隔离、扑杀、销毁、消毒、紧急免疫接种等控制、扑灭措施的，由有关重大动物疫情应急指挥部决定，有关单位和个人必须服从；拒不服从的，由公安机关协助执行。 《重大动物疫情应急条例》（国务院令第450号）第二十七条：重大动物疫情发生后，县级以上地方人民政府兽医主管部门应当立即划定疫点、疫区和受威胁区，调查疫源，向本级人民政府提出启动重大动物疫情应急指挥系统、应急预案和对疫区实行封锁的建议，有关人民政府应当立即作出决定。第三十条：对疫区应当采取下列措施：（一）在疫区周围设置警示标志，在出入疫区的交通路口设置临时动物检疫消毒站，对出入的人员和车辆进行消毒；（二）扑杀并销毁染疫和疑似染疫动物及其同群动物，销毁染疫和疑似染疫的动物产品，对其他易感染的动物实行圈养或者在指定地点放养，役用动物限制在疫区内使役；（三）对易感染的动物进行监测，并按照国务院兽医主管部门的规定实施紧急免疫接种，必要时对易感染的动物进行扑杀；（四）关闭动物及动物产品交易市场，禁止动物进出疫区和动物产品运出疫区；（五）对动物圈舍、动物排泄物、垫料、污水和其他可能受污染的物品、场地，进行消毒或者无害化处理。	县级以上地方人民政府
27	对被病原微生物污染的实验室或者可能造成病原微生物扩散的场所的封闭，对病人进行隔离治疗，对染疫或者疑似染疫的动物采取隔离扑杀等措施，采取其他需要的预防、控制措施	《病原微生物实验室生物安全管理条例》（国务院令第424号发布）第666号修改第四十六条：卫生主管部门或者兽医主管部门接到关于实验室发生工作人员感染事故或者病原微生物泄漏事件的报告，或者发现实验室从事病原微生物相关实验活动造成实验室感染事故的，应当立即组织疾病预防控制机构、动物防疫监督机构和医疗机构以及其他有关机构依法采取下列预防、控制措施：（一）封闭被病原微生物污染的实验室或者可能造成病原微生物扩散的场所；（二）开展流行病学调查；（三）对病人进行隔离治疗，对相关人员进行医学检查；（四）对密切接触者进行医学观察；（五）进行现场消毒；（六）对染疫或者疑似染疫的动物采取隔离、扑杀等措施；（七）其他需要采取的预防、控制措施。	县级以上地方人民政府兽医行政管理部门

（续表）

序号	强制事项	法律依据	实施主体
28	对未经定点从事生猪屠宰活动的取缔	《生猪屠宰管理条例》第二十四条：违反本条例规定，未经定点从事生猪屠宰活动的，由畜牧兽医行政主管部门予以取缔，没收生猪、生猪产品、屠宰工具和设备以及违法所得，并处货值金额 3 倍以上 5 倍以下以下的罚款；货值金额难以确定的，对单位并处 10 万元以上 20 万元的罚款，对个人并处 5000 元以上 1 万元以下的罚款。	
29	对应当采取防火措施、消除火灾隐患拒不采取的代为采取或消除	《草原防火条例》（国务院令第 130 号）第二十一条：在草原防火期内，经本级人民政府批准，草原防火主管部门应当对进入草原、存在火灾隐患的车辆以及可能引发草原火灾的野外作业活动进行草原防火安全检查。发现存在火灾隐患的，应当告知有关责任人员采取措施消除火灾隐患；拒不采取措施消除火灾隐患的，禁止进入草原或者在草原上从事野外作业活动。	草原防火主管部门
30	当事人拒不履行（农业）行政处罚决定的强制执行	《行政强制法》第十二条：行政强制执行的方式：（一）加处罚款或者滞纳金；（二）划拨存款、汇款；（三）拍卖或者依法处理查封、扣押的场所、设施或者财物；（四）排除妨碍、恢复原状；（五）代为履行；（六）其他强制执行方式。《农业行政处罚程序规定》第六十条：对生效的农业行政处罚决定，当事人拒不履行的，作出农业行政处罚决定的农业行政处罚机关依法可以采取下列措施：（一）到期不缴纳罚款的，每日按罚款数额的百分之三加处罚款；（二）根据法律规定，将查封、扣押的财物拍卖抵缴罚款；（三）申请人民法院强制执行。	农业行政处罚机关

（续表）

序号	强制事项	法律依据	实施主体
31	责令限期恢复或代为恢复草原植被	《中华人民共和国草原法》第六十五条：未经批准或者采取欺骗手段骗取批准，非法使用草原，构成犯罪的，依法追究刑事责任；尚不够刑事处罚的，由县级以上人民政府草原行政主管部门依据职权责令退还非法使用的草原，对违反草原保护、建设、利用规划擅自将草原改为建设用地的，限期拆除在非法使用的草原上新建的建筑物和其他设施，恢复草原植被，并处草原被非法使用前3年平均产值6倍以上12倍以下的罚款。 《中华人民共和国草原法》第六十六条：非法开垦草原，构成犯罪的，依法追究刑事责任；尚不够刑事处罚的，由县级以上人民政府草原行政主管部门依据职权责令停止违法行为，限期恢复植被，没收非法财物和违法所得，并处违法所得1倍以上5倍以下的罚款；没有违法所得的，并处5万元以下的罚款；给草原所有者或者使用者造成损失的，依法承担赔偿责任。《中华人民共和国草原法》第六十八条：未经批准或者未按照规定的时间、区域和采挖方式在草原上进行采土、采砂、采石等活动的，由县级人民政府草原行政主管部门责令停止违法行为，限期恢复植被，没收非法财物和违法所得，可以并处违法所得1倍以上2倍以下的罚款；没有违法所得的，可以并处2万元以下的罚款；给草原所有者或者使用者造成损失的，依法承担赔偿责任。 《中华人民共和国草原法》第六十九条：违反本法第五十二条规定，擅自在草原上开展经营性旅游活动，破坏草原植被的，由县级以上地方人民政府草原行政主管部门依据职权责令停止违法行为，限期恢复植被，没收违法所得，可以并处违法所得1倍以上2倍以下的罚款；没有违法所得的，可以并处草原被破坏前3年平均产值6倍以上12倍以下的罚款；给草原所有者或者使用者造成损失的，依法承担赔偿责任。 《中华人民共和国草原法》第七十条：非抢险救灾和牧民搬迁的机动车辆离开道路在草原上行驶或者从事地质勘探、科学考察等活动未按照确认的行驶区域和行驶路线在草原上行驶，破坏草原植被的，由县级人民政府草原行政主管部门责令停止违法行为，限期恢复植被，可以并处草原被破坏前3年平均产值:3倍以上9倍以下的罚款；给草原所有者或者使用者造成损失的，依法承担赔偿责任。	县级以上人民政府草原行政主管部门

（续表）

序号	强制事项	法律依据	实施主体
32	责令限期拆除或依法强制拆除在临时占用的草原上修建的永久性建筑物、构筑物	《中华人民共和国草原法》第七十一条：在临时占用的草原上修建永久性建筑物、构筑物的，由县级以上地方人民政府草原行政主管部门依据职权责令限期拆除；逾期不拆除的，依法强制拆除，所需费用由违法者承担。	

第五章　畜牧兽医行政检查

第一节　畜牧兽医行政检查概述

一、畜牧兽医行政检查的含义

畜牧兽医行政检查，是指畜牧兽医行政主体及其工作人员依法对公民、法人或者其他组织执行畜牧法律、法规和规章以及其他有关行政决定、命令等情况进行检查和了解的具体行政行为。畜牧兽医行政检查的含义可从四方面来理解：一是畜牧兽医行政检查的主体是畜牧兽医行政主体或法律、法规授权的组织。如《中华人民共和国动物防疫法》第八条“县级以上地方人民政府设立的动物卫生监督机构依照本法规定，负责动物、动物产品的检疫工作和其他有关动物防疫的监督管理执法工作。”在这里，动物卫生监督机构就是行使畜牧兽医行政检查的行政主体。二是畜牧兽医行政检查的对象是处于被管理地位的公民、法人或者其他组织。三是畜牧兽医行政检查的内容包括：公民、法人或者其他组织是否遵守畜牧法律、法规和规章和是否执行行政决定、命令，是否正确履行决定、命令所规定的义务等两方面。四是畜牧兽医行政检查必须依法进行。畜牧兽医行政检查必须依据是赋予检查职权的法律、法规和规章以及公民、法人或者其他组织应当执行的行政决定、命令。

二、畜牧兽医行政检查的依据

畜牧兽医行政检查的依据，是指畜牧兽医行政检查主体实施检查的权力来源。畜牧兽医行政检查是一种外部行政执法行为，它是畜牧兽医行政主体代表国家对社会进行管理的行为，对社会能产生一定的影响。所以，畜牧兽医行政检查必须依法进行。畜牧兽医行政检查的依据，主要有三方面：一是畜牧类法律、法规、规章依据。如：《中华人民共和国动物防疫法》《中华人民共和国畜牧法》等。二是其他通用的法律法规等规范性文件依据。如：《国务院关于加强食品等产品安全监督管理的特别规定》等。三是委托依据。有时畜牧兽医行政检查主体基于工作的需要，将全部或部分检查职权委托于其他单位行使。对于委托实施的畜牧兽医行政检查，委托者是畜牧兽医行政检查主体，受委托者基于委托事实实施畜牧兽医行政检查所带来的法律后果由委托者承担。

三、畜牧兽医行政检查的主体

畜牧兽医行政检查主体，是指依法享有畜牧兽医行政检查权的行政主体。畜牧兽医行政检查主体可分为三类：一是法定畜牧兽医行政主体。这是畜牧兽医行政检查主体的主要部分，如：县级以上畜牧局依法可以对种畜禽生产活动进行监督检查，并依照《中华人民共和国畜牧法》的规定对种畜禽生产违法行为实施行政处罚，所以是畜牧兽医行政检查主体。二是法律、法规授权的组织。这是某些组织取得畜牧兽医行政检查主体资格的辅助途径。如根据《中华人民共和国动物防疫法》的规定，畜牧部门的动物防疫监督机构因有权对动物及动物产品生产、运输依法进行检查，而成为畜牧兽医行政检查主体。三是受委托的畜牧组织，如畜牧兽医主管部门将饲料、兽药监管的行政检查权委托畜牧兽医综合执法机构实施。

四、畜牧兽医行政检查的特征

1.畜牧兽医行政检查是一种单方的、强制性的、依职权的具体行政行为

一方面，畜牧兽医行政检查是对公民、法人或者其他组织遵守畜牧法律、法规、规章以及执行行政决定、命令情况的检查，涉及的是特定的公民、法人或者其他组织的权利、义务，是一种具体行政行为；另一方面，畜牧兽医行政主体对公民、法人或者其他组织实施检查时，是根据本身的职能

要求单方决定并主动实施的，无须以公民、法人或者其他组织的申请为前提，也不需要征得公民、法人或者其他组织的同意。而且，公民、法人或者其他组织只能予以配合与协助，否则，将承担法律责任。

2. 畜牧兽医行政检查不直接处理和改变公民、法人或者其他组织的权利和义务

畜牧兽医行政检查的内容是对公民、法人或者其他组织遵守法律的有关情况进行检查和了解，这种检查和了解是畜牧兽医行政主体确认事实和收集证据的一个过程。对畜牧兽医行政主体来讲，检查和了解是依职权进行的，表现出很强的权力性，如强制性地检查、询问等。但是，对公民、法人或者其他组织来讲，畜牧兽医行政主体的检查和了解行为不会直接处理和改变他们的权利和义务，只是相应地增加了一些程序性的义务和限制一定的权利。

3. 畜牧兽医行政检查是一种独立的具体行政行为

从大量的畜牧兽医行政执法实践和法律规定来看。畜牧兽医行政检查是畜牧兽医行政执法的重要手段。它与行政许可、行政处罚相连。第一，畜牧兽医行政检查是一种外部管理行为，虽然它不直接处理或改变公民、法人或者其他组织权利和义务，但它会使公民、法人或者其他组织的权利和义务受到影响。并且这种影响是畜牧兽医行政检查本身所引起的，没有借助其他因素。第二，畜牧兽医行政主体在实施检查时要承担由此而带来的后果。一方面，对该检查而不检查的，是不履行法定职权的行为，应承担失职的责任；另一方面，畜牧兽医行政检查也要按照法定职责范围、对象和程序进行，不得违背，否则，要承担违法或检查不当的责任。第三，在许多情况下，畜牧兽医行政检查是其他有关具体畜牧兽医行政行为的前置过程或环节，它的行使有可能引起行政处罚、行政奖励、行政强制执行等行为。比如，不按照规定接受动物出栏产地检疫的，可以处以罚款。这时，畜牧兽医行政检查就是行政处罚的前置环节。但它并不依赖于哪一种具体行政行为，而是以独立的方式存在，并被法律所规定的。

五、畜牧兽医行政检查的权限

1. 进入现场权

畜牧兽医行政主体为了履行监督检查职能，充分了解畜牧兽医行政相对人的守法情况，依照畜牧法律、法规的规定，享有进入现场的权利，包括进入行政管理相对人工作与业务生产活动场所等。进入相对人的住宅检查，它直接涉及相对人的权利义务，除非法律法规明确规定，一般畜牧兽医行政主体或授权组织不拥有此项权利。如果因缺乏强制检查权使畜牧兽医行政检查难于实现时，可申请公安、法院强制检查。

2. 询问权

畜牧兽医行政主体为进一步了解相对人的有关活动或行为及有关的事实，有权采取询问的方式，直接向相对人进行了解。相对人必须如实回答，不得拒绝、隐瞒。

3. 索取有关材料权

畜牧兽医行政主体在实施检查行为中，针对检查对象和工作需要，可根据畜牧法律的规定有权要求相对人如实提供档案、账册、报表及有关材料，相对人不得拒绝、隐瞒。畜牧兽医行政检查主体根据需要，可以依据相关畜牧法律法规查阅、调阅、复制有关材料。但必须为相对人保守商业秘密。

4. 采取必要的行政强制措施权

畜牧兽医行政主体在实施检查活动中，对于相对人拒绝接受检查的，或者发现有违法嫌疑的，或者有可能毁灭证据及有关材料的，或者出现了某种紧急情况的，可以依法采取必要的行政强制措施，以保证检查行为和检查目的的实现。畜牧兽医行政强制措施是畜牧兽医行政主体为了保证具体行政行为的顺利作出或者实现具体行政行为的内容而依法采取的强制性临时处置行为。畜牧兽医行政强制措施往往伴随着畜牧兽医行政检查出现，是畜牧兽医行政检查主体必不可少的一项职权。

第二节 畜牧兽医行政检查的原则和种类

一、畜牧兽医行政检查的原则

1. 职权法定原则

一是主体法定。畜牧兽医行政主体是否享有检查权，要有法定依据，只有依法享有检查权的主体，才能实施检查行为。二是检查内容法定。有的法律对检查内容规定得比较笼统，有的规定比较具体。对规定得比较具体的内容，检查主体要严格履行，该检查场所的，就检查场所，该检查有关资料的，就检查资料，不得超越。

2. 保护合法权益原则

一是检查公开。畜牧兽医行政检查，是畜牧兽医行政主体对社会进行管理的一种外部活动，它会对公民、法人或者其他组织的权益产生一定影响，因此，除法律、法规有特别规定的以外，一般要公开进行检查，如进行实地检查时。要有有关人员在场见证，且被检查的公民、法人或者其他组织要在场。这样，可以使整个检查过程接受群众监督，促使检查主体依法检查，从而保护公民、法人或者其他组织的合法权益。二是无偿检查。检查主体在进行检查时，除法律、法规、国务院及财政部及省、自治区、直辖市人民政府规定的收费项目外，不得向公民、法人或者其他组织收取任何费用，也不得把有关检查费用变相转嫁于公民、法人或者其他组织。

3. 效率原则

一是要做到及时。因为，畜牧兽医行政检查有时是其他具体行政行为的前置阶段和环节，也是一个调查取证的过程，如果检查行为不及时，势必影响取证的效力性和准确性. 从而影响执法行为的公正、合理和有效性。二是要防止重复。检查结束后，检查主体要及时提出客观、真实、明确的检查报告。检查报告对其他检查主体有用的。其他检查主体也要加以利用。避免对公民、法人或者其他组织的多头检查或重复检查。

二、畜牧兽医行政检查的种类

畜牧兽医行政检查涉及的面非常广，根据不同角度作出不同分类。

1. 一般检查和特定检查

依据检查对象的特定性区分，可分为一般检查和特定检查。一般检查是指对不确定的公民、法人或者其他组织所遵守畜牧法律法规情况进行的检查，有时又称普遍检查。只要公民、法人或者其他组织符合检查条件、属于检查范围均要接受检查。特定检查是指畜牧兽医行政检查主体对特定的公民、法人或者其他组织遵守畜牧法律法规情况所进行的检查。如动物卫生监督部门对动物诊疗机构执业医师守法情况的检查等。

2. 全面检查和专门检查

依据检查的内容所作的分类。可分为全面检查和专门检查。全面检查的内容广，综合性强，是对公民、法人或者其他组织多方面或全方位的检查。如畜牧执法机构对养殖企业的检查。因为畜牧执法机构通过对养殖企业的养殖档案、养殖条件、和引种、出栏等有关资料的检查，可以全面了解到整个养殖企业的安全养殖运行情况。专门检查是指对公民、法人或者其他组织遵守法律法规某一个方面进行的检查。如畜牧兽医综合执法机构对饲料生产企业的检查。

3. 事前检查、事中检查和事后检查

依据检查时间的先后划分，可以分为事前检查、事中检查和事后检查。事前检查是指对公民、法人或者其他组织从事某项活动之前而进行的检查，是一种预防性的检查。如畜牧局对定点屠宰企业的经营资格、开业前设施情况的检查。事中检查是指畜牧兽医行政检查主体对公民、法人或者其他组织从事畜牧生产经营活动过程中进行的检查。这个时间段是指公民、法人或者其他组织已经开始从事某项活动但尚未完成。事中检查是一种补救性的检查。如动物卫生监督机构养殖场建设工程是否按批准的条件、要求、范围施工进行的检查等。事后检查是指公民、法人或者其他组织的行为已经完成，畜牧兽医行政检查主体对其行为或行为后果所实施的检查。它是一种纠正性

的检查，目的是检查公民、法人或者其他组织的行为或行为后果是否合理、合法。如畜牧部门对养殖场防疫、投入品使用情况的检查等。

第三节　畜牧兽医行政检查的程序

一、畜牧兽医行政检查程序的含义

畜牧兽医行政检查程序，是指畜牧兽医行政检查主体实施检查时应遵循的方式和步骤。目前，国家对行政检查程序并未统一规定，有关行政检查的具体要求散见于有关法律、法规和规章中，有的则是在执法实践中形成，所以，畜牧兽医行政检查程序的相关规定性要求要符合国家通用法律法规和畜牧兽医行业法律法规的规定。

二、畜牧兽医行政检查程序

按照畜牧兽医行政检查主体在执法实践中采用的不同检查方法，畜牧兽医行政检查的程序分为实地检查程序和书面检查程序。

1. 实地检查程序

实地检查是指畜牧兽医行政检查主体深入现场实施的检查，又称现场检查。它是一种常用的检查方法，许多法律对此均有规定。实地检查的特点是对实物、公民、法人或者其他组织的行为状况进行现场检查。实地检查的具体步骤：

首先，告知。检查人员在进行检查时，要将检查的时间、地点和要求告知被检查人，使之做好接受检查的准备。采用何种方式通知被检查人，应当依据法律的规定。如果法律没有规定的，无论采用书面、口头或电话通知的形式都是可以的，只要被检查人接到通知后，能弄清检查来意，并且不影响检查的时间和效率就行。执法实践中，有个操作方面的问题值得注意，就是检查主体通知被检查单位后多长时间实施检查，这里有两种情况，一是即告即查，就是指当场检查，即告知后立即实施检查。如畜牧执法人员对屠宰企业生产经营场所进行实地检查时，也应以即告即查为宜。二是告知被检查单位后一定期限再实施检查。动物卫生监督机构对违法开设动物诊疗机构的检查等。

其次，现场勘察。一是检查人员进行实地检查时，要出示有关执法证件。二是要求被检查人到场，三是带好勘察工具，对有关场所、物品进行勘察，需要提供方便的，可要求被检查人提供物质帮助。

最后，写出检查记录。检查人员要记录现场勘察中的有关情况。一是记载现场的大概情况；二是记载勘察过的场所、物品；三是记载勘察中了解到的一些技术指标；四是记载现场勘察中发现的一些证据，如需要扣押、查封的，必须一一记载清楚，列出清单；五是检查开始和结束的时间；六是检查的人员及该检查组的负责人。实地检查记录有关人员应当签名或盖章。

在实地检查中，对拒绝进入现场的，检查人员可写明情况，或请第三者签名见证，对扣押、查封的清单，要求被检查人核对无误后签名或盖章，拒绝签名或盖章的，检查人员要写明情况。记录在卷，必要时可请第三者签名见证。

2. 书面检查程序

书面检查是指畜牧兽医行政检查主体通过查阅有关书面材料而进行的检查。它也是一种常用的检查方法。书面检查的特点是对有关书面文件材料的查阅或审查。书面检查的一般步骤如下。

首先，告知。一般情况下，告知可以采用书面、口头和电话的形式。大多数检查主体从方便工作和提高效率的角度出发，采用电话告知的形式居多。

其次，对有关资料进行审核。

（1）审查。审查是指畜牧兽医行政检查主体对公民、法人或者其他组织报送的有关文件、资料的合法性或真实性的查验或核对。

（2）检查。检查是对人、物及某种状况所进行的了解。既包括行政主体对有关情况主动实施的检查，也包括行政主体在听取公民、法人或者其他组织单方面的情况汇报而作的进一步的核实，目的就是了解公民、法人或者其他组织守法的情况。

（3）登记。登记是畜牧兽医行政检查主体对公民、法人或者其他组织的有关情况所作的记载。

（4）统计。统计是畜牧兽医行政检查主体要求公民、法人或者其他组织如期上报有关数据。通过对数据的分析来掌握有关规定的执行情况。

最后，写出审核报告。检查结束后，检查人员要写出审核报告。审核报告主要包括以下内容：一是被审核人的姓名、地址；二是被审核的材料、数据；三是有关材料、数据所反映的事实；四是确认了的有关证据；五是认定被审核人是否合法或合格，包括处理意见；六是审查时间；七是检查的机关和人员。

三、实施畜牧兽医行政检查应注意的几个问题

（1）检查的内容必须合法，不得超越与本检查无关的内容，必须注意检查行为的合理性，不得把检查变为搜查。对被审查人提供的资料要及时进行审查，不得延误或变相扣押。

（2）被审查人提供的资料需要鉴定的，检查人员要提交有鉴定资格的机关或组织进行鉴定，并出具鉴定书。鉴定书主要包括鉴定机关或组织、鉴定目的、送检单位、鉴定的材料名称、鉴定人员和鉴定结论等内容。

（3）除有规定的外，检查不得多次重复进行。

（4）检查人员在实施书面检查时，必须为被检查人的有关资料保守秘密。

附　录　畜牧兽医行政检查事项一览表

序号	检查事项	法律依据	实施主体
1	对农产品质量安全监督检查	《中华人民共和国农产品质量安全法》第三十九条：县级以上人民政府农业行政主管部门在农产品质量安全监督检查中，可以对生产、销售的农产品进行现场检查，调查了解农产品质量安全的有关情况，查阅、复制与农产品质量安全有关的记录和其他资料。	县级以上人民政府农业行政主管部门
2	对农产品质量安全监测抽查	《中华人民共和国农产品质量安全法》第三十四条：国家建立农产品质量安全监测制度。县级以上人民政府农业行政主管部门应当按照保障农产品质量安全的要求，制定并组织实施农产品质量安全监测计划，对生产中或者市场上销售的农产品进行监督抽查。监督抽查结果由国务院农业行政主管部门或者省、自治区、直辖市人民政府农业行政主管部门按照权限予以公布。监督抽查检测应当委托符合本法第三十五条规定条件的农产品质量安全检测机构进行，不得向被抽查人收取费用，抽取的样品不得超过国务院农业行政主管部门规定的数量。上级农业行政主管部门监督抽查的农产品，下级农业行政主管部门不得另行重复抽查。 《兽药管理条例》（2004 年 11 月国务院令第 404 号）第三条：县级以上地方人民政府兽医行政管理部门负责本行政区域内的兽药监督管理工作。第四十二条：县级以上人民政府兽医行政管理部门，负责组织对动物产品中兽药残留量的检测《兽药管理条例》第四十四条：县级以上人民政府兽医行政管理部门行使兽药监督管理权。《畜牧法》（2005 年 12 月中华人民共和国主席令第 45 号）第五十四条：县级以上人民政府应当组织畜牧兽医行政主管部门和其他有关主管部门，依照本法和有关法律、行政法规的规定，加强对畜禽饲养环境、种畜禽质量、饲料和兽药等投入品的使用以及畜禽交易与运输的监督管理。	县级以上人民政府农业（兽医）行政主管部门

（续表）

序号	检查事项	法律依据	实施主体
3	对农业转基因生物安全管理的监督检查	《农业转基因生物安全管理条例》第四条：国务院农业行政主管部门负责全国农业转基因生物安全的监督管理工作。县级以上地方各级人民政府农业行政主管部门负责本行政区域内的农业转基因生物安全的监督管理工作。县级以上各级人民政府有关部门依照《中华人民共和国食品安全法》的有关规定，负责转基因食品安全的监督管理工作。 《农业转基因生物安全管理条例》第三十九条：农业行政主管部门履行监督检查职责时，有权采取下列措施：（一）询问被检查的研究、试验、生产、加工、经营或者进口、出口的单位和个人、利害关系人、证明人，并要求其提供与农业转基因生物安全有关的证明材料或者其他资料；（二）查阅或者复制农业转基因生物研究、试验、生产、加工、经营或者进口、出口的有关档案、账册和资料等；（三）要求有关单位和个人就有关农业转基因生物安全的问题作出说明；（四）责令违反农业转基因生物安全管理的单位和个人停止违法行为；（五）在紧急情况下，对非法研究、试验、生产、加工、经营或者进口、出口的农业转基因生物实施封存或者扣押。	县级以上人民政府农业行政主管部门
4	对农产品产地安全的监督检查	《农产品产地安全管理办法》（2006 年 9 月 30 日农业部第 25 次常务会议审议通过 中华人民共和国农业部令第 71 号公布 自 2006 年 11 月 1 日起施行）第二十三条第一款：县级以上人民政府农业行政主管部门负责农产品产地安全的监督检查。	县级以上人民政府农业行政主管部门
5	对无公害农（畜）产品和标志的监督检查	《无公害农产品管理办法》（2002 年农业部、国家质量监督检验检疫总局令第 12 号）第三十三条：农业部、国家质量监督检验检疫总局、国家认证认可监督管理委员会和国务院有关部门根据职责分工依法组织对无公害农产品的生产、销售和无公害农产品标志使用等活动进行监督管理。（一）查阅或者要求生产者、销售者提供有关材料；（二）对无公害农产品产地认定工作进行监督；（三）对无公害农产品认证机构的认证工作进行监督；（四）对无公害农产品的检测机构的检测工作进行检查；（五）对使用无公害农产品标志的产品进行检查、检验和鉴定；（六）必要时对无公害农产品经营场所进行检查。第三十四条：认证机构对获得认证的产品进行跟踪检查，受理有关的投诉、申诉工作。 《农产品地理标志管理办法》（2007 年农业部令第 11 号）第十八条：县级以上人民政府农业行政主管部门应当加强农产品地理标志监督管理工作，定期对登记的地理标志农产品的地域范围、标志使用等进行监督检查。	县级以上人民政府农业行政主管部门

（续表）

序号	检查事项	法律依据	实施主体
6	奶畜饲养以及生鲜乳生产、收购环节的监督检查	《乳品质量安全监督管理条例》（国务院令〔2008〕536号）第四十六条：县级以上人民政府畜牧兽医主管部门应当加强对奶畜饲养以及生鲜乳生产环节、收购环节的监督检查。县级以上质量监督检验检疫部门应当加强对乳制品生产环节和乳品进出口环节的监督检查。县级以上工商行政管理部门应当加强对乳制品销售环节的监督检查。县级以上食品药品监督部门应当加强对乳制品餐饮服务环节的监督管理。监督检查部门之间，监督检查部门与其他有关部门之间，应当及时通报乳品质量安全监督管理信息。	县级以上人民政府畜牧兽医主管部门
7	生鲜乳质量安全监测	《乳品质量安全监督管理条例》（2008年10月6日国务院第28次常务会议通过，中华人民共和国国务院令第536号公布，自2008年10月9日起施行）第二十七条：县级以上人民政府畜牧兽医主管部门应当加强生鲜乳质量安全监测工作，制订并组织实施生鲜乳质量安全监测计划，对生鲜乳进行监督抽查，并按照法定权限及时公布监督抽查结果。	县级以上人民政府畜牧兽医主管部门
8	对兽药生产、经营、使用、研制、进出口的监督检查	《中华人民共和国兽药管理条例》第二条：在中华人民共和国境内从事兽药的研制、生产、经营、进出口、使用和监督管理，应当遵守本条例。 《中华人民共和国兽药管理条例》第三条：国务院兽医行政管理部门负责全国的兽药监督管理工作。县级以上地方人民政府兽医行政管理部门负责本行政区域内的兽药监督管理工作。	县级以上人民政府兽医主管部门

（续表）

序号	检查事项	法律依据	实施主体
9	对动物及动物产品防疫的监督检查	《中华人民共和国动物防疫法》第八条：县级以上地方人民政府设立的动物卫生监督机构依照本法规定，负责动物、动物产品的检疫工作和其他有关动物防疫的监督管理执法工作。《中华人民共和国动物防疫法》第二十条：兴办动物饲养场（养殖小区）和隔离场所，动物屠宰加工场所，以及动物和动物产品无害化处理场所，应当向县级以上地方人民政府兽医主管部门提出申请。受理申请的兽医主管部门应当依照本法和《中华人民共和国行政许可法》的规定进行审查。经审查合格的，发给动物防疫条件合格证；不合格的，应当通知申请人并说明理由。经营动物、动物产品的集贸市场应当具备国务院兽医主管部门规定的动物防疫条件，并接受动物卫生监督机构的监督检查。《中华人民共和国动物防疫法》第五十八条：动物卫生监督机构依照本法规定，对动物饲养、屠宰、经营、隔离、运输以及动物产品生产、经营、加工、贮藏、运输等活动中的动物防疫实施监督管理。 《中华人民共和国动物防疫法》第五十九条：动物卫生监督机构执行监督检查任务，可以采取下列措施，有关单位和个人不得拒绝或者阻碍：（一）对动物、动物产品按照规定采样、留验、抽检；（二）对染疫或者疑似染疫的动物、动物产品及相关物品进行隔离、查封、扣押和处理；（三）对依法应当检疫而未经检疫的动物实施补检；（四）对依法应当检疫而未经检疫的动物产品，具备补检条件的实施补检，不具备补检条件的予以没收销毁；（五）查验检疫证明、检疫标志和畜禽标识；（六）进入有关场所调查取证，查阅、复制与动物防疫有关的资料。 动物卫生监督机构根据动物疫病预防、控制需要，经当地县级以上地方人民政府批准，可以在车站、港口、机场等相关场所派驻官方兽医。	县级以上动物卫生监督机构
10	生猪屠宰的监督检查	《生猪屠宰管理条例》第三条：国务院畜牧兽医行政主管部门负责全国生猪屠宰的行业管理工作。县级以上地方人民政府畜牧兽医主管部门负责本行政区域内生猪屠宰活动的监督管理。 《生猪屠宰管理条例》第二十一条：畜牧兽医行政主管部门应当依照本条例的规定严格履行职责，加强对生猪屠宰活动的日常监督检查。	县级以上人民政府畜牧兽医行政主管部门

（续表）

序号	检查事项	法律依据	实施主体
11	兽医实验室生物安全检查	《病原微生物实验室生物安全管理条例》第四十九条：县级以上地方人民政府卫生主管部门、兽医主管部门依照各自分工，履行下列职责：（一）对病原微生物菌（毒）种、样本的采集、运输、储存进行监督检查；（二）对从事高致病性病原微生物相关实验活动的实验室是否符合本条例规定的条件进行监督检查；（三）对实验室或者实验室的设立单位培训、考核其工作人员以及上岗人员的情况进行监督检查；（四）对实验室是否按照有关国家标准、技术规范和操作规程从事病原微生物相关实验活动进行监督检查。县级以上地方人民政府卫生主管部门、兽医主管部门，应当主要通过检查反映实验室执行国家有关法律、行政法规以及国家标准和要求的记录、档案、报告，切实履行监督管理职责。 《兽医系统实验室考核管理办法》第二十一条：县级以上兽医主管部门应当加强兽医实验室管理，对兽医实验室执行国家法律、法规、标准和规范等情况进行监督检查。	县级以上人民政府兽医主管部门
12	对动物病原微生物菌（毒）种和样本的监督检查	《动物病原微生物菌（毒）种保藏管理办法》第四条第二款：县级以上地方人民政府兽医主管部门负责本行政区域内的菌（毒）种和样本保藏监督管理工作。	县级以上人民政府兽医行政主管部门
13	乡村兽医从业监督检查	《动物防疫法》第五十七条：乡村兽医服务人员可以在乡村从事动物诊疗服务活动，具体管理办法由国务院兽医主管部门制定。 《乡村兽医管理办法》（2008 年 11 月农业部令第 17 号通过）第四条：农业部主管全国乡村兽医管理工作。县级以上地方人民政府兽医主管部门主管本行政区域内乡村兽医管理工作。县级以上地方人民政府设立的动物卫生监督机构负责本行政区域内乡村兽医监督执法工作。	县级以上动物卫生监督机构

（续表）

序号	检查事项	法律依据	实施主体
14	动物诊疗机构监督检查	《动物防疫法》第五十三条：动物诊疗机构应当按照国务院兽医主管部门的规定，做好诊疗活动中的卫生安全防护、消毒、隔离和诊疗废弃物处置等工作。 《动物诊疗机构管理办法》第三条：农业部负责全国动物诊疗机构的监督管理。县级以上地方人民政府兽医主管部门负责本行政区域内动物诊疗机构的管理。县级以上地方人民政府设立的动物卫生监督机构负责本行政区域内动物诊疗机构的监督执法工作。 《动物诊疗机构管理办法》第二十八条第一款：动物卫生监督机构应当建立健全日常监管制度，对辖区内动物诊疗机构和人员执行法律、法规、规章的情况进行监督检查。	县级以上动物卫生监督机构
15	对动物隔离场、动物及动物产品无害化处理场所动物防疫条件的监督检查	《动物防疫条件审查办法》（农业部2010年第7号令）第三条：县级以上地方人民政府兽医主管部门主管本行政区域内的动物防疫条件审查和监督管理工作。县级以上地方人民政府设立的动物卫生监督机构负责本行政区域内的动物防疫条件监督执法工作。 《动物防疫条件审查办法》（2010年1月农业部令第7号）第三十三条：本办法第二条所列场所，应当在每年1月底前将上一年的动物防疫条件情况和防疫制度执行情况向发证机关报告。	县级以上动物卫生监督机构
16	对草原管理的监督检查	《中华人民共和国草原法》第八条：国务院草原行政主管部门主管全国草原监督管理工作。县级以上地方人民政府草原行政主管部门主管本行政区域内草原监督管理工作。乡（镇）人民政府应当加强对本行政区域内草原保护、建设和利用情况的监督检查，根据需要可以设专职或者兼职人员负责具体监督检查工作。 《中华人民共和国草原法》第五十六条：国务院草原行政主管部门和草原面积较大的省、自治区的县级以上地方人民政府草原行政主管部门设立草原监督管理机构，负责草原法律、法规执行情况的监督检查，对违反草原法律、法规的行为进行查处。草原行政主管部门和草原监督管理机构应当加强执法队伍建设，提高草原监督检查人员的政治、业务素质。草原监督检查人员应当忠于职守，秉公执法。	乡镇人民政府、县级以上人民政府草原行政主管部门

（续表）

序号	检查事项	法律依据	实施主体
17	对草原防火安全的监督检查	《草原防火条例》第二十一条：在草原防火期内，经本级人民政府批准，草原防火主管部门应当对进入草原、存在火灾隐患的车辆以及可能引发草原火灾的野外作业活动进行草原防火安全检查。发现存在火灾隐患的，应当告知有关责任人员采取措施消除火灾隐患；拒不采取措施消除火灾隐患的，禁止进入草原或者在草原上从事野外作业活动。	县级以上人民政府农业行政主管部门
18	对草畜平衡管理的监督检查	《草畜平衡管理办法》第五条：农业部主管全国草畜平衡监督管理工作。县级以上地方人民政府草原行政主管部门负责本行政区域内的草畜平衡监督管理工作。县级以上人民政府草原行政主管部门设立的草原监督管理机构负责草畜平衡的具体工作。 《草畜平衡管理办法》第十四条：县级以上地方人民政府草原行政主管部门应当加强草原资源动态监测工作，根据上一年度草原产草量的测定结果及对其他来源的饲草饲料量的估算，分析、预测本行政区域内当年草原载畜能力，指导草畜平衡工作。	县级以上人民政府草原行政主管部门
19	对草种管理的监督检查	《草种管理办法》第四条：农业部主管全国草种管理工作。县级以上地方人民政府草原行政主管部门主管本行政区域内的草种管理工作。第三十六条：县级以上草原行政主管部门要加强当地草种广告的监督管理。草种广告的内容应当符合有关法律、法规，主要性状描述应当与审定公告一致，不得进行虚假、误导宣传。 《中华人民共和国种子法》第四十七条第一款：农业、林业主管部门应当加强对种子质量的监督检查。种子质量管理办法、行业标准和检验方法，由国务院农业、林业主管部门制定。第九十三条：草种、烟草种、中药材种、食用菌菌种的种质资源管理和选育、生产经营、管理等活动，参照本法执行。	县级以上人民政府草原行政主管部门

（续表）

序号	检查事项	法律依据	实施主体
20	对饲料、饲料添加剂的监督检查	《饲料和饲料添加剂管理条例》第三条：国务院农业行政主管部门负责全国饲料、饲料添加剂的监督管理工作。县级以上地方人民政府负责饲料、饲料添加剂管理的部门（以下简称饲料管理部门），负责本行政区域饲料、饲料添加剂的监督管理工作。 《饲料和饲料添加剂生产许可管理办法》第十六条：县级以上人民政府饲料管理部门应当加强对饲料、饲料添加剂生产企业的监督检查，依法查处违法行为，并建立饲料、饲料添加剂监督管理档案，记录日常监督检查、违法行为查处等情况。第三十二条：国务院农业行政主管部门和县级以上地方人民政府饲料管理部门，应当根据需要定期或者不定期组织实施饲料、饲料添加剂监督抽查；饲料、饲料添加剂监督抽查检测工作由国务院农业行政主管部门或者省、自治区、直辖市人民政府饲料管理部门指定的具有相应技术条件的机构承担。饲料、饲料添加剂监督抽查不得收费。国务院农业行政主管部门和省、自治区、直辖市人民政府饲料管理部门应当按照职责权限公布监督抽查结果，并可以公布具有不良记录的饲料、饲料添加剂生产企业、经营者名单。	县级以上人民政府饲料管理部门
21	畜牧生产和种畜禽场种畜禽质量安全监督检查	《中华人民共和国畜牧法》第七条：国务院畜牧兽医行政主管部门负责全国畜牧业的监督管理工作。县级以上地方人民政府畜牧兽医行政主管部门负责本行政区域内的畜牧业监督管理工作。县级以上人民政府有关主管部门在各自的职责范围内，负责有关促进畜牧业发展的工作。第三十三条：县级以上人民政府畜牧兽医行政主管部门负责种畜禽质量安全的监督管理工作。种畜禽质量安全的监督检验应当委托具有法定资质的种畜禽质量检验机构进行；所需检验费用按照国务院规定列支，不得向被检验人收取。 《种畜禽管理条例》第五条：国务院畜牧行政主管部门主管全国的种畜管理工作。县级以上地方人民政府畜牧行政主管部门主管本行政区域内的种畜禽管理工作。	县级以上人民政府畜牧兽医行政主管部门
22	对畜禽标识和养殖档案的监督检查	《畜禽标识和养殖档案管理办法》第四条：农业部负责全国畜禽标识和养殖档案的监督管理工作。县级以上地方人民政府畜牧兽医行政主管部门负责本行政区域内畜禽标识和养殖档案的监督管理工作。第三十一条：县级以上人民政府畜牧兽医行政主管部门应当根据畜禽标识、养殖档案等信息对畜禽及畜禽产品实施追溯和处理。	县级以上人民政府畜牧兽医行政主管部门

第六章　畜牧兽医行政确认

第一节　畜牧兽医行政确认的概述

一、畜牧兽医行政确认的含义

畜牧兽医行政确认，是指畜牧兽医行政主体依法对相对人的法律地位、法律关系和法律事实进行甄别，给予确定、认可、证明（或否定）并予以宣告的畜牧兽医具体行政行为。结合畜牧兽医法律法规的相关规定，要全面理解畜牧兽医行政确认的含义，还应掌握以下几层意思。

（1）畜牧兽医行政确认的主体，是特定的享有畜牧兽医行政管理执法权力、负有畜牧兽医行政执法义务的国家畜牧兽医行政机关。其他任何组织和个人都无权作出畜牧兽医行政确认，它是根据法定的条件、依照一定的程序作出的。

（2）畜牧兽医行政确认的内容，是确定畜牧相对人的法律地位和权利义务。例如省级畜禽遗传资源保种场、保护区和基因库的确定。按照《畜牧法》第十三条“……省级人民政府畜牧兽医行政主管部门根据省级畜禽遗传资源保护名录，分别建立或者确定畜禽遗传资源保种场、保护区和基因库，承担畜禽遗传资源保护任务”的规定，区域内的种畜禽场要成为或是否具备省级畜禽遗传资源保种场（或保护区和基因库）的资格，应由省级人民政府畜牧兽医行政主管部门进行确认和命名。

（3）畜牧兽医行政确认是畜牧兽医行政主体的一种畜牧兽医具体行政行为，具有法律效力，这是行政确认的基本性质。因此，畜牧兽医行政确认属于国家行政权的重要组成部分，这种行为不同于公民的作证或一般的纯技术性鉴定，公民作证或纯技术性鉴定只有经过国家有权机关的审查、采用才具有实际效力和意义。所以，畜牧兽医行政确认畜牧兽医行政机关具有法定确定力和强制力的行政行为，有关当事人必须服从，否则会受到相应的处理。

（4）畜牧兽医行政确认是要式行政行为。畜牧兽医行政确认行为必须以书面形式作出，否则，将难以产生预期的法律效力。

（5）畜牧兽医行政确认是羁束性行政行为。畜牧兽医行政确认是对特定法律事实或法律关系是否存在的宣告，而某种法律事实或法律关系是否存在，是由客观事实和法律规定决定的。因此，畜牧兽医行政主体的确认行为，没有自由裁量的余地，或者说很少自由裁量的余地，只能严格按照法律规定和技术鉴定规范进行。

二、畜牧兽医行政确认合法成立应具备的基本条件

（1）畜牧兽医行政确认的主体必须是合法的畜牧兽医行政主体，即畜牧兽医行政机关、畜牧兽医综合执法机构、动物卫生监督机构。

（2）畜牧兽医行政确认的对象属于畜牧法律法规规定的范围。即从事畜牧兽医管理者或生产经营的从业者等。

（3）畜牧兽医行政确认的程序合法，也就是说，畜牧兽医行政确认必须符合国家法律的程序性规定。

（4）畜牧兽医行政确认的方式合法，也就是说，畜牧兽医行政确认的方式必须符合畜牧法律规范和畜牧兽医行政活动的实际情况，有具体的形式，如确定、认证、鉴证等。

三、畜牧兽医行政确认的基本原则

1. 依法确认的原则

畜牧兽医行政确认的目的在于维护公共利益，保护公民、法人和其他组织的合法权益。因此，畜牧兽医行政确认必须严格依照法律、法规和规章的规定进行，遵循法定程序，确保法律所保护的公益和行政相对人的权益得以实现。

2. 客观、公正的原则

畜牧兽医行政确认是对法律事实和法律关系的证明或明确，因此，必须坚持客观、公正的原则，不允许有任何偏私。为此，畜牧兽医行政确认的内容和事实如果畜牧相对方认为有争议，可以通过行政救济机制进行保障。

3. 保守秘密的原则

按照法律法规的规定，如果畜牧兽医行政确认涉及商业秘密和个人隐私的，尽管其确认程序公开、公正，但同时必须坚决贯彻保守秘密的原则，不得随意用于行政管理行为以外的信息提供。

四、畜牧兽医行政确认与畜牧兽医行政许可的关系

1. 畜牧兽医行政确认与畜牧兽医行政许可的区别

一是对象不同。许可一般是使相对方获得某种行为的权利，主要是指作为性的行为；确认则是确认相对方的法律地位、权利义务和法律事实等，主要是指身份、能力和事实的确认等等。二是法律效果不同。许可是允许被许可人今后可以进行某种（对一般人禁止的）行为，其法律效果具有后及性，没有前溯性；而确认是对既有的身份、能力、权利、事实的确定和认可，其法律效果具有前溯性。

2. 畜牧兽医行政确认与畜牧兽医行政许可的联系

一是许可与确认往往是同一行政行为的两个步骤，一般是确认在前，许可在后，确认是许可的前提，许可是确认的结果。例如，对动物诊疗个体行医的许可，首先该当事人应是“经过审查和技术考核合格有证明文件者”，即必须被确认有行执业兽医资格，才可向县以上畜牧兽医行政管理或执法部门申请个体开业行兽医的许可。二是许可和确认有时是一个行为的两个方面。例如，官方兽医，即是对动物卫生监督机构或畜牧兽医执法机构内具有检疫、监督执法技术业务能力和条件的资格确认，又是对工作人员具备可以畜牧兽医行政执法的许可。

五、畜牧畜牧兽医行政确认的作用

（1）畜牧兽医行政确认是国家实行畜牧兽医行政管理的一种重要手段，确认的法律关系和法律事实能为法院审判活动提供准确、客观的处理依据，对于迅速、有效、准确地展开行政审判，具有极其重要的意义。

（2）畜牧兽医行政确认有利于畜牧兽医行政主体进行科学管理，有利于保护相对人的合法权益。行政确认的本质在于使个人、组织的法律地位和权利义务取得法律上的承认。在这种法律承认的基础上，个人、组织才能申请各种需要取得但尚未取得的权利，才能保护各种以往存在或已取得的权利，并且通过证明等手段使其权利和地位为社会所公认。

（3）畜牧兽医行政确认有利于预防和解决各种纠纷。畜牧兽医行政确认可以使当事人的法律地位和权利义务都得以明确，不致因含糊不清而发生争议。同样，在畜牧业生产实践中，一旦发生纠纷，运用行政确认手段，有利于纠纷的正确解决。

第二节　畜牧兽医行政确认的分类和形式

一、畜牧兽医行政确认的基本分类

畜牧兽医行政确认按照不同的标准、条件可以划分不同的种类，基本分类如下：

1. 依申请的畜牧兽医行政确认和依职权的畜牧兽医行政确认

这是根据畜牧兽医行政主体是否主动进行确认，可将畜牧兽医行政确认分为依申请的畜牧兽医行政确认和依职权的畜牧兽医行政确认。依申请的确认，如对草原所有权、使用权的确认。依职权的确认，如重大动物疫情的确认，经法律规定的畜牧兽医行政机关监督检查和疫情监测机构检测，对重大动物疫情的进行行政确认。在畜牧兽医行政管理实践中，畜牧兽医行政确认的绝大多数是基于畜牧兽医行政相对人的申请而得以实施。

2. 对身份的确认、对能力的确认和对事实的确认

这是根据畜牧兽医行政确认的对象，将畜牧兽医行政确认分为对身份的确认、对能力的确认和对事实的确认。对身份的确认如官方兽医资格证、执业兽医资格证的发放等；对能力的确认，如草种检验员、兽药生产企业化验员等各种技术职称资格证的发放；对事实的确认，如重大动物疫情的确认、无公害畜产品的确认等。

二、畜牧兽医行政确认的主要形式

根据畜牧法律规范和畜牧兽医行政活动的实际情况，畜牧兽医行政确认主要有以下几种具体形式：确定、认定（认证）、证明、登记、鉴定等。

1. 确定

指对个人或组织的法律地位与权利义务的确定，如颁发畜禽遗传资源保种场、保护区和基因库的资格证。草原权属，以确定相对人的财产所有权。

2. 认定（认证）

指对个人或组织已有的法律地位、权利义务以及确认事项是否符合法律要求的承认和肯定。例如，对无公害畜产品企业的认证，就是对企业性质的判定和产品质量是否合格的认证等，确认企业为无公害畜产品企业或无公害畜产品。

3. 证明

指畜牧兽医行政主体向其他人明确肯定被证明对象的法律地位、权利义务或某种情况。如兽药产品自由销售（出口）证明等。

4. 登记

指畜牧兽医行政主体应申请人申请，在政府有关登记簿册中记载行政相对人的某种情况或事实，并依法予以正式确认的行为。例如种畜禽个体登记等。

5. 鉴定

指畜牧兽医行政主体对某种法律关系的合法性予以审查后，确认或证明其效力的行为。例如《畜牧法》第十九条规定“培育的畜禽新品种、配套系

和新发现的畜禽遗传资源在推广前，应当通过国家畜禽遗传资源委员会审定或者鉴定，并由国务院畜牧兽医行政主管部门公告。畜禽新品种、配套系的审定办法和畜禽遗传资源的鉴定办法，由国务院畜牧兽医行政主管部门制定。审定或者鉴定所需的试验、检测等费用由申请者承担，收费办法由国务院财政、价格部门会同国务院畜牧兽医行政主管部门制定。”

第三节　畜牧兽医行政确认的程序

一、畜牧兽医行政确认的程序

当前，在我们国家没有统一的行政确认的程序性法律，关于行政确认的规定散见于有关法律法规中。结合畜牧兽医法律法规以及执法实践，对于畜牧兽医行政确认的程序，可分为两个方面：一是对于非依申请的确认，可由畜牧兽医行政主体主动进行，一般需事先有计划，经批准后，通知当事人，告以应予确认的事项，使当事人作好接受确认的准备。二是对于依申请的确认，其基本程序如下：

1. 确认的提出

属于依申请的畜牧兽医行政确认，首先由当事人提出申请，做好相关材料的准备工作。

2. 确认的受理

畜牧兽医行政主体收到申请材料后，应按照职权进行办理。

（1）属于职责范围，申请材料齐全符合法定形式，应当受理并书面告知。

（2）属于职责范围，申请材料存在当场可更改的错误，当事人当场更改，申请材料齐全符合法定形式，应当受理并书面告知。

（3）属于职责范围，申请材料不全或不符合法定形式，应当场书面告知申请人不予受理，并一次性告知需要补正的内容。

（4）不属于职责范围，应当场书面告知申请人不予受理，并告知申请人向有权机关申请。

3. 确认的审查

畜牧兽医行政主体对需确认的事项进行审查，审查可分为实质审查与形式审查。形式审查主要是审查各种文件、表格是否健全，签名、盖章、年月日等是否完整等。实质审查是指对需确认事项的实体内容的审查，属既存权利的应审查有关证据；属申请权利的，应审查其具备的条件，包括实地检查、调查。审查中最重要的是畜牧兽医行政主体应充分听取当事人的意见和说明，特别要重视当事人对畜牧兽医行政主体拟作决定的异议，以避免差错。

4. 确认的时限

由于没有统一的行政确认法，所以，行政确认的具体时间要求没有统一的规定。实践中，畜牧兽医行政确认的具体时间应按照具体的畜牧兽医法律法规的规定。

5. 确认证书颁发

确认是要式行为，不能口头确认，必须颁发确认证书。

二、畜牧兽医行政确认的撤销、废止与变更

1. 撤销

属于畜牧兽医行政主体违法，造成畜牧兽医行政确认错误的，有权机关如本级畜牧兽医行政确认主体或上级机关或人民法院，均可予撤销。被撤销的确认，自撤销之日起就没有效力。

2. 废止

确认因形势变化或期限已满等情况，畜牧兽医行政主体可宣布废止。被废止的确认自废止之日起不再有效。

3. 变更

因情况变化，畜牧兽医行政主体可予变更。变更是指保留确认的整体，改变其部分内容。

在畜牧兽医行政确认实施过程中，当事人对于畜牧兽医行政确认发生争议，不服畜牧兽医行政确认的，可向人民法院起诉，个人、组织的合法权益受到损害的，应予赔偿。

附　录　畜牧兽医行政确认一览表

序号	确认事项	法律依据	实施主体
1	饲料和饲料添加剂产品自由销售证明	《关于办理饲料和饲料添加剂产品自由销售证明的通知》（农办牧〔2004〕64 号）一：饲料和饲料添加剂生产企业向生产所在地省级饲料管理部门提出申请（申请表格式见附件），并提交以下资料……二：省级饲料管理部门在收到企业申请后，核实其所提交的资料。同意其申请的，在申请表相关栏目中加盖公章确认。	省级饲料管理部门
2	含药饲料加工企业认定	《中华人民共和国农业部公告》（第 220 号）第一条：根据需要，养殖场（户）可凭兽医处方将《168 号公告》附录二的产品及今后我部批准的同类产品，预混后添加到特定的饲料中使用或委托具有生产和质量控制能力并经省级饲料管理部门认定的饲料厂代加工生产为含药饲料，但须遵守以下规定……	
3	无公害农产品（畜牧业产品）产地认定	《无公害农产品管理办法》第十三条：省级农业行政主管部门根据本办法的规定负责组织实施本辖区内无公害农产品产地的认定工作。	省级农业行政主管部门
4	动物产品中兽药残留量检测结果公布	《兽药管理条例》第四十二条：国务院兽医行政管理部门，应当制定并组织实施国家动物及动物产品兽药残留监控计划。县级以上人民政府兽医行政管理部门，负责组织对动物产品中兽药残留量的检测。兽药残留检测结果，由国务院兽医行政管理部门或者省、自治区、直辖市人民政府兽医行政管理部门按照权限予以公布。	省级以上人民政府兽医主管部门
5	省级畜禽遗传资源保种场、保护区和基因库确定	《畜牧法》第十三条：国务院畜牧兽医行政主管部门根据全国畜禽遗传资源保护和利用规划及国家级畜禽遗传资源保护名录，省级人民政府畜牧兽医行政主管部门根据省级畜禽遗传资源保护名录，分别建立或者确定畜禽遗传资源保种场、保护区和基因库，承担畜禽遗传资源保护任务。 《种畜禽管理条例》（1994 年国务院令第 153 号）第五条：国务院畜牧行政主管部门主管全国的种畜管理工作。县级以上地方人民政府畜牧行政主管部门主管本行政区域内的种畜禽管理工作。	省级人民政府畜牧兽医行政主管部门

（续表）

序号	确认事项	法律依据	实施主体
6	官方兽医确认	《中华人民共和国动物防疫法》（2015年修正）第四十一条：动物卫生监督机构的官方兽医具体实施动物、动物产品检疫。官方兽医应当具备规定的资格条件，取得国务院兽医主管部门颁发的资格证书，具体办法由国务院兽医主管部门会同国务院人事行政部门制定。本法所称官方兽医，是指具备规定的资格条件并经兽医主管部门任命的，负责出具检疫等证明的国家兽医工作人员。 《农业部关于做好动物卫生监督执法人员官方兽医资格确认工作的通知》（农医发〔2011〕25号）二：官方兽医资格条件和确认程序，各省、自治区、直辖市兽医主管部门要严格按照官方兽医资格条件确认官方兽医资格。	省级兽医主管部门
7	农业投入品抽查结果公布	《中华人民共和国农产品质量安全法》（主席令第49号2006.4.29）第21条：对可能影响农产品质量安全的农药、兽药、饲料和饲料添加剂、肥料、兽医器械，依照有关法律、行政法规的规定实行许可制度。国务院农业行政主管部门和省、自治区、直辖市人民政府农业行政主管部门应当定期对可能危及农产品质量安全的农药、兽药、饲料和饲料添加剂、肥料等农业投入品进行监督抽查，并公布抽查结果。	省级以上人民政府农业行政主管部门
8	优良种畜登记	《中华人民共和国畜牧法》第二十一条：省级以上畜牧兽医技术推广机构可以组织开展种畜优良个体登记，向社会推荐优良种畜。 《优良种畜登记规则》（2006年6月5日农业部令第66号公布）第三条：农业部主管全国优良种畜登记管理工作。省级人民政府畜牧行政主管部门主管本行政区域内优良种畜登记管理工作。全国畜牧总站组织开展全国性优良种畜登记。省级畜牧技术推广机构组织开展本行政区域内的优良种畜登记。	省级以上人民政府行政主管部门

（续表）

序号	确认事项	法律依据	实施主体
9	草种检验员资格认定	《中华人民共和国种子法》第四十八条：农业、林业主管部门可以委托种子质量检验机构对种子质量进行检验。承担种子质量检验的机构应当具备相应的检测条件、能力，并经省级以上人民政府有关主管部门考核合格。种子质量检验机构应当配备种子检验员。种子检验员应当具有中专以上有关专业学历，具备相应的种子检验技术能力和水平。第九十三条：草种、烟草种、中药材种、食用菌菌种的种质资源管理和选育、生产经营、管理等活动，参照本法执行。 《国务院关于取消和下放一批行政审批项目的决定》（国发〔2013〕44 号）：草种检验员资格认定下放至省级人民政府草原行政主管部门。 《草种管理办法》（农业部令第 3 号 2014 年 4 月 25 日）第三十九条：草种质量检验机构的草种检验员应当符合下列条件：（一）具有相关专业大专以上文化水平或具有中级以上技术职称；（二）从事草种检验技术工作 3 年以上；（三）经省级以上人民政府草原行政主管部门考核合格。	省级以上人民政府草原主管部门
10	农产品监督抽查结果公布	《中华人民共和国农产品质量安全法》（主席令第 49 号 2006.4.29）第 34 条：国家建立农产品质量安全监测制度。县级以上人民政府农业行政主管部门应当按照保障农产品质量安全的要求，制定并组织实施农产品质量安全监测计划，对生产中或者市场上销售的农产品进行监督抽查。监督抽查结果由国务院农业行政主管部门或者省、自治区、直辖市人民政府农业行政主管部门按照权限予以公布。监督抽查检测应当委托符合本法第三十五条规定条件的农产品质量安全检测机构进行，不得向被抽查人收取费用，抽取的样品不得超过国务院农业行政主管部门规定的数量。上级农业行政主管部门监督抽查的农产品，下级农业行政主管部门不得另行重复抽查。	省级以上人民政府农业行政主管部门

第七章　畜牧兽医行政奖励

第一节　畜牧兽医行政奖励概述

一、畜牧兽医行政奖励的含义

畜牧兽医行政奖励，是指畜牧兽医行政主体为表彰先进、激励后进，充分调动和激发畜牧兽医管理者和从业者的积极性和创造性，依照法定的条件和程序，对为国家和社会作出突出贡献或模范遵守畜牧兽医法律法规的管理者和从业者，给予物质或精神奖励的一种畜牧兽医行政行为。

在我国传统的行政关系基本上是命令服从模式，在这种行政关系中，双方对抗性强，导致纠纷不断，增加了行政成本，降低了行政的效率。为顺应政治民主与市场经济的发展，行政管理正在由传统的单方性命令、强制、制裁模式向服务与合作、指导与沟通模式转变，尤其近年来，激励机制行为在行政管理领域中的作用凸显，行政奖励就是这样一种行政行为，它能够充分挖掘相对人的潜在智力、财力和物力资源，最大限度调动人们实现行政目标的主动性、积极性和创造性，既能提高行政效率，又能使公民的主体地位受到尊重。

二、畜牧兽医行政奖励的特征

（1）实施畜牧兽医行政奖励的主体是国家畜牧兽医行政机关或法律法规授权的组织，未经授权的个体畜牧兽医企业或其他畜牧兽医企业等非行政主体的奖励，不是畜牧兽医行政奖励。

（2）畜牧兽医行政奖励的目的是表彰先进、激励和推动后进，调动畜牧兽医管理者维护畜牧业生产经营秩序或广大畜牧兽医从业者从事畜牧业生产经营的或积极性和创造性。

（3）畜牧兽医行政奖励的对象是对国家和社会做出突出贡献的或模范地遵纪守法的畜牧兽医管理者或畜牧兽医从业者。

（4）畜牧兽医行政奖励的内容包括物质奖励和精神奖励，即物质奖励或精神奖励，大多数情况下二者合并采用。

（5）畜牧兽医行政奖励是畜牧兽医行政主体的一种具体行政行为，行政奖励具有法律后果，社会及其他个人和组织必须予以承认。

（6）畜牧兽医行政奖励是畜牧兽医行政主体的一种单方行政行为，但不具有强制执行力。

（7）畜牧兽医行政奖励是畜牧兽医行政主体依照法律、法规的规定实施的，是一种法定的行政行为。

第二节　畜牧兽医行政奖励的要件和基本原则

一、畜牧兽医行政奖励行为的构成要件

畜牧兽医行政奖励是法定行为，因此：

1. 畜牧兽医行政奖励行为要符合法定的奖励条件和标准

它是行政奖励行为的客观要件。这种畜牧兽医行政奖励是畜牧兽医行政主体对符合法定奖励条件的，赋予一定的权益、以资鼓励的行政行为，必须依据相关法律规范规定的标准和条件进行，不得擅自确立条件和标准。

2. 畜牧兽医行政奖励行为要符合法定的奖励形式

行政奖励是法定行为，没有法定的形式，行政奖励就不存在，所以，行政奖励应以一定的奖励形式表现出来。

3. 畜牧兽医行政奖励行为要符合法定的奖励权限

根据法律规范的有关规定，行政主体实施行政奖励行为时，受一定的奖励权限制约，不能超越权限任意奖励，否则，行政奖励无效。所以，一定的奖励形式只能由一定的行政主体来授予，行政主体不能超越其权限任意决定

授予受奖者某种形式的奖励。

4. 畜牧兽医行政奖励行为要符合法定的奖励程序

在我国，虽然没有行政奖励程序的统一规定，但是，根据现行的相关法律法规的规定，行政主体实施行政奖励必须符合法定的程序，否则将影响奖励的效力。一般应遵循的程序：提出，审批、公布、授奖和存档等几个步骤。

二、畜牧兽医行政奖励的原则

1. 依法奖励、实事求是的原则

依法奖励，是指奖励的标准法定，也就是说行政奖励的条件、行政奖励的形式由法律规定。实事求是是对实施行政奖励的要求。

2. 精神奖励和物质奖励相结合的原则

一是在设立行政奖励的环节中，精神奖励和物质奖励的形式应该并重，而不能一头重一头轻；二是在实施行政奖励的环节中，精神奖励和物质奖励既可以分别单独实施，又可以同时并用。

3. 奖当其行原则

该原则的含义是：行政奖励的程度与受奖者的行为或成绩相匹配。这是公正实施行政奖励要求的集中体现。

4. 公正、合理、民主、平等原则

该原则的含义是：在法定的奖励条件下，人人都有平等的受奖权，工作成绩或贡献是实施行政奖励的唯一依据。这一原则要求：必须有一种体现民主、公正和平等的评奖机制，凡符合法定奖励条件者，都有平等受奖的权利。

5. 时效性原则

行政奖励的目的是调动人民积极性和创造性的，因此，就必须及时对符合条件者给予奖励。

第三节　畜牧兽医行政奖励的内容和形式

一、畜牧兽医行政奖励的内容的含义

畜牧兽医行政奖励的内容是指畜牧兽医行政主体通过畜牧兽医行政奖励行为赋予受奖励者的权益。这种权益是行政奖励内容的反映和实现。

根据法律、法规和规章的规定，行政奖励的内容主要有三个方面，一是精神方面的权益，二是物质方面的权益，三是职务方面的权益（这种奖励的对象具有更进一步的限定性，并且，由于牵涉的职务、职级，往往要求有组织法上的根据）。这三方面内容的奖励在激励、调动积极性方面各有特色，既可单独进行又可合并实施。

二、畜牧兽医行政奖励的重要形式

行政奖励的广泛性，决定了奖励形式的多样性，一次行政奖励可以有多种奖励形式。根据法律法规的相关规定，明确行政奖励的形式主要有以下几种，畜牧兽医行政奖励应遵循：

（1）发给奖金或奖品，属于物质方面的奖励。

（2）通报表扬，属于精神方面的奖励。

（3）通令嘉奖，属于精神方面的奖励。

（4）记功，属于精神方面的奖励。

（5）授予荣誉称号、奖章，属于精神方面的奖励。

（6）晋级，属于职务方面的奖励。

（7）晋职，属于职务方面的奖励。

附　录　畜牧兽医行政奖励事项一览表

序号	奖励事项	法律依据	实施主体
1	对农产品质量安全举报行为的奖励	《国务院关于加强食品等产品安全监督管理的特别规定》第十九条：任何组织或者个人对违反本规定的行为有权举报。接到举报的部门应当为举报人保密。举报经调查属实的，受理举报的部门应当给予举报人奖励。农业、卫生、质检、商务、工商、药品等监督管理部门应当公布本单位的电子邮件地址或者举报电话；对接到的举报，应当及时、完整地进行记录并妥善保存。举报的事项属于本部门职责的，应当受理，并依法进行核实、处理、答复；不属于本部门职责的，应当转交有权处理的部门，并告知举报人。	县级以上农业部门
2	对在动物防疫工作、动物防疫科学研究中做出突出成绩和贡献的奖励	《中华人民共和国动物防疫法》第十一条：对在动物防疫工作、动物防疫科学研究中做出成绩和贡献的单位和个人，各级人民政府及有关部门给予奖励。 《执业兽医管理办法》（2008 年 11 月 26 日农业部令第 18 号公布，2013 年 9 月 28 日农业部令 2013 年第 3 号、2013 年 12 月 31 日农业部令 2013 年第 5 号修订）第五条：县级以上人民政府兽医主管部门应当对在预防、控制和扑灭动物疫病工作中做出突出贡献的执业兽医，按照国家有关规定给予表彰和奖励。	各级人民政府，县级以上兽医主管部门，及有关部门
3	对参加重大动物疫情应急处理作出贡献的人员的表彰和奖励	《重大动物疫情应急条例》（国务院令第 451 号）第七条：县级以上人民政府应当对参加重大动物疫情应急处理的人员给予适当补助，对做出贡献的人员给予表彰和奖励。	县级以上人民政府
4	对保护和改善农业、农村生态环境工作成绩突出的奖励	《畜禽规模养殖污染防治条例》（国务院令第 644 号）第八条：对在畜禽养殖污染防治中做出突出贡献的单位和个人，按照国家有关规定给予表彰和奖励。 《动物疫情报告管理办法》（1999 年 10 月 19 日农牧发〔1999〕18 号发布并实施）第十条：对在动物疫情报告工作中作出显著成绩的单位或个人，由畜牧兽医行政管理部门给予表彰或奖励。	县级以上兽医主管部门

（续表）

序号	奖励事项	法律依据	实施主体
5	规模化、标准化畜禽养殖的政府表彰和奖励	《畜禽规模养殖污染防治条例》（国务院令第643号）第二十六条：县级以上人民政府应当采取示范奖励等措施，扶持规模化、标准化畜禽养殖，支持畜禽养殖场、养殖小区进行标准化改造和污染防治设施建设与改造，鼓励分散饲养向集约饲养方式转变。	县级以上人民政府
7	对在种质资源（草种）保护和良种选育、推广等工作中成绩显著的奖励	《草种管理办法》第六条：县级以上地方人民政府草原行政主管部门应当加强草种质资源保护和良种选育、生产、更新、推广工作，鼓励选育、生产、经营相结合，奖励在草种质资源保护和良种选育、推广等工作中成绩显著的单位和个人。	县级以上地方人民政府草原行政主管部门
8	草原防火先进单位和个人表彰奖励	《草原防火条例》第十条：对在草原火灾预防和扑救工作中有突出贡献或者成绩显著的单位、个人，按照国家有关规定给予表彰和奖励。	县级以上地方人民政府草原防火主管部门
9	对农（畜牧）业技术推广工作中做出贡献的单位和个人的奖励（宁夏，省一级实施）	《中华人民共和国农业技术推广法》第八条：对在农业技术推广工作中做出贡献的单位和个人，给予奖励。	县级以上地方各级人民政府农业技术推广部门
10	对草原管理、保护、建设、合理利用和科学研究的奖励	《中华人民共和国草原法》第七条：国家对在草原管理、保护、建设、合理利用和科学研究等工作中做出显著成绩的单位和个人，给予奖励。	县级以上地方人民政府草原行政主管部门

第八章　畜牧兽医行政复议

第一节　畜牧兽医行政复议概述

一、畜牧兽医行政复议的含义

畜牧兽医行政复议，是指作为管理相对人的公民、法人或者其他组织认为畜牧兽医行政主体的具体行政行为（如畜牧兽医行政处罚）侵犯其合法权益，依法向该畜牧兽医行政主体的行政主管机关提出申请，由受理该申请的行政机关对原具体行政行为依法进行审查并作出复议决定的活动。

二、畜牧兽医行政复议的基本原则

根据《行政复议法》第四条“行政复议机关履行行政复议职责，应当遵循合法、公正、公开、及时、便民的原则，坚持有错必纠，保障法律、法规的正确实施”的规定，畜牧兽医行政复议应遵循以下几个原则。

1. 合法原则

是处理复议活动与法律相互关系的基本准则，也是其他基本原则的基础。要求畜牧兽医行政主体在处理畜牧兽医行政处罚等行政行为时必须以事实为依据，以法律为准绳。审查是否主体合法，是否违反法定程序等。没有合法原则，公开、公正、及时、便民等原则就失去根据。

2. 公正原则

畜牧兽医行政主体解决畜牧兽医行政处罚等争议，应当将作为被申请人的畜牧兽医行政主体与作为申请人的公民、法人和其他组织放在平等的位置上，不能偏袒任何一方。而且在复议决定上，因为大量的畜牧兽医行政法律、法规在授权时，为了畜牧兽医行政主体能够根据实际情况作出灵活的处理决定，一般都规定了一定的自由裁量权，畜牧兽医行政主体在自由裁量权的范围内所作出的行政处罚等行政行为虽然都是合法的，但是，有时未必都公正合理。因此，畜牧兽医行政主体应当审查引起争议的畜牧兽医行政行为是否合理适度，作出公正的裁决。

3. 公开原则

是畜牧兽医行政复议的一个重要程序原则，它是指畜牧兽医行政主体在对畜牧兽医行政行为决定进行复议程序中，要把公开公布的法律、法规和规章等规范性文件作为复议审查的依据。同时，要将畜牧兽医行政复议的受案范围、畜牧兽医行政复议的机关、畜牧兽医行政复议的申请、畜牧兽医行政复议的受理和畜牧兽医行政复议决定等有关内容和程序公开。应当满足和保障当事人和公众的了解权、监督权。畜牧兽医行政复议活动应当为公众所了解，接受当事人和公众的监督。

4. 及时原则

是指畜牧兽医行政复议机关处理案件应当尽量程序简单时间短暂，以使行政争议得到较快解决，行政关系得到较快确定，行政秩序得到较快恢复。及时原则是行政效率原则的具体要求，作为一种权利救济手段，行政复议具有一定的司法性，但不是终局的。行政相对人还可以申请司法救济，因此，在处理畜牧兽医行政复议案件时也要考虑行政效率要在法律、法规规定的时限内及时作出处理决定。

5. 便民原则

是指行政复议要便于行政相对人参加，尽量能够节省时间、精力和费用。保证行政相对人合法权益得到救济。

三、畜牧兽医行政复议的特征

（1）畜牧兽医行政复议的申请人，只能是畜牧兽医行政处罚等具体畜牧兽医行政行为中的当事人。

（2）畜牧兽医行政复议的被申请人，只能是作出畜牧兽医行政处罚决定等具体畜牧兽医行政行为的畜牧兽医行政主体。

（3）畜牧兽医行政复议机关是作出畜牧兽医行政处罚决定等具体畜牧兽医行政行为的畜牧兽医行政主体的上级行政主管机关和同级人民政府。

（4）畜牧兽医行政复议的目的就是查明畜牧兽医行政处罚决定等具体畜牧兽医行政行为是否合法。

四、畜牧兽医行政复议范围

畜牧兽医行政复议的范围，是指畜牧兽医行政主体的上一级主管部门受理行政复议案件的范围。也是当事人可以通过行政复议获得救济的范围。根据《行政复议法》的规定，结合畜牧兽医工作实际，畜牧兽医行政复议的范围主要包括以下几方面。

1. 可以复议的具体行政行为

（1）对畜牧兽医行政主体作出的警告、责令停产停业、罚款、没收违法所得、没收非法财物等行政处罚决定不服的。

（2）对畜牧兽医行政主体作出的查封、扣押动物、动物产品、兽药、饲料，扑杀染疫动物、无害化处理或销毁染疫动物产品及有关物品等行政强制措施决定不服的。

（3）对作出的《动物诊疗许可证》《动物防疫条件合格证》等许可类证书变更、中止、撤销的决定不服的。

（4）认为畜牧兽医行政主体侵犯其合法的经营自主权的。

（5）认为畜牧兽医行政主体违法征收财物、摊派费用或者违法要求履行其他义务的。

（6）认为符合法定条件，申请颁发《动物检疫合格证明》等许可类证照，没有依法办理的。

（7）认为畜牧兽医行政主体的其他畜牧兽医行政行为侵犯其合法权益的。

2. 当事人不能申请行政复议的事项

（1）对畜牧兽医法律、法规、规章或者具有普遍约束力的决定、命令不服的。

（2）对畜牧兽医行政主体作出的行政处分或者其他人事处理决定不

服的。

（3）对畜牧兽医行政主体作出的民事纠纷的调解、仲裁或者其他处理不服的。

3. 对抽象行政行为的审查

《行政复议法》第七条规定：公民、法人或者其他组织认为行政机关的具体行政行为所依据的部分抽象行政行为不合法，在对具体行政行为申请行政复议时，可以一并向行政复议机关提出对该行为的审查申请。其中，不可复议的部分抽象行政行为包括：国务院部门的规定，县级以上地方各级人民政府及其工作部门的规定，乡、镇人民政府的规定，但不包括行政法规、国务院部委规章和地方人民政府规章，也不包括国务院的规定。

五、畜牧兽医行政复议管辖

复议管辖即复议机关受理复议申请的权限分工。根据《行政复议法》的规定，复议管辖可分为如下三大类。

1. 一般管辖

复议申请人不服行政机关具体行政行为而申请复议的管辖问题。对此，《行政复议法》作出如下规定。

第一，对县级以上地方各级人民政府工作部门的具体行政行为不服的，由申请人选择，可以向该部门的本级人民政府申请行政复议，也可以向上一级主管部门申请行政复议。

第二，对海关、金融、国税、外汇管理等实行垂直领导的行政机关和国家安全机关的具体行政行为不服的，向上一级主管部门申请行政复议。

第三，对地方各级人民政府的具体行政行为不服的，向上一级地方人民政府申请行政复议。

第四，对省、自治区人民政府依法设立的派出机关所属的县级地方人民政府的具体行政行为不服的，向该派出机关申请行政复议。

第五，对国务院部门或者省、自治区、直辖市人民政府的具体行政行为不服的，向作出该具体行政行为的国务院部门或者省、自治区、直辖市人民政府申请行政复议。

2. 特殊管辖

即除一般管辖之外的特殊情况下的复议管辖。对此,《行政复议法》作出如下规定。

第一，对县级以上地方人民政府依法设立的派出机关的具体行政行为不服的，向设立该派出机关的人民政府申请行政复议。

第二，对政府工作部门依法设立的派出机构依照法律、法规或者规章规定，以自己的名义作出的具体行政行为不服的，向设立该派出机构的部门或者该部门的本级地方人民政府申请行政复议。

第三，对法律、法规授权的组织的具体行政行为不服的，分别向直接管理该组织的地方人民政府、地方人民政府工作部门或者国务院部门申请行政复议。

第四，对两个或两个以上行政机关以共同的名义作出的具体行政行为不服的，向其共同上一级行政机关申请行政复议。

第五，对被撤销的行政机关在撤销前所作出的具体行政行为不服的，向继续行使其职权的行政机关的上一级行政机关申请行政复议。

3. 转送管辖

《行政复议法》规定，有上述特殊管辖所列情形之一的，申请人也可以向具体行政行为发生地的县级地方人民政府提出行政复议申请，接受申请的县级地方人民政府对依法属于其他行政复议机关受理的行政复议申请，应当自接到该行政复议申请之日起 7 个工作日内，转送有关行政复议机关，并告知申请人。接受转送的行政复议机关应当依法作出相应的处理。

第二节　畜牧兽医行政复议的程序

《行政复议法》对行政复议的程序分为分为申请、受理、审理、决定四个阶段。畜牧兽医行政复议的同样遵循这四个程序规定。

一、行政复议申请

行政复议是一种依申请的行政行为，没有申请人的申请，行政复议就无法启动，行政复议也不能发生。因此申请是行政复议程序中的第一个阶段。《行政复议法》对行政复议的申请主要涉及以下三项，即复议申请的期限及形式、复议参加人和复议申请管辖。

1. 申请的期限长度

提起行政复议，必须遵守法定的时间限制。这种时间限制，如同诉讼时效一样，也可理解为复议申请的时效，没有法定理由超过了时效的，申请人将丧失申请权。根据《行政复议法》和畜牧法规的规定，畜牧兽医行政复议申请的期限包括两个方面：一是一般期限为60日，即当事人应当在知道具体行政行为之日起60日内提出复议申请，但法律规定超过60日的除外；二是期限的延长，即“因不可抗力或者其他正当理由耽误法定申请期限的，申请期限自障碍消除之日起继续计算”。

2. 申请期限的起算

（1）当场作出的，自作出之日起计算。

（2）法律文书送达的，自签收之日起计算。

（3）公告形式送达的，自公告规定的期限届满之日起计算。

（4）被申请人能够证明当事人知道行政行为的，自证明之日起计算。

被申请的行政行为是不作为：有规定履行期限的，自履行期限届满之日起计算；没有定履行期限的，自行政机关收到申请满60日起计算；当事人在紧急情况下申请行政机关履行法定职责，行政机关不履行的，可以立即申请复议。

3. 申请复议的方式

（1）书面申请。书面申请行政复议的，可采取当面递交、邮寄或传真等方式提出，有条件的行政复议机构可以接受以电子邮件形式提出的申请。

（2）口头申请。口头申请的，复议机构应当当场制作行政复议申请笔录交申请人核对或向申请人宣读，并由申请人签字确认。

4. 行政复议参加人

复议参加人指依法参加行政复议活动的当事人及类似当事人地位的代理人包括复议当事人（申请人和被申请人）、第三人和复议代理人。

（1）申请人。申请人是指对畜牧兽医行政主体作出的畜牧兽医行政处罚不服，依法以自己的名义向畜牧兽医行政复议机关提起行政复议申请的公民、法人或者其他组织。有权申请行政复议的公民死亡的，其近亲属可以申请行政复议。有权申请行政复议的公民为无民事行为能力人或者限制民事行为能力人的，其法定代理人可以代为申请行政复议。有权申请行政复议的法人或者其他组织终止的，承受其权利的法人或者其他组织可以申请行政复议。

（2）被申请人。被申请人是指其作出的具体行政行为被行政复议的申请人指控侵犯其合法权益，并由行政复议机关通知参加行政复议的行政主体，即畜牧兽医行政主体。根据《行政复议法》的规定，被申请人主要有以下情形：第一，相对人对行政机关的具体行政行为不服申请行政复议的，作出具体行政行为的行政机关是被申请人；第二，法律、法规授权的组织的具体行政行为引起行政复议的，该组织是被申请人；第三，行政机关委托的组织作出的具体行政行为引起的行政复议，委托的行政机关是被申请人；第四，两个或两个以上行政机关以共同的名义作出的具体行政行为引起行政复议的，共同作出具体行政行为的行政机关是被申请人；第五，被撤销的行政机关在撤销前所作出的具体行政行为引起行政复议的，继续行使其职权的行政机关是被申请人。

（3）第三人。行政复议的第三人是指同申请行政复议的具体行政行为有利害关系，通过申请或畜牧兽医行政复议机关通知而参加到行政复议中的其他公民、法人或者其他组织。

（4）代理人。《行政复议法》规定，申请人、第三人可以委托代理人代为参加行政复议。

二、畜牧兽医行政复议受理

1. 受理条件

行政复议申请符合下列条件的应当受理。

（1）有明确的申请人和符合规定的被申请人。

（2）申请人与具体行政行为有利害关系。

（3）有具体的行政复议请求和理由。

（4）在法定申请期限内提出。

（5）属于行政复议受案范围。

（6）属于复议机关的职责范围。

2. 受理期限

复议机关收到行政复议申请后，应当在 5 个工作日内进行审查，视情况作出处理。

3. 管辖竞合

申请人就同一事项向两个或两个以上有权受理机关申请行政复议的，由先收到的机关受理；同时收到申请的，由其在 10 个工作日内协商确定；协商不成的，由其共同上一级机关在 10 个工作日内指定受理机关。协商确定或指定受理机关时间不计入复议审理期限。

4. 受理后的处理

根据《行政复议法》第十七条的规定，畜牧兽医行政复议机关对受理的畜牧兽医行政复议案件的审查期限为 5 个工作日。经审查，复议机关应当分别情况作出如下处理。

（1）决定不予受理。经审查，对不符合申请条件的复议申请，复议机关应裁决不予受理，并制作决定书，载明不予受理的理由，通知申请人。对于不予受理的裁定不服的，如果不是属于终局复议，相对人可向人民法院提起行政诉讼。也可以向上级机关反映，上级机关可以依法责令其受理。

（2）告知。经审查，对符合申请条件，但不属本机关受理的复议申请，告知申请人向有关复议机关提出。

（3）直接受理。根据《行政复议法》第十七条的规定，只要不属于前两种情况的，即推定为已经受理，复议机关无须作出受理决定，相对人也无须关注有无受理的决定。也就是说，如果不能证明相对人的申请不符合申请条件而决定不予受理，或不属于本机关管辖范围而履行告知义务，那么对相对人的复议申请就应当无条件地予以受理。

为了有效保障相对人的复议申请权，《行政复议法》第十九条、第二十条还对复议机关无故不受理的情形规定了相应的监督机制。该法第十九条就复议前置的复议案件的司法监督作了规定，即对复议前置的复议案件，复议机关决定不受理或受理后逾期不作答复的，相对人可依法向法院提起行政诉讼。该法第二十条还就无故不受理的行政监督作了规定，即对复议机关无正当理由不予受理的，上级机关应“责令受理”，也可“直接受理”。

三、畜牧兽医行政复议审理

1. 审理方式

根据《行政复议法》的规定，一般由复议机关负责法制工作的机构具体审理；应当由两名以上行政复议人员参加。审理复议案件，一般实行书面审理的方式。所谓书面审理方式，是指复议机关审理复议案件仅就案件的书面材料，包括申请人提出的复议申请书及有关材料和被申请人提出的复议答辩书及有关材料、证据，进行审定，在此基础上依法裁决。但也并不排斥必要的调查工作和听取意见。对重大、复杂的案件，申请人提出要求或复议机构认为必要的，可以采取听证的方式审理。

2. 审理的内容

根据《行政复议法》的规定，畜牧兽医行政复议机关在审理行政争议案件时，不仅可以对具体行政行为是否合法和适当进行审查，而且必须全面审查具体行政行为所依据的事实和规范性文件，不受行政复议申请范围的限制，这是行政复议制度区别于行政诉讼制度的显著特点。

3. 审理程序

一般包括：送达申请书。行政复议机构应当自收到复议申请受理之日起

7个工作日内，将申请书副本或者申请笔录复印件发送被申请人；提供证据和答辩。被申请人应当自收到之日起10个工作日内，提出书面答复，并提交当初作出具体行政行为的证据、依据和其他相关材料。

4. 行政复议举证责任

行政复议证据既有一般性，也具有特殊性。作为特殊的证据制度，行政复议有以下特点：

（1）举证责任的分担。行政复议案件的审理中，实行被申请人对具体行政行为承担举证责任的举证原则，即被申请人要在行政复议机关要求的时限内提供作出具体行政行为所依据的事实和规范性文件，不能提供的，就面临着具体行政行为被复议机关撤销或确认为违法、不当的危险。

（2）证明要求。行政复议的证明要求集中在被申请人的具体行政行为的合法性和适当性上，不同于行政诉讼的证明要求集中在被诉的具体行政行为合法性上，也不同于民事诉讼的证明要求侧重于原被告双方当事人主张的合法性上。

（3）证据的收集。在复议过程中，被申请人不得自行向申请人和其他有关组织或个人收集证据，即行政复议中的证据限于具体行政行为作出以前收集到的证据。根据“先取证，后裁决”的原则，行政机关在作出具体行政行为以前必须收集到足够的证据。作出具体的行政行为以后，不能再收集证据，否则复议机关不予采纳。因为作出具体行政行为后再收集证据意味着具体行政行为是在没有足够证据的情况下作出的，是不合法的理应加以撤销。

5. 行政复议调解和解

公民、法人或者其他组织认为行政机关的具体行政行为侵犯其合法权益提出行政复议申请，在行政复议期间，对以下行政复议案件可进行调解或者和解。

（1）对行政机关行使法律、法规规定的自由裁量权作出的具体行政行为不服申请行政复议，申请人与被申请人在行政复议决定做出前自愿达成和解的，应当向行政复议机构提交书面和解协议，或者在行政复议机关的组织下达成调解协议。

（2）当事人之间的行政赔偿或者行政补偿纠纷。

（3）调解和解的内容不损害国家利益、社会公共利益和他人合法权益的。

6. 行政复议中止和终止

行政复议审理期间，有下列情形之一，影响行政复议案件审理的，行政复议中止：

（1）作为申请人的自然人死亡，其近亲属尚未确定是否参加行政复议的。

（2）作为申请人的自然人丧失参加行政复议的能力，尚未确定法定代理人参加行政复议的。

（3）作为申请人的法人或者其他组织终止，尚未确定权利义务承受人的。

（4）作为申请人的自然人下落不明或者被宣告失踪的。

（5）申请人、被申请人因不可抗力，不能参加行政复议的。

（6）案件涉及法律适用问题，需要有权机关作出解释或者确认的。

（7）案件审理需要以其他案件的审理结果为依据，而其他案件尚未审结的。

（8）其他需要中止行政复议的情形。行政复议中止的原因消除后，应当及时恢复行政复议案件的审理。行政复议机构中止、恢复行政复议案件的审理，应当告知有关当事人。

行政复议期间，有下列情形之一的，行政复议终止。

（1）申请人要求撤回行政复议申请，行政复议机构准予撤回的。

（2）作为申请人的自然人死亡，没有近亲属或者近亲属放弃复议权利的。

（3）作为申请人的法人或者其他组织终止，其权利义务承受人放弃复议权利的。

（4）申请人与被申请人达成和解，并经行政复议机构准许的。

（5）申请人对行政拘留或者限制人身自由的行政强制措施不服申请行政复议后，因申请人的同一违法行为涉嫌犯罪，该行政拘留或者限制人身自由的行政强制措施变更为刑事拘留的。

（6）作为申请人的自然人死亡，其近亲属尚未确定是否参加复议的、作为申请人的自然人丧失参加复议的能力，尚未确定法定代理人参加复议的、作为申请人的法人或者其他组织终止，尚未确定权利义务承受人的中止复议满60日而中止原因仍未消除的。

四、行政复议决定

畜牧兽医行政复议机关经过对复议案件的审理，要依据事实和法律，就行政复议作出结论性裁决，这就是决定程序。

1. 复议决定的种类

根据《行政复议法》的规定，畜牧兽医行政复议机关经过审理，分别作出以下复议决定。

（1）维持原行政行为。经审查，认为具体行政行为认定事实清楚，证据确凿，适用依据正确，程序合法，内容适当的，决定维持。

（2）决定履行法定职责。经审查，认为被申请人不履行法定职责的，决定责成被申请人在一定期限内履行其法定职责。

（3）决定撤销、变更。经审查，认为行政行为有下列情形之一的，决定撤销：一是主要事实不清、证据不足的；二是适用依据错误的；三是违反法定程序的；四是超越或者滥用职权的；五是行政行为明显不当的。撤销即完全消灭原具体行政行为效力。

变更与撤销不同，是部分否定具体行政行为的效力。其适用条件与撤销决定相同。

（4）决定确认违法。它主要适用于既无法维持也无法撤销、变更的一些行政行为。具体包括：一是对行政机关所发生的诸如打人或损坏物品的事实行为，可确认违法，以便当事人据此申请赔偿；二是效力已经灭失的行政行为；三是不能成立的行政行为，如行政机关实施处理不告知当事人的权利，或不履行程序义务。确认该具体行政行为违法的，可以责令被申请人在一定期限内重新作出具体行政行为。

（5）决定行政赔偿。根据行政复议法的规定，申请人申请复议时可以并提出行政赔偿请求，对于符合国家赔偿法规定的，行政复议机构在撤销、变更行政行为或者确认违法的，应同时决定被申请人依法给予赔偿。

（6）驳回行政复议申请。行政复议机关受理行政复议案件后，发现有下列情形之一的，应当决定驳回行政复议申请：一是申请人认为行政机关不履行法定职责申请行政复议，行政复议机关受理后发现该行政机关没有相应法定职责或者在受理前已经履行法定职责的；二是受理行政复议申请后，发现该行政复议申请不符合行政复议法和行政复议法实施条例规定的受理条件的。上级行政机关认为行政复议机关驳回行政复议申请的理由不成立的，应当责令其恢复审理。

2. 复议决定的形式

《行政复议法》第三十一条第二款规定，复议机关作出复议决定，应当制作复议决定书，即以书面形式作出。复议决定书应包括下列内容：申请人的姓名、性别、年龄、职业、住址等（法人或其他组组的名称、地址、法定代表人的姓名）；被申请人的名称、地址，法定代表人的姓名、职务；申请复议的主要请求和理由；复议机关认定的事实、理由、适用的法律、法规、规章和具有普遍约束力的决定、命令；复议决定；不服复议决定向人民法院起诉的期限，或者终局的复议决定，当事人履行的期限；作出复议决定的年、月、日。复议决定书由复议机关加盖复议机关的印章。

3. 复议决定的期限

为防止复议机关拖延作出复议决定，《行政复议法》第三十一条第一款规定，行政复议机关应当自受理申请之日起60日内作出行政复议决定；但是法律规定的行政复议期限少于60日的除外。因情况复杂，不能在规定期限内作出行政复议决定的，经行政复议机关的负责人批准，可适当延长，并告知申请人和被申请人；但是延长期限最多不超过30日。

4. 复议决定的效力

复议决定一经送达，即发生法律效力，具有拘束力、确定力和执行力。发生法律效力的复议决定分两种情况：一是终局决。该复议决定一经作出并予送达即发生法律效力。对终局决定，当事人必须服从，不得起诉。二是非终局决定，申请人不服，可依法起诉，但如果当事逾期未起诉的，行政复议决定就发生法律效力，当事人都必须履行。

5.行政复议决定的执行

（1）属于内部行政行为的执行措施。被申请人不履行或者无正当理由拖延履行复议决定的，复议机关或有关上级行政机关应责令其限期履行。实际是一内部行政行为。

（2）属于行政强制执行的措施。申请人、第三人逾期不起诉又不履行行政复议决定的，或不履行属于终局裁决的复议决定时，如果作出原具体行政行为的机关或复议机关具有直接强制执行权的，在复议维持的情况下由原行为作出机关负责，在复议改变的情况下由复议机关负责执行。

（3）属于法院非诉执行的措施。如果不具有直接强制执行权，需申请法院执行。

第九章　畜牧兽医行政诉讼

第一节　畜牧兽医行政诉讼的概述

一、畜牧兽医行政诉讼的含义

畜牧兽医行政诉讼，是指公民、法人或其他组织认为畜牧兽医行政主体侵犯其合法权益时，依法向有管辖权的人民法院提出诉讼，由人民法院依照法定程序对畜牧兽医行政处罚决定或其他具体行政行为的合法性进行审理，并依法作出裁决的一种法律制度。

畜牧兽医行政诉讼是一种司法活动。建立行政诉讼制度，有利于公民、法人和其他组织在其合法权益受到违法或者不当行政行为侵害时寻求司法救济，以维护自己的合法权益。同时也有利于维护和监督行政管理主体依法行使职权。

二、畜牧兽医行政诉讼的基本特征

（1）畜牧兽医行政诉讼属于行政诉讼的范畴，是解决畜牧兽医行政主体与当事人之间所发生的行政纠纷的一个诉讼制度。

（2）畜牧兽医行政诉讼的被告必须是畜牧兽医行政主体。

（3）畜牧兽医行政诉讼的原告是认为畜牧兽医行政主体作出的畜牧兽医行政处罚决定或其他具体行政行为侵犯自己的合法权益和公民、法人和其他组织。

（4）畜牧兽医行政诉讼只能向依法享有审判权的人民法院提起。

（5）畜牧兽医行政诉讼的任务是审查行政行为（如畜牧兽医行政处罚决定）是否合法。

6. 畜牧兽医行政诉讼是保障当事人的合法权益不受非法侵犯的一种法律救济手段。

三、畜牧兽医行政诉讼的基本原则

行政诉讼的基本原则，是指反映行政诉讼的一般规律和特点，贯穿于行政诉讼的全过程，对行政诉讼活动起支配作用的基本准则。根据《中华人民共和国行政诉讼法》的规定，畜牧兽医行政行政诉讼的基本原则应遵循行政诉讼的基本原则：

1. 人民法院依法独立行使审判权原则

人民法院依法对畜牧兽医行政案件独立行使审判权，不受行政机关、社会团体和个人的干涉。具体如下。

（1）行政审判权由人民法院统一行使。

（2）就具体案件的审判来说，各人民法院的审判权独立。

（3）审判人员独立。

2. 以事实为根据、以法律为准绳原则

人民法院审理畜牧兽医行政案件，以事实为根据，以法律为准绳。

（1）以事实为根据要求人民法院审理畜牧兽医行政案件，作出裁判之前将相关的事实调查清楚。

（2）以法律为准绳要求人民法院审理畜牧兽医行政案件时，不管是对被诉具体行政行为合法性进行审查、判断还是作裁定或决定，均应依法进行。这里的法是指法律、行政法规和地方性法规、自治条例、单行条例，并参照规章。

3. 行政行为合法性审查原则

只有在公民、法人或者其他组织对畜牧兽医行政行为的合法性提出异议时，才能通过行政诉讼的方式解决，而畜牧兽医行政主体在法律、法规授予的行政自由裁量权范围内作出的行政行为是否合理、适当的问题，原则上只能通过行政复议由畜牧兽医行政机关自行判断和处理。

4. 当事人地位平等原则

第一，当事人在行政诉讼中地位完全平等，依法平等地享有诉讼权利并平等地履行义务；第二，人民法院审理行政案件，在适用法律上对当事人双方平等对待。当然，当事人法律地位平等，并不是指当事人双方的诉讼权利、义务完全对应或对等，如被告负举证责任，没有反诉权，而原告不负举证责任等。

5. 民族语言文字原则

第一，各民族公民都有使用本民族语言、文字进行诉讼的权利；第二，在少数民族聚居区或者多民族共同居住的地区，人民法院应当用当地民族通用的语言、文字进行审理和发布法律文书；第三，人民法院应当对不通晓当地民族通用的语言、文字的诉讼参与人提供翻译。

6. 当事人有权辩论原则

在畜牧兽医行政诉讼中，当事人有权针对案件事实的有无，证据的真伪，适用法律、法规的正确与否诸方面进行辩论。

7. 合议、回避、公开审判及两审终审制

行政案件技术性、知识性较强，而且行政诉讼当事人一方为行政机关，独立审判难以胜任，采用合议制有利于行政案件的公正解决。

为保证案件的公正审理，行政诉讼同民事、刑事诉讼一样，坚持回避原则和公开审判原则，并实行两审终审制。

8. 人民检察院实行法律监督原则

人民检察院有权对畜牧兽医行政诉讼实行法律监督，以保障行政诉讼活动依法进行。

四、提起畜牧兽医行政诉讼的期限

公民、法人或者其他组织直接向人民法院提起诉讼的，应当在知道作出行政行为（如畜牧兽医行政处罚）之日起 6 个月内提出。法律另有规定的除外。

公民、法人或者其他组织向畜牧兽医行政机关申请复议，不服复议机关作出的复议决定的，可以在收到复议决定书之日起 15 个工作日内向人民法院提起诉讼。复议机关逾期不作决定的，申请人可以在复议期满之日起 15 个工作日内向人民法院提起诉讼。法律另有规定的除外。

第二节　畜牧兽医行政应诉

一、畜牧兽医行政应诉的含义

畜牧兽医行政应诉，是指在行政诉讼中的被告即畜牧兽医行政主体依照法定程序参加行政诉讼，行使诉讼权力，履行诉讼义务的活动。畜牧兽医行政应诉贯穿于行政诉讼活动的始终，包括畜牧兽医行政主体在第一审普通程序中提交答辩状、举证、参加法庭调查、进行法庭辩论，以及在简易程序、第二审程序、审判监督程序和执行程序中进行的各种诉讼活动。

二、畜牧兽医行政应诉程序

畜牧兽医行政应诉程序，是行政诉讼中的被告即畜牧兽医行政主体在行政诉讼活动中，必须遵循的步骤、方式和时限的总称。行政诉讼程序决定畜牧兽医行政应诉程序。根据《中华人民共和国行政诉讼法》规定，人民法院审理行政案件的程序有：第一审普通程序，是最基本的程序；简易程序；第二审程序，也称为上诉程序和终审程序；审判监督程序，也称再审程序。畜牧兽医行政应诉程序与此相适应，分别贯穿于这四个程序中。

（一）第一审程序中的应诉

1. 畜牧兽医行政应诉准备

畜牧兽医行政应诉准备，是指行政诉讼的被告即畜牧兽医行政主体收到人民法院的畜牧兽医行政应诉通知书和原告的起诉状副本后，为参加行政诉讼，按照一定程序所做的各项准备工作的总和。

（1）确定畜牧兽医行政应诉人员。根据《行政诉讼法》第二十六条“公民、法人或者其他组织直接向人民法院提起诉讼的，作出行政行为的行政机关是被告。经复议的案件，复议机关决定维持原行政行为的，作出原行政行为的行政机关和复议机关是共同被告；复议机关改变原行政行为的，复议机关是被告。复议机关在法定期限内未作出复议决定，公民、法人或者其他组织起诉原行政行为的，作出原行政行为的行政机关是被告；起诉复议机关不作为的，复议机关是被告。两个以上行政机关作出同一行政行为的，共同作出行政行为的行政机关是共同被告。行政机关委托的组织所作的行政行为，委托的行政机关是被告。行政机关被撤销或者职权变更的，继续行使其职权的行政机关是被告”以及《行政诉讼法》第三条第三款“被诉行政机关负责人应当出庭应诉。不能出庭的，应当委托行政机关相应的工作人员出庭”规定，因此，参加畜牧兽医行政诉讼的人员是畜牧兽医行政主体负责人，如果其负责人因故不能亲自出庭应诉，可以委托本机关相应的工作人员代理应诉。委托应诉代理人，必须制作书面委托书，载明委托事项权限，并由法定代表人签名和盖行政机关公章，委托书要提交人民法院。如果诉讼的案件经过畜牧兽医复议机关决定维持原行政行为的、改变原行政行为的、在法定期限内未作出复议决定，起诉复议机关的，进行复议的畜牧兽医行政机关应确定工作人员作为代表一并出庭应诉或独立出庭应诉。

（2）审查起诉状。应诉人员对原告起诉状要作深入、全面的审查，这是畜牧兽医行政应诉的一项基础工作。

审查的内容包括：一是原告的起诉是否正确，起诉状中认定的事实是否错误，引用的法律、法规是否正确，原告是否有主体资格，是否超过起诉时限等；二是自己的具体行政行为是否合法，在作出具体行政行为时事实是否清楚，证据是否充分，适用法律是否正确，程序是否合法，是否有滥用职权或越权现象等；三是审查人民法院的立案是否正确，该法院是否有管辖权等；四是审查自己当被告是否正确，原告是否告错了畜牧兽医行政主体，有没有共同被告等。

（3）举证。畜牧兽医行政主体在出庭应诉前，要对有关证据材料进行整理，以便撰写答辩状时使用和向人民法院提交。这些证据材料有：一是作出行政行为的法律文书；二是作出行政行为的证据；三是作出行政行为的法律依据；四是作出行政行为的程序。

（4）撰写答辩状。《中华人民共和国行政诉讼法》第六十七条规定，被告应当在收到起诉状副本之日起 15 日内向人民法院提交作出行政行为的证据和所依据的规范性文件，并提出答辩状。因此，认真制作答辩状，既是被告畜牧兽医行政主体向人民法院全面阐述被诉行政行为的重要机会，更是一项诉讼义务。

撰写答辩状应把握以下几点：一是针对起诉状提出的诉讼请求和理由，从事实、证据、法律依据、程序等方面进行辩驳，内容充分、翔实；二是抓住关键，阐明要点，根据案情，必要时留有余地，以便在法庭辩驳时达到出其不意，攻其不备的效果；三是语言精练，结构严谨，条理清楚。

答辩状的内容包括：

① 答辩机关及其法定代表人、委托代理人的基本情况。

② 案由，写“因某某（原告）不服某某（被告）作出的行政行为提起行政诉讼一案，现答辩如下”。

③ 正文，即针对原告起诉状内容逐一答辩。

④ 结尾，即载明送致的法院、答辩机关、时间和附件（有关证据材料）。

（5）准备代理词。代理词是畜牧兽医行政应诉代理人为庭审辩论拟出的答辩和辩论文书。代理词实际上是行政诉讼代理人在庭审时自己使用的辩论提纲，没有固定格式，内容可以更为丰富，答辩状中留有余地的内容，在代理词中可以充分发挥。代理词一般应在庭审前准备好，但又应根据法庭调查和案情的变化以及法庭辩论的深入等情况进行必要的调整和修改。

（6）其他准备工作。除上述准备工作外，畜牧兽医行政应诉的准备工作还有很多，这里仅列举几个主要问题：一是对于较重大的行政诉讼案件，畜牧兽医行政主体应当组织有关人员召开案情分析会，拟定应诉策略，做好应诉准备；二是对行政案件的经过和细节，当事人和知情者，物证和现场等方面再进行过细的分析和核查，以求准确无误；三是应诉人员在听取人民法院的合理意见后，并经过归纳各方面的证据材料后，对照法律法规，认为畜牧兽医行政主体作出的行政行为确属违法的，应当及时向本畜牧兽医行政主体负责人建议自行改变行政行为，争取原告自行撤诉，以求尽快化解行政争议。畜牧兽医行政主体自行改变行政行为，应在开庭审理前进行。

2. 出庭应诉

出庭应诉的程序与人民法院开庭审理程序相对应。行政案件的开庭审理程序有：开庭审理前准备，审理开始，法庭调查，法庭辩论，延期审理，合议庭评议，宣判。下面重点介绍在审理开始、法庭调查、法庭辩论三个阶段畜牧兽医行政应诉的权利、义务和方法。

（1）审理开始阶段的应诉。这一阶段，畜牧兽医行政应诉人员的主要任务是：一是接受法庭的核对身份；二是倾听审判长告知诉讼权利和义务；三是决定是否回避。

（2）法庭调查阶段的应诉。法庭调查的主要任务是：明确当事人的诉讼请求及事实根据，并对证据特别是对证明案件事实起决定作用的证据进行认真调查。经过法庭质证的事实和证据，才能作为人民法院裁判的依据。这一阶段，畜牧兽医行政应诉人员应注意四个方面：一是认真听。应诉人员要认真听取审判人员的询问、原告的陈述、证人证言、鉴定人的鉴定意见、勘验人的勘验及其结果，及时发现问题。若对鉴定意见和勘验笔录有异议，可以马上请求法庭重新鉴定、勘验。二是仔细看。应诉人员要仔细查看法庭出示的书证、物证和视听资料等证据，辨别真伪。对不真实的证据，要及时向法庭提出异议；对法庭未查明的事项，可以提出新的证据，请求法庭核实。三是准确问。应诉人员经审判长准许后，可以向证人、鉴定人、勘验人、原告、第三人发问，发问时应注意对已调查核定的内容，不宜再问；对证人、鉴定人发问，应围绕证言、鉴定结论进行；对勘验人发问，应立足于勘验内容，但不必受“勘验笔录”的限制。四是认真答。对于审判人员的询问、对方当事人的发问等，应诉人员的回答时要注意对于双方无异议的问题，要一句带过；对于双方有争议的问题，要讲明理由，同时可出示证据，或者请求法庭出示有关证据，但不要讲得太多，其他辩论可在下一步辩论阶段辩驳。

（3）法庭辩论阶段的应诉。法庭辩论，是指在审判长的主持下，诉讼当事人和其他诉讼参加人就对法庭调查过的事实和证据，提出维护自己的诉讼请求或反驳意见，在法庭上当面互相辩论的诉讼活动。其基本程序是：原告及其代理人发言，被告及其代理人发言，第三人及其代理人发言，双方互相辩论，双方作最后陈述。法庭辩论是庭审的中心环节，应诉人员应认真对待，因为这是在原、被告在相互反驳中完整、准确、充分地表达自己的观点，辩论的效果直接影响着合议庭成员发表意见，并通过旁听者直接影响到社会舆论。应诉人员法庭辩论的内容是：一是事实辩。辨明作出行政行为的事实，一般从时间、地点、情节、原因、结果等方面进行有针对性的阐述。二是证据辩。要从证据的真实性、证据对案件事实的证明力两个方面进行辩论。三是法律辩。辨明被诉行政行为适用法律、法规的准确性。四是程序辩。辨明作出被诉行政行为符合法定程序。

（4）庭审结束后，畜牧兽医行政应诉人员应当在庭审笔录上签字。对庭审笔录所记载的内容要认真核对，如记载的不是自己的真实意思表示，可以作出修改，然而再签字认可。

（二）简易程序中的应诉

畜牧兽医行政诉讼简易程序，是指特定的人民法院在审理事实清楚、权利义务关系明确、争议不大的畜牧兽医行政案件时适用的一种简便易行的诉讼程序。简易程序是与普通程序相对应的程序，在起诉手续、审理方式和审理时限等方面都作了简化。

对于简易程序中的应诉和第一审程序中的应诉一样，做好应诉准备，包括确定畜牧兽医行政应诉人员、审查起诉状、进行举证、撰写答辩状等其他工作。

简易程序中的应诉应把握以下几点：一是应根据起诉状提出的诉讼请求和理由，从事实、权利义务、争议情况等方面进行全面审查，理清思路，以便做好简易程序中所要求的应诉准备工作；二是简易程序的审理方式（独任制）和审理期限（45天）与普通程序不同，且审理程序灵活简便，减少人力、物力浪费。但是，仍然要遵守行政诉讼的基本原则和制度，不能因为简便放松警惕，导致诉讼败诉；三是畜牧兽医行政主体虽然和原告一起同意人民法院适用简易程序，但是，在审理过程中，人民法院经过认为适用简易程序有异议，或案件虽然简单、争议不大，但代表一类案件，可能影响大量相同或类似案件的处理，可以申请建议简易程序转为一般程序。

（三）第二审程序中的应诉

行政诉讼的第二审程序，是上级人民法院根据当事人的上诉，按照法律规定对第一审人民法院未发生法律效力的判决、裁定进行审理、裁判的程序。在第二审程序中，如果原告对第一人民法院作出的行政判决不服提出上诉，行政机关作为被上诉人的应诉程序与第一审普通程序也基本相同。但行政机关在第二审程序中应诉时应注意以下几个问题：

1. 应诉角度要有所变化

第二审畜牧兽医行政应诉的目的是，论证第一审人民法院判决、裁定的正确性、合法性。因此，应诉人员在撰写答辩状以及法庭陈述、辩论中，应紧紧围绕第一审人民法院判决、裁定所认定事实的清楚性、证据的确凿性、适用法律的正确性等方面进行。

2. 避免与第一审程序中答辩、辩论重复

对第一审程序中已经清楚的问题不应重复答辩和辩论。要针对对方的上诉请求和理由，抓住关键，明确争议焦点，更加充分地摆事实、讲道理、进行有的放矢的答辩和辩论。

3. 对书面审理的上诉案件，要通过有效方式向第二审人民法院陈述意见

《中华人民共和国行政诉讼法》第八十六条“人民法院对上诉案件，应当组成合议庭，开庭审理。经过阅卷、调查和询问当事人，对没有提出新的事实、证据或者理由，合议庭认为不需要开庭审理的，也可以不开庭审理”规定。第二审人民法院审理上诉案件，可以实行书面审理。书面审理通常不直接传唤当事人到庭，因而畜牧兽医行政主体在二审中无法当庭向法院陈述自己的意见，但是，应诉人员可以通过提供全面详细的书面材料，主动向第二审人民法院的审判人员阐述问题等方式，来充分表达畜牧兽医行政主体的主张。

上述是原告上诉时畜牧兽医行政主体如何应诉的情况。如果畜牧兽医行政主体对第一审人民法院作出的撤销、变更行政行为或者要求履行法定职责等判决不服的，也可以提起上诉。这时同样要注意的是，畜牧兽医行政主体书写申诉状或向人民法院陈述意见时，要针对第一审人民法院的判决进行。

（四）审判监督程序中的应诉

审判监督程序，又称再审程序，是指人民法院认为有错误的已发生法律效力的判决、裁定再次审理的程序。审判监督程序提起后，行政案件便进入了再审过程。

根据《中华人民共和国行政诉讼法》的规定，提起再审程序的主要有三种方式，一是人民法院依职权提起再审，即各级人民法院院长、上级人民法院、最高人民法院基于审判监督权依法定的方式提起再审；二是人民检察院抗诉提起的再审，有检察监督权的人民检察院提起抗诉，促成再审程序；三是当事人申请提起再审。

因此，畜牧兽医行政主体应该充分运用这一诉讼权利，对确实存在错误的生效裁判及时提出申请再审程序，纠正错误的裁判。在这一程序，畜牧兽医行政主体在书写申诉状时，应特别注意的是，要能提出新事实、新证据，这是能真正提起再审程序、否定原判的关键所在。

第十章　畜牧兽医行政赔偿

第一节　畜牧兽医行政赔偿概述

一、畜牧兽医行政赔偿的含义

畜牧兽医行政赔偿是指国家对畜牧兽医行政主体及其工作人员执行职务、行使国家管理畜牧兽医职权的过程中，因违法给公民、法人和其他组织的合法权益造成损害，由国家所承担的赔偿责任。

二、畜牧兽医行政赔偿的特点

（1）畜牧兽医行政赔偿必须是由畜牧兽医行政主体及其工作人员的行为引起的。

（2）畜牧兽医行政主体及其工作人员的行为必须是行使职权的行为。

（3）畜牧兽医行政主体的行为必须具有违法性。

（4）损害必须已经发生。

（5）畜牧兽医行政赔偿责任由国家承担。

三、畜牧兽医行政赔偿与相关概念的区别

1. 畜牧兽医行政赔偿与畜牧兽医行政补偿的联系和区别

畜牧兽医行政补偿是指国家对畜牧兽医行政主体及其工作人员在行使职权过程中因合法行为损害公民、法人或者其他组织合法权益而采取的补救措施。畜牧兽医行政赔偿和畜牧兽医行政补偿都是国家对畜牧兽医行政主体及其工作人员行使职权过程中给公民、法人或者其他组织合法权益造成的损害采取补救措施，而且在危险责任领域，行政补偿与行政赔偿之间没有明确的

界限。但是，两者仍然存在许多区别，表现在：

（1）原因不同。两者都是国家对畜牧兽医行政主体及其工作人员在行政管理过程中损害公民、法人或者其他组织合法权益所采取的补救措施，但是，畜牧兽医行政赔偿所针对的损害是畜牧兽医行政主体及其工作人员的违法行为，而畜牧兽医行政补偿针对的是合法行为。

（2）范围不同。畜牧兽医行政赔偿的范围小于畜牧兽医行政补偿的范围。畜牧兽医行政赔偿受国家赔偿法的限制，国家并非对所有的行政侵权行为都承担赔偿责任，行政补偿的原因除了行为合法性这一限制之外，没有其他的限制。

（3）程度不同。畜牧兽医行政赔偿对公民、法人或者其他组织合法权益的补救程度不如畜牧兽医行政补偿充分。国家赔偿法针对的损害限于人身权和财产权的损害，而行政补偿没有这种限制。而且，对国家赔偿法规定范围之内的行政侵权行为所造成的损害，国家也并非全部赔偿，而是限于最低限度的直接损失。国家赔偿法规定“计算标准”的作用之一为了限制赔偿的数额。畜牧兽医行政补偿采取补偿实际损失的原则，畜牧兽医行政主体及其工作人员的合法行为给公民、法人或者其他组织的合法权益造成了多大的损害，国家就补偿多少。当然，行政补偿所针对的损害必须是特定的公民、法人或者其他组织所遭受特别的损害，而不是普遍的损害。

（4）程序不同。畜牧兽医行政补偿可能是在损害发生之前由畜牧兽医行政主体与公民协商解决，也可能是在损害发生之后由畜牧兽医行政主体与协商解决。畜牧兽医行政赔偿只能发生在侵权行为发生之后，由畜牧兽医行政主体与公民协商解决。畜牧兽医行政补偿和畜牧兽医行政赔偿都可以适用调解，但是，公民与畜牧兽医行政主体对行政补偿不能达成协议而起诉的，适用一般的行政诉讼程序；与行政赔偿义务机关对行政赔偿不能达成协议而起诉的，适用行政侵权赔偿诉讼程序。

（5）性质不同。畜牧兽医行政赔偿性质上属于行政法律责任，而畜牧兽医行政补偿性质上属于具体行政行为。畜牧兽医行政赔偿是国家对畜牧兽医行政主体及其工作人员违法行使职权的行为而承担的一种法律责任，具有否定和谴责的含义；而畜牧兽医行政补偿是国家对畜牧兽医行政主体及其工作人员合法行为所造成的损害而采取的补救措施，畜牧兽医行政主体达成作出的决定属于具体行政行为。

（6）依据不同。畜牧兽医行政补偿的法律依据是有关的单行的部门法律法规，而畜牧兽医行政赔偿的法律依据是行政诉讼法和国家赔偿法。

2. 畜牧兽医行政赔偿与民事赔偿的联系和区别

民事赔偿是一方当事人因侵权行为而向遭受损害的另一方当事人承担的赔偿责任。民事赔偿与畜牧兽医行政赔偿之间存在着密切的联系。但是，两者之间也存在着一些区别，表现如下。

（1）主体不同。畜牧兽医行政赔偿是国家向公民个人承担的赔偿责任，形成的是国家与公民之间的法律关系；而民事赔偿责任是公民个人向公民个人承担的赔偿责任，形成的是公民与公民之间的法律关系。

（2）原因不同。畜牧兽医行政赔偿的原因是行政侵权行为，而民事赔偿的原因是民事侵权行为。行政侵权行为是畜牧兽医行政主体及其工作人员在行使职权过程中实施的侵害公民合法权益的行为，是国家权力的作用；而民事侵权行为既没有“行政机关及其工作人员”这一主体方面的限制，也没有“行使职权过程中”这一限制。

（3）范围不同。民事赔偿的范围大于畜牧兽医行政赔偿的范围。畜牧兽医行政赔偿的原因、行为损害的范围由国家赔偿法作了限制，国家并不对所有的侵权行为都承担赔偿责任，也不对行政侵权行为所造成的所有损害都要赔偿，而只赔偿行政侵权行为对人身权和财产权造成的最低限度的直接损害。与此不同，民事赔偿存在于所有的民事侵权行为，民事侵权行为人不但要全额赔偿给受害人的各种合法权益造成的直接损害，而且要赔偿一定的可得利益的损失即赔偿间接损失。

（4）归责原则不同。民事赔偿责任的归责原则以过错责任原则为主、危险责任原则为辅，对畜牧兽医行政赔偿责任的归责，有的国家实行过错责任原则，有的国家实行公务过错责任原则等多种多样。

（5）程序不同。解决民事赔偿纠纷的程序是仲裁、民事诉讼，而解决畜牧兽医行政赔偿争议的程序是行政处理程序、行政复议程序和行政诉讼程序。

（6）依据不同。畜牧兽医行政赔偿是公法上的法律责任，其法律依据是行政诉讼法、国家赔偿法等公法法律规范；而民事赔偿是私法上的法律责任，其依据是民法通则等私法规范。

3. 畜牧兽医行政赔偿与司法赔偿的联系和区别

（1）实施侵权行为的主体不同。在畜牧兽医行政赔偿中，实施侵权行为的主体是畜牧兽医行政主体及其工作人员，在司法赔偿中，实施侵权行为的主体是履行司法职能的国家机关及其工作人员，包括公安机关、国家安全机关以及军队的保卫部门，国家检察机关，国家审判机关，监狱管理机关及在上述机关的工作人员。

（2）实施侵权行为的时间不同。畜牧兽医行政处罚等行政侵权行为发生在行政管理过程中，是畜牧兽医行政主体及其工作人员在行使职权过程中实施的，而司法侵权行为发生在司法活动中，以司法机关及其工作人员在刑事诉讼中违法行使侦查权、检察权、审判权、监狱管理权以及在民事、行政审判中人民法院采取强制措施、保全措施以及执行措施为构成要件。

（3）追偿的条件不同。无论是畜牧兽医行政赔偿中还是在司法赔偿中都实行追偿制度，赔偿义务机关在履行了赔偿义务后，可以责令有关责任人员承担部分或全部赔偿费用。行政追偿的条件是畜牧兽医行政主体及其工作人员在行使职权过程中有故意或者重大过失，这种标准具有明显的主观性。司法追偿的条件是司法机关工作人员实施刑讯逼供、殴打和以其他暴力方式伤害公民的工作人员、违法使用武器和警械伤害他人的工作人员和在审理案件中有贪污受贿、徇私舞弊、枉法裁判行为的工作人员。相比较之下，司法追偿的范围要比行政追偿的范围窄。国家赔偿法划分这种区别，主要是因为司法机关及其工作人员面临的情况比较复杂，法律规定了较大的裁量权，认定司法工作人员主观上是否存在故意或重大过失比较困难，而且追偿的范围不能过宽，否则很容易挫伤司法人员的积极性。

（4）程序不同。畜牧兽医行政赔偿程序分为单独提出赔偿请求的程序和一并提出赔偿请求的程序。单独提出赔偿请求的程序实行行政处理前置的原则，行政赔偿争议在行政程序不能解决的，最终可以通过行政诉讼途径解决。司法赔偿程序没有单独提出赔偿请求和一并提出赔偿请求的划分，赔偿请求人对赔偿义务机关的决定不服的，要向其上一级机关申请复议，对复议决定不服的，向复议机关所在地的同级人民法院的赔偿委员会申请，由其作出最终的决定。

第二节　畜牧兽医行政赔偿的范围

一、国家应予赔偿的范围

1. 侵犯公民人身权的赔偿范围

根据《中华人民共和国国家赔偿法》第三条的规定，行政机关及其工作人员在行使行政职权时，有下列侵犯人身权行为之一的，受害人有取得行政赔偿的权利。因此，畜牧兽医行政主体在行使畜牧兽医行政职权时，有下列侵犯当事人人身权行为之一的，受害人（当事人）有取得畜牧兽医行政赔偿的权利。

（1）违法拘留或者违法采取限制公民人身自由的行政强制措施的。行政拘留是指公安机关、安全机关对违反治安、安全行政法律规范但不构成刑事犯罪的行为人，在短期内限制其人身自由的一种行政制裁；限制公民人身自由的行政强制措施是指行政机关及其工作人员为实现行政管理目的，依职权采取强制手段限制特定的公民人身自由权利的行为，主要形式有：隔离治疗、强制传唤等。畜牧兽医行政主体及其工作人员凡违法采取上述措施，受害人可以申请行政赔偿。况且，根据国家法律法规的规定，畜牧兽医行政主体及其工作人员没有拘留或者采取限制公民人身自由的行政职权。

（2）非法拘禁或者以其他方法非法剥夺公民人身自由的。非法拘禁是指行政机关及其工作人员采取非法手段剥夺特定的公民的人身自由权利。以其他方法非法剥夺公民人身自由的行为是指行政机关及其工作人员以非法拘禁以外的强制方式限制公民自由活动的行为。上述两种非法剥夺公民人身自由行为造成公民人身自由受到损害的，受害人可以申请行政赔偿。根据国家法律法规的规定，畜牧兽医行政主体及其工作人员没有拘禁或者以其他方法剥夺公民人身自由的行政职权。

（3）以殴打、虐待等行为或者唆使、放纵他人以殴打、虐待等行为造成公民身体伤害或者死亡的。畜牧兽医行政主体工作人员在行政管理中故意对公民实施殴打、虐待等行为或者以授意、劝说、怂恿、引诱等唆使、放纵他人对公民实施殴打、虐待等行为，并造成公民身体伤害或者死亡的，应承担赔偿责任。

（4）违法使用武器、警械造成公民身体伤害或者死亡的。畜牧兽医行政主体工作人员在执行公务时，在没有法律法规规定的根据，或者违反法律法规有关使用武器、警械的规定，使用武器、警械，并造成公民身体伤害或者死亡结果的，受害人可以申请行政赔偿。

（5）造成公民身体伤害或者死亡的其他违法行为。除上述四类违法行为外，畜牧兽医行政主体及其工作人员在行政管理中，造成公民身体伤害或者死亡结果发生的违法行使职权的行为。如威胁、恫吓，噪音干扰，不让吃饭、睡觉等。

2. 侵犯财产权的赔偿范围

根据《中华人民共和国国家赔偿法》第四条的规定，行政机关及其工作人员在行使行政职权时，有下列侵犯财产权行为之一的，受害人有取得行政赔偿的权利。因此，畜牧兽医行政主体在行使畜牧兽医行政职权时，有下列侵犯当事人财产权行为之一的，受害人（当事人）有取得行政赔偿的权利。

（1）违法实施行政处罚造成财产损失的。违法实施罚款、吊销许可证和执照、责令停产停业、没收财产等行政处罚，给公民、法人或者其他组织的合法财产造成损害的，受害人可以申请行政赔偿。

（2）违法采取行政强制措施侵犯财产权的。违法对财产采取查封、扣押等行政强制措施，给公民、法人或者其他组织的合法财产造成损害的，受害人可以申请行政赔偿。

（3）造成财产损害的其他违法行为。指造成公民、法人或者其他组织财产权损害的其他一切违法行政行为。如畜牧兽医行政处罚机关违法侵犯经营自主权、不作为造成财产损害的等。

3. 国家不予赔偿的范围

根据《中华人民共和国国家赔偿法》第五条的规定，畜牧兽医行政主体有下列情形之一的，国家不承担赔偿责任。

（1）畜牧兽医行政处罚机关工作人员与行使职权无关的个人行为。对畜牧兽医行政行政主体及工作人员行使与职权无关的个人行为，国家不承担赔偿责任，受害人可以通过民事诉讼程序来解决这一损害赔偿责任。

（2）因公民、法人或者其他组织的行为致使损害发生的。在这种情况下，国家不承担赔偿责任；如果畜牧兽医行政处主体和对方均有过错，应按双方各自过错的大小，分担责任。行政赔偿义务机关只对其应负责的部分赔偿损失。

（3）法律规定的其他情形。这里的“法律”是专指全国人民代表大会及其常务委员会根据立法程序制定的规范性文件，不包括法规和规章。

第三节　畜牧兽医赔偿请求人和赔偿义务机关

一、赔偿请求人

畜牧兽医行政赔偿请求人，是指因其合法权益受到畜牧兽医行政主体及其工作人员不法侵害而依法要求赔偿的公民、法人和其他组织。

有三方面的特征：一是赔偿请求人必须是自己的合法权益受到侵犯并造成实际损害的人，二是赔偿请求人必须是其所受损害与畜牧兽医行政活动中违法行为存在因果关系的人，三是赔偿请求人的请求事项必须符合《中华人民共和国国家赔偿法》的相关规定。

二、行政赔偿请求人的种类

1. 一般情况下的赔偿请求人

凡是受到畜牧兽医行政主体及其工作人员违法行为侵犯的公民、法人或者其他组织，有权请求行政赔偿。

2. 特殊情况下的赔偿请求人

一是受害的公民死亡，其继承人和其他有扶养关系的亲属有权要求赔偿。二是受害的法人或者其他组织终止的，承受其权利的法人或者组织有权要求赔偿。

三、赔偿义务机关

1. 一般情况下的畜牧兽医行政赔偿义务机关

畜牧兽医行政赔偿义务机关，一般指实施致害行为的国家畜牧兽医行政主体工作人员所在的畜牧兽医行政主体。

2. 特殊情况下的行政赔偿义务机关

（1）共同侵权的赔偿义务机关。两个以上畜牧兽医行政主体或其他行政机关共同行使行政职权时侵犯公民、法人和其他组织的合法权益造成损害的，共同行使行政职权的畜牧兽医行政主体或其他行政机关为共同赔偿义务机关。共同赔偿义务机关共同承担赔偿义务，它们之间承担连带责任，受害人可以向共同赔偿义务机关中的任何一个机关要求赔偿，该赔偿义务机关应当先予赔偿，然后要求其他有责任的机关承担部分赔偿费用。

（2）授权行政侵权的赔偿义务机关。法律、法规授权的组织在行使授予的行政权力时侵犯公民、法人和其他组织的合法权益造成损害的，被授权的组织为赔偿义务机关。如果被授权的组织实施的侵权行为与法律、法规所授予的职权无关，那么，受害人不应该请求行政赔偿，而应当请求民事赔偿。

（3）委托行政侵权的赔偿义务机关。受畜牧兽医行政主体委托的组织或者个人在行使受委托的行政权力时侵犯公民、法人和其他组织的合法权益造成损害的，委托的畜牧兽医行政主体为赔偿义务机关。这是因为在委托行政中，受委托的组织及其工作人员是以委托畜牧兽医行政主体的名义而不能以自己的名义作出具体行政行为，其行为的法律后果只能由委托的畜牧兽医行政主体承担。

（4）侵权机关被撤销的赔偿义务机关。赔偿义务机关被撤销的，继续行使其职权的畜牧兽医行政主体为赔偿义务机关；没有继续行使其职权的畜牧兽医行政主体的，撤销该赔偿义务机关的行政机关为赔偿义务机关。

（5）经复议的具体行政行为造成侵权的赔偿义务机关。经复议机关复议的，最初造成侵权行为的畜牧兽医行政主体为赔偿义务机关，但复议机关的复议决定加重损害的，复议机关对加重的部分履行赔偿义务。这里规定了两种情形，一种是经过行政复议的，无论复议机关作出何种复议决定，只要复议机关的决定不加重当事人的损害的，赔偿义务机关都是最初造成侵权行为的畜牧兽医行政主体。另一种是经过行政复议机关复议的，只要是复议决定加重了当事人的损害的，行政复议机关就要对加重部分负责履行赔偿义务。在第二种情形下，行政复议机关与原处理机关为共同赔偿义务机关。

第四节　畜牧兽医行政赔偿的方式和标准

一、畜牧兽医行政赔偿的方式

1. 支付赔偿金

行政赔偿的主要方式是支付赔偿金的赔偿方式，即以货币的形式给付受害人一定数额的赔偿。这种赔偿方式，省时省力，可以使受害人的赔偿请求迅速得到满足，也便于行政执法正常开展工作。因此它的适用范围较广，无论人身损害还是财产损害都有可能通过这种方式予以赔偿。所以，《中华人民共和国国家赔偿法》规定国家赔偿的方式以金钱赔偿为主。当然，对于财产损害，在能够适用返还财产、恢复原状的方式时，应采用这两种赔偿方式。如果适用其他方式赔偿更为便捷、适当的，则也应采用其他方式。实践中，以支付赔偿金作为财产损害时的畜牧兽医赔偿方式的情形有：畜牧兽医行政主体违法查封、扣押、冻结财产造成财产损坏、灭失，已不可能恢复原状的；应当返还的财产损坏且不能恢复原状或财产灭失的；财产已经被国家机关拍卖的；吊销许可证、责令停产停业致使财产权益受损失的；造成财产权的其他损害的。

2. 返还财产

返还财产是指将违法取得的财产返还给受害人的赔偿方式。它又包括返还金钱及返还财物两种具体形态。在实践中，返还财产这种畜牧兽医赔偿方式的适用必须具备几个前提条件：一是原物必须存在并且保持完好无损。如果原物灭失或遭损坏，则应采取支付赔偿金方式赔偿。二是返还财产不会给他人或社会产生不良影响。三是返还财产不属于争讼标的。四是返还财产要有利于受害人。

3. 恢复原状

恢复原状是指将受到损害的财产恢复到被侵害以前的状态。适用这种赔偿方式，也要以“能够恢复原状”为前提，即受损害的财产能够恢复原状，才能适用恢复原状，如果物之功能已完全丧失，根本无法恢复，即不能适用这种方式。

4. 其他方式

畜牧兽医行政执法及其工作人员违反行使职权，致人精神损害的，应当在侵权行为影响的范围内，为受害人消除影响，恢复名誉，赔礼道歉；造成严重后果的，应当支付相应的精神损害抚慰金。

二、赔偿标准

1. 侵犯人身自由的计算标准

根据《中华人民共和国国家赔偿法》的规定，侵犯公民人身自由的，每日的赔偿金按照国家上年度职工日平均工资计算。这里的“上年度”是指赔偿义务机关、复议机关或者人民法院赔偿委员会作出赔偿决定时的上年度；复议机关或者人民法院赔偿委员会决定维持原赔偿决定的，按作出原赔偿决定时的上年度执行。这里的“职工日平均工资”，应以职工年平均工资除以全年法定工作日数的方法计算。年平均工资以国家统计局公布的数字为准。

2. 侵犯生命健康权的计算标准

根据《中华人民共和国国家赔偿法》的规定，畜牧兽医行政主体侵犯公民生命健康权的，赔偿金按下列规定计算：

（1）身体伤害赔偿。造成身体伤害的，应当支付医疗费、护理费，以及赔偿因误工减少的收入。减少的收入每日的赔偿金按照国家上年度职工日平均工资计算，最高额为国家上年度职工年平均工资的 5 倍。

（2）残疾伤害赔偿。造成部分或者全部丧失劳动能力的，应当支付医疗费、护理费、残疾生活辅助具费、康复费等因残疾而增加的必要支出和继续治疗所必需的费用，以及残疾赔偿金。残疾赔偿金根据丧失劳动能力的程度，按照国家规定的伤残等级确定，最高不超过国家上年度职工年平均工资的 20 倍。造成全部丧失劳动能力的，对其扶养的无劳动能力的人，还应当支付生活费。

（3）死亡损害赔偿。造成死亡的，应当支付死亡赔偿金、丧葬费，总额为国家上年度职工平均工资的 20 倍。对死者生前扶养的无劳动能力的人，还应当支付生活费。

上述残疾伤害赔偿和死亡损害赔偿中规定的生活费的发放标准参照当地民政部门有关生活救济的规定办理。被扶养的人是未成年人的，生活费给付至 18 周岁止；其他无劳动能力的人，生活费给付至死亡时止。

3. 侵犯财产权计算标准

根据《中华人民共和国国家赔偿法》的规定，畜牧兽医行政主体侵犯公民、法人和其他组织的财产权造成损害的，按照下列规定处理：

（1）处罚款、没收财产或者违法征收、征用财产的，返还财产。

（2）查封、扣押财产的，解除对财产的查封、扣押，造成财产损坏或者灭失的，依照下述第三点、第四点的规定赔偿。

（3）应当返还的财产损坏的，能够恢复原状的恢复原状，不能恢复原状的，按照损害程度给付相应的赔偿金。

（4）应当返还的财产灭失的，给付相应的赔偿金。

（5）财产已经拍卖或者变卖的，给付拍卖或者变卖所得的价款。变卖的价款明显低于财产价值的，应当支付相应的赔偿金。

（6）吊销许可证、责令停产停业的，赔偿停产停业期间必要的经常性费用开支。这里的“必要的经常性费用开支”，一般包括企业和个人维持其生产和生活所需的实际支出，如房租、水电费、职工工资、仓储费用等，而不包括可能取得的收益或营业利润。

（7）返还执行的罚款、追缴或者没收的金钱。

（8）对财产权造成其他损害的，按照直接损失给予赔偿。

附　录　案例摘选

1. 行政不作为诉讼案例

李某平等四十二人
诉长治市郊区畜牧兽医局行政不作为纠纷案一审
行政判决书

（2015）城行初字第 61 号

山西省长治市城区人民法院

原告李某平，男。原告马某琴，女。原告李某菊，女。

原告张某，女。原告王某云，男。原告王某顺，男。

原告张某娥，女。原告杜某，男。原告王某英，女。

原告吴某喜，男。原告李某武，男。原告刘某兰，女。

原告吴某光，男。原告李某华，男。原告李某明，男。

原告牛某苗，女。原告王某江，男。原告刘某生，男。

原告赵某刚，男。原告原某德，男。原告李某平，男。

原告郭某英，女。原告郭某文，男。原告马某英，女。

原告李某梅，女。原告冯某喜，男。原告王某风，女。

原告袁某国，男。原告秦某兰，女。原告王秋娥，女。

原告王某义，男。原告杨某喜，男。原告董某则，女。

原告郭某花，女。原告田某雄，男。原告魏某儿，女。

原告张某梅，女。原告徐某平，女。原告郭某平，男。

原告韩某兵，男。原告路某堂，男。原告焦某英，女。

以上原告共同委托代理人韩挺，北京泽霈坤律师事务所律师。

被告长治市郊区畜牧兽医局。

法定代表人高某军，职务局长。

委托代理人李某堂，系该局执法队长。

委托代理人张某忠，长治市郊区西白兔法律服务所律师。

原告李某平、马某琴、李某菊、张某、王某云、王某顺、张某娥、杜某、王某英、吴某喜、李某武、刘某兰、吴某光、李某华、李某明、牛某苗、王某江、刘某生、赵某刚、原某德、李某平、郭某英、郭某文、马某英、李某梅、冯某喜、王某风、袁某国、秦某兰、王某娥、王某义、杨某喜、董某则、郭某花、田某雄、魏某儿、张某梅、徐某平、郭某平、韩某兵、路某堂、焦某英诉被告长治市郊区畜牧兽医局行政不作为一案，本院于2015年7月24日受理后，依法组成合议庭，于2016年1月14日公开开庭进行了审理。原告李某平等42人共同委托的特别授权代理人韩挺，被告长治市郊区畜牧兽医局委托代理人李某堂、张某忠到庭参加诉讼。本案现已审理终结。

原告诉称，2011年长治市郊区大辛庄镇鹿家庄村村民杨某伟在紧邻世纪春天小区西侧私自改变土地用途，未经村委、大辛庄镇政府、畜牧、防疫、环保、土地有关部门批准，未取得合法养殖手续，违建猪场。该猪场没有任何畜禽废渣储存设施和场所，终日散发恶臭气味，对周围环境造成严重污染，特别是原告居住的世纪春天小区生活环境严重恶化。原告迫于无奈，于2014年10月10日向郊区土地局、镇政府等有关部门集体举报，要求有关部门调查处理。但被告未履行法定职责。根据《中华人民共和国畜牧法》《动物防疫条件审查办法》《畜禽养殖污染防治管理办法》《中华人民共和国土地管理法实施条例》等有关规定，畜禽养殖用地应当符合土地利用总体规划；禁止在城市和居民区建设畜禽养殖场；对不按照批准的用途使用土地的，农村集体经济组织报经原批准的人民政府，可以收回土地使用权；对土地利用总体规划前已建不符合土地利用总体规划的用途的建筑物、构筑物重建、扩建的，由县级以上人民政府土地行政主管部门责令限期拆除。鉴于上述事实，原告请求人民法院依法判令被告在判决生效后10个工作日内履行法定职责，对杨某伟依法行政处罚，并采取行政强制措施，关闭或拆除杨某伟养猪场，恢复原告正常生活环境。

原告提供的证据有：① 关于世纪春天小区西侧养殖场严重影响小区居民正常生活环境的情况反映，证明原告曾向被告反映过杨某伟养殖场私自改变土地用途，未经环保、畜牧、防疫、土地有关部门批准，未取得合法畜禽养殖手续，没有畜禽废渣的储存设施和场所，养殖场终日散发恶臭气味，对周围环境造成严重污染和危害的违法情况；② 长治市郊区畜牧兽医局向区信访局出具的关于世纪春天小区西区居民反映小区西侧违建养猪场、养鸡场的情况汇报一份，证明长治市郊区畜牧兽医局对杨某伟养猪户违法事实进行了调查确认，但未实际解决相关问题。

被告辩称，被告在 2014 年 10 月 30 日接到举报后，于 2014 年 10 月 31 日及 11 月 5 日到现场实地进行调查了解，于 2014 年 11 月 7 日作出责令整改通知书。杨某伟的行为违反了《畜牧法》第四十条及《动物防疫法》第十九条、第二十条、第七十七条的规定，并对其下达整改通知书，责令其 2015 年 2 月 7 日前择地搬迁，并同时于 2014 年 11 月 10 向区政府打了请示报告。被告已履行了相应的行政行为，并报请上级有关部门，故被告构不成行政不作为，请求法庭依法驳回原告的诉讼请求。

被告提供的证据，①《畜牧法》第四十条第一款第二项，列明了严禁建设畜禽养殖场及养殖小区的地点。根据《畜牧法》第三十九条对畜禽养殖场及养殖小区作出的解释，养殖场规模是 500 头以上，杨小伟养殖场不具备其中任何条件，故不是法律规定的养殖场及养殖小区，属于零星养殖户。目前对零星养殖户，法律没有明确的限制和规定，被告只能下令整改；②《动物防疫法》第十九条、第二十条、第七十七条的规定，被告根据以上条例，对杨某伟下令整改；③ 2014 年 11 月 5 日动物卫生监督调查记录表，证明被告在接到举报后到现场进行了勘察检测，调查结果是杨某伟养猪场不符合动物防疫法的条件；④ 2014 年 11 月 7 日向杨某伟养猪场下发的责令整改通知书，限其三个月改正不符合规定的行为；⑤ 2014 年 11 月 10 日被告向郊区政府的汇报材料；⑥ 2015 年 3 月 18 日、2015 年 6 月 11 日动物卫生监督调查记录表两份，证明被告再次对杨某伟养殖场进行检查，并对其提出了改正建议。

经庭审质证，原告对被告提供的证据不持异议，认可被告在接到举报后确实有所行为，但根据《畜牧法》六十二条规定，对于无证经营畜禽生产的，明确了畜牧局的相关法律职责，而杨某伟系非法养猪，任何手续及硬件设施都没有。被告陈述限制其行政范围的法律条文，也是其出具整改通知书的依据，相互矛盾。

被告对原告提供的证据均无异议。

经审理查明，2014 年 10 月 10 日，世纪春天小区居民李某平等人向被告递交书面材料，反映杨某伟养殖场私自改变土地用途，未经环保、畜牧、防疫、土地有关部门批准，未取得合法畜禽养殖手续，没有畜禽废渣的储存设施和场所，养殖场终日散发恶臭气味，对周围环境造成严重污染和危害，影响其所在小区居民的正常生活，要求被告对杨某伟依法进行处罚，并责令关闭养猪场。被告接到该书面材料后，于 2014 年 11 月 5 日到现场进行了调查，查明杨某伟养猪户于 2009 年建成猪场，猪场面积为 1000 平方米，建有两栋猪舍，现养殖母猪 16 头、种猪 1 头，商品猪 200 余头，该场东距世纪春天小区西区居民楼 20 余米，西距鹿家庄村 100 余米。该场粪便堆放于西北方 50 米处，露天堆放。被告经调查后，认为该场不符合动物防疫条件，于 2014 年 11 月 7 日向杨某伟养猪场下发了责令整改通知书，限其三个月改正违法行为，并要求其重新选择符合动物防疫条件的场地，经审批后方可建场。同时，被告于 2014 年 11 月 10 日向长治市郊区政府报送了关于世纪春天小区西区居民反映小区西侧违建养猪场、养鸡场的情况汇报。被告分别于 2015 年 3 月 18 日、2015 年 6 月 11 日再次对杨某伟养殖场进行检查，并对其提出了改正建议。杨某伟养猪场在规定期限内并未改正其违法行为，被告也未采取其他措施制止其违法行为，李某平等 42 人以被告未履行相关法定职责为由，向本院提起行政诉讼。

本院认为，根据《中华人民共和国畜牧法》第七条第二款“县级以上地方人民政府畜牧兽医行政主管部门负责本行政区域内的畜牧业监督管理工作。”《中华人民共和国动物防疫法》第七条第二款“县级以上地方人民政府兽医主管部门主管本行政区域内的动物防疫工作。”《动物防疫条件审查办法》第三条第二款“县级以上地方人民政府兽医主管部门主管本行政区域内的动物防疫条件审查和监督管理工作”的规定，被告长治市郊区畜牧兽医局作为本辖区内的畜牧兽医行政主管部门，负有对本辖区内的畜牧业监督管理、动物防疫及动物防疫条件审查和监督管理工作的法定职责。本案，被告接到世纪春天小区居民李某平等人的递交的“关于世纪春天小区西侧养殖场严重影响小区居民正常生活环境的情况反映”的书面材料后，进行调查发现杨某伟养猪场不符合动物防疫条件，于2014年11月7日向杨某伟养猪场下发了责令整改通知书，限其三个月改正违法行为，并要求其重新选择符合动物防疫条件的场地，经审批后方可建场。到期后，杨某伟猪场并未改正其违法行为，被告也未进一步采取措施制止其违法行为。被告长治市郊区兽医畜牧局虽依法有所作为，但并没有完全履行其法定职责，故被告长治市郊区兽医畜牧局仍应针对原告李某平等42人反映的杨小伟养猪场涉嫌违法一事，继续进行调查处理。依据《中华人民共和国行政诉讼法》第七十二条之规定，判决如下。

限被告长治市郊区兽医畜牧局于判决生效后六十日内针对原告李太平等42人反映的杨某伟养猪场涉嫌违法一事，依法进行调查处理，并将处理结果告知原告。

案件受理费50元，由被告承担。

如不服本判决，可在接到判决书之日起十五日内，向本院递交上诉状，并提交上诉状副本七份，上诉于山西省长治市中级人民法院。

审 判 长　　张鹏飞
审 判 员　　王正阁
人民陪审员　　郜江峰
二〇一六年一月二十日
书 记 员　　郭晨阳

2. 行政处罚诉讼案例

山东省潍坊市中级人民法院
行 政 判 决 书

（2015）潍行终字第 230 号

上诉人（原审原告）杨某涛。

委托代理人孙某学，安某义和法律服务所法律工作者。

被上诉人（原审被告）诸城市畜牧兽医管理局监察所。住所地：诸城市东武街 ××× 号。

法定代表人张某钢，该所所长。

委托代理人马某勋，山东东武律师事务所律师。

委托代理人刘某，山东东武律师事务所律师。

山东省诸城市人民法院就杨某涛不服被告诸城市畜牧兽医管理局监察所畜牧行政处罚一案作出（2015）诸行初字第 25 号行政判决，杨某涛不服，向本院提起上诉。本院受理后依法组成合议庭，于 2015 年 11 月 17 日公开开庭审理了本案。上诉人杨某涛及其委托代理人孙某学、被上诉人诸城市畜牧兽医管理局监察所的委托代理人马某勋、刘某到庭参加诉讼。本案现已审理终结。

案经一审法院审理确认以下事实：2015 年 6 月 4 日，被告执法人员根据举报，在诸城市石桥子镇西郭家庄村村后东西路中段，将原告杨某涛用于运输、经营死因不明的鸡鸭冻品的车号为鲁 G××××× 号的轻型普通货车查扣，现场查获带内脏的肉鸡白条及带内脏的肉鸭白条 3.25 吨，经现场勘验，该部分肉品冰冻成盘，已脱毛，未开膛掏内脏，脖颈处未见放血刀口，被告当场制作现场检查笔录及询问笔录，对违法运输车辆进行拍照，并对车辆及肉品进行登记保存。原告对自己的违法事实予以承认，并在笔录中签名确认。被告依据法律规定在立案后对涉案物品进行登记保存，后经诸城市价格认证中心进行鉴定，涉案物品价格鉴定为人民币 19328 元。2015 年 6 月 5 日，山东某生物技术有限公司对涉案物品进行无害化处理。2015 年 6 月 13 日，被告作出诸牧（动监）罚（2015）055 号行政处罚决定书，认定杨某涛于 2015 年 6 月 4 日运输、经营死因不明的带内脏的肉鸡白条及带内脏的肉鸭白条 3.25 吨，依据《中华人民共和国动物防疫法》第二十五条、第七十六条的规定，决定：没收证据登记保存的死因不明的带内脏肉鸡白条及肉鸭白条进行无害化处理；对杨某涛处以罚款 19328 元。原告杨某涛不服，于 2015 年 7 月 13 日提起行政诉讼，要求撤销被告作出的行政处罚决定书。

一审法院审理认为，诸城市畜牧兽医管理局监察所具有对杨某涛运输、经营死因不明动物产品的行为予以行政处罚的法定职权。原告运输、经营死因不明的冷冻肉鸡白条及肉鸭白条，违反了法律规定。被告立案后，对现场进行检查勘验，对杨某涛进行询问，调查取证，依据《中华人民共和国动物防疫法》第二十五条、第七十六条的规定，对原告作出行政处罚决定，事实清楚，程序合法，适用法律正确。原告杨某涛辩称自己仅是运输他人购买的已加工好的冷冻动物产品，没有产生危害后果，被告采取诱惑执法、钓鱼执法的手段对原告实施强制措施，要求撤销被告作出的行政处罚决定，缺乏事实和法律依据。依照《中华人民共和国行政诉讼法》第六十九条之规定，判决：驳回原告要求撤销被告诸城市畜牧兽医管理局监察所于 2015 年 6 月 23 日作出的诸牧（动监）罚（2015）055 号行政处罚决定书的诉讼请求。案件受理费 50 元，由原告负担。

上诉人杨某涛不服一审判决上诉称：一审法院认定事实不清，适用法律错误，导致判决错误。一审对查扣程序、执法人员执法证件、没收程序及销毁程序等方面的审查存在错误。被上诉人作出的行政处罚决定无事实和法律依据，行政处罚幅度越权。请求二审法院查清事实，发回重审或依法改判；诉讼费用由被上诉人承担。

被上诉人诸城市畜牧兽医管理局监察所辩称，一审法院认定事实清楚，依据证据充分，适用法律正确，上诉人的上诉主张均不能成立。请求驳回上诉人的上诉，维持原判。

当事人在一审中提交的证据均随案卷移送本院。

根据一、二审庭审举证、质证及辩论情况，本院认为一审法院对证据的认定意见正确，予以确认。

根据以上有效证据及当事人无争议的当庭陈述，本院对于案件事实的认定与一审法院一致。

本院认为,《中华人民共和国动物防疫法》第八条规定："县级以上地方人民政府设立的动物卫生监督机构依照本法规定，负责动物、动物产品的检疫工作和其他有关动物防疫的监督管理执法工作。"据此，被上诉人诸城市畜牧兽医管理局监察所具备对涉案运输、经营死因不明的肉鸡等物品的行为进行查处的法定职责。根据被上诉人提交的现场检查笔录、现场照片、询问笔录等证据，能够证明上诉人杨某涛运输、经营死因不明的冷冻肉鸡白条及肉鸭白条3.25吨，被诉行为认定事实清楚，证据充分。被上诉人在立案后，对现场进行了检查勘验，对上诉人进行了询问，依法履行了调查取证、告知等法定程序，后作出行政处罚决定并送达，被诉行为在程序方面符合《中华人民共和国行政处罚法》及农业部《农业行政处罚程序规定》的有关规定。被上诉人依据《中华人民共和国动物防疫法》第二十五条"禁止屠宰、经营、运输下列动物和生产、经营、加工、贮藏、运输下列动物产品：(一)封锁疫区内与所发生动物疫病有关的；(二)疫区内易感染的；(三)依法应当检疫而未经检疫或者检疫不合格的；(四)染疫或者疑似染疫的；(五)病死或者死因不明的；(六)其他不符合国务院兽医主管部门有关动物防疫规定的"、第七十六条"违反本法第二十五条规定，屠宰、经营、运输动物或者生产、经营、加工、贮藏、运输动物产品的，由动物卫生监督机构责令改正、采取补救措施，没收违法所得和动物、动物产品，并处同类检疫合格动物、动物产品货值金额1倍以上5倍以下罚款；其中依法应当检疫而未检疫的，依照本法第七十八条的规定处罚"之规定，对上诉人作出行政处罚决定，适用法律正确，量罚适当。综上，一审法院认定事实清楚，审判程序合法，其综合全案情况判决驳回上诉人的诉讼请求，适用法律正确，裁判结果正确。上诉人的上诉理由缺乏事实依据及法律依据，对其上诉请求本院依法不予支持。依照《中华人民共和国行政诉讼法》第八十九条第一款第（一）项之规定，判决如下：

驳回上诉，维持原判。

二审案件受理费 50 元，由上诉人杨某涛负担。

本判决为终审判决。

审　判　长　　刘景芝
代理审判员　　林少华
代理审判员　　孙小玮
二〇一五年十二月七日
书　记　员　　徐　铭

3. 行政确认诉讼案例

黑龙江省绥化市北林区人民法院
行 政 判 决 书

（2016）黑 1202 行初 19 号

原告：肇东市四站镇巨林村村民委员会（原巨蒙村）。

法定代表人：王某峰，职务村主任。（未出庭）

委托代理人：王某书，男，黑龙江博贯律师事务所律师。

委托代理人：刘某春，男，住黑龙江省肇东市。

被告：绥化市草原监理站（原绥化地区草原监理站），所在地：绥化市党政办公中心。

法定代表人：顾某军，职务站长。

被告：绥化市畜牧兽医局。所在地：绥化市党政办公中心。

法定代表人：刘某贵，职务局长。（未出庭）

委托代理人：李某林，男，职务副局长。

委托代理人：邵某，男，职务法规科科长。

第三人：肇东市西八里镇人民政府（原肇东市西八里乡人民政府）。

法定代表人：曲某阳，职务镇长。（未出庭）

委托代理人：王某杰，男，职务副书记。

委托代理人：邵某民，男，住肇东市。

原告肇东市四站镇巨林村村民委员会与被告绥化市草原监理站、绥化市畜牧兽医局、第三人肇东市西八里镇人民政府草原行政确认一案，于 2016 年 8 月 15 日向本院提起行政诉讼。本院受理后，依法组成合议庭，于 2016 年 9 月 29 日公开开庭审理了此案。原告肇东市四站镇巨林村村民委员会委托代理人王某书、刘某春、被告绥化市草原监理站法定代表人顾某军、被告绥化市畜牧兽医局委托代理人李某林、邵某、第三人肇东市西八里镇人民政府委托代理人王某杰、邵某民到庭参加诉讼，本案现已审理终结。

2016 年 5 月 3 日，被告绥化市草原监理站作出《关于撤销〈绥化地区草原监理站关于肇东市四站镇与西八里乡政府草原使用权纠纷的处理决定〉的决定》，原告不服，向绥化市人民政府申请行政复议，绥化市人民政府指令被告绥化市畜牧兽医局复议，绥化市畜牧兽医局经过听证审理，于 2016 年 7 月 27 日作出绥牧复决字（2016）第 1 号行政复议决定书，维持了绥化市草原监理站的撤销决定。

原告肇东市四站镇巨林村村民委员会诉称：2016 年 5 月 3 日，绥化市草原监理站作出《关于撤销〈绥化地区草原监理站关于肇东市四站镇与西八里乡政府草原使用权纠纷的处理决定〉的决定》，原告不服，向绥化市人民政府申请行政复议，绥化市人民政府指令绥化市畜牧兽医局依法受理，绥化市畜牧兽医局依法受理了原告的申请，作出绥牧复决字（2016）第 1 号行政复议决定书，维持了绥化市草原监理站的撤销决定。原告认为：一、绥化市草原监理站未严格审查、调查、举行听证，且超出《中华人民共和国行政诉讼法》规定的行政相对人、利害关系人对行政行为请求撤销，行使法律规定的撤销权的时效为 2 年，涉及不动产的最长为 20 年，对其他行政行为请求撤销权的时效为 5 年，撤销决定程序违法。绥化市草原监理站是绥化市人民政府的派出机构，有权对草原权属纠纷作出处理决定，但其无权作出撤销决定，只有绥化市人民政府才有权撤销原绥化地区草原监理站的决定。二、被告绥化市畜牧兽医局复议决定违法。绥化市草原监理站所作出的撤销决定是与绥化市畜牧兽医局共同作出，原告是以二被告作为复议申请人，向绥化市人民政府申请复议，绥化市畜牧兽医局作为被申请人无权复议，且复议决定违反了《中华人民共和国行政诉讼法》关于时效的规定，故原告诉至法院。

原告在庭审中提供如下证据。

1. 航拍图纸一份，以证明争议地块属于肇东市四站镇巨林村所有，由四站镇巨林村对外发包，西八里镇人民政府所主张的所谓的沟泡已经干枯、无水，已恢复了草原的植被，属于草原，第三人无权主张权利。

2. 原绥化地区中级人民法院（1995）行法执字第 7 号执行裁定书，以证明原绥化地区中级人民法院已经将诉争的草原执行给四站镇。

3. 黑龙江省肇东市人民法院（2003）肇民一初字第 386 号民事判决书、绥化市中级人民法院（2005）绥中法民一初字第 123 号民事判决书，以证实争议地块引发民事案件，肇东市人民法院、绥化市中级人民法院根据本案被告作出的处理决定，作出民事判决书。

4. 肇东市四站镇巨林村村民委员会 2016 年 9 年 23 号出具的证明，以证实肇东市四站镇原巨蒙村根据 1995 年原绥化地区草原监理站的确权决定发包草原。

5. 光盘一张，以证实被告绥化市草原监理站作出的撤销决定源于第三人西八里镇政府提出的申请，被告以自纠错误为由违反法定程序，未交代诉权，未向政府报告、备案，撤销决定程序违法。

被告绥化市草原监理站辩称：一、根据 1985 年 10 月 1 日实施的《中华人民共和国草原法》第六条及 2003 年 3 月 1 日实施的《中华人民共和国草原法》第十六条的规定，草原所有权、使用权的争议，由当事人协商解决；协商不成的，由有关人民政府处理。单位之间的争议，由县级以上人民政府处理，个人之间、个人与单位之间的争议，由乡（镇）人民政府或县级以上人民政府处理……原绥化地区草原监理站于 1995 年 3 月 25 日作出的《绥化地区草原监理站关于对肇东市四站镇与西八里乡政府草原使用权纠纷的处理决定》不符合《中华人民共和国草原法》的规定，属超越职权范围实施的行政行为，是无效决定。绥化市草原监理站依法撤销该决定是自我纠错行为，撤销决定并未涉及被答辩人与他人之间重大利益关系，无须听证，程序合法。二、1995 年 5 月 30 日，原绥化地区中级人民法院对原绥化地区草原监理站申请强制执行肇东市四站镇与西八里乡政府草原使用权一案作出了（1995）行法执字第 7 号执行裁定书，但原绥化地区中级人民法院于 2000 年 7 月 24 日作出了（2000）绥中法行再字第 5 号裁定书，撤销了（1995）行法执字第 7 号执行裁定书。故原告的诉讼请求无理，请求法院依法驳回原告的诉讼请求。

被告绥化市草原监理站在庭审中提供如下证据。

1.1985 年《中华人民共和国草原法》第六条、2003 年《中华人民共和国草原法》第十六条。

原绥化地区中级人民法院（1995）行法执字第 7 号执行裁定书、（2000）绥中法行再字第 5 号行政裁定书。

2.（1995）绥地草监字第 2 号《绥化地区草原监理站关于对肇东市四站镇与西八里乡政府草原使用权纠纷的处理决定》。

以上证据以证明 1995 年我单位作出的处理决定属越权行为，是无效行为。

3. 2016 年 5 月 16 日肇东市四站镇村民委员会介绍信，以证实 2016 年 5 月 16 日，原告到被告单位领取《关于撤销〈绥化地区草原监理站关于肇东市四站镇与西八里乡政府草原使用权纠纷的处理决定〉的决定》。

4. 2016 年 4 月 22 日肇东市西八里镇人民政府的申请书及邵某民的授权委托书，以证实被告单位是根据肇东市西八里镇人民政府的申请，经调查核实后作出的撤销决定。

被告绥化市畜牧兽医局辩称：一、根据 1985 年 10 月 1 日实施的《中华人民共和国草原法》第六条及 2003 年 3 月 1 日实施的《中华人民共和国草原法》第十六条，原绥化地区草原监理站于 1995 年 3 月 25 日作出的《绥化地区草原监理站关于对肇东市四站镇与西八里乡政府草原使用权纠纷的处理决定》不符合《中华人民共和国草原法》的规定，属超越职权范围实施的行政行为，是无效决定。绥化市草原监理站依法撤销该决定是自我纠错行为，不能因为犯错时间长了就不改正错误。撤销决定并未涉及被答辩人与他人直接重大利益关系，无须听证，程序合法。二、1995 年 5 月 30 日，原绥化地区中级人民法院对原绥化地区草原监理站申请强制执行肇东市四站镇与西八里乡政府草原使用权一案，作出了（1995）行法执字第 7 号执行裁定书，后于 2000 年 7 月 24 日又作出（2000）绥中法行再字第 5 号行政裁定书，撤销了（1995）行法执字第 7 号执行裁定书。三、肇东市四站镇巨林村村民委员会不服绥化市草原监理站 2016 年 5 月 3 日作出的《关于撤销〈绥化地区草原监理站关于对肇东市四站镇与西八里乡政府草原使用权纠纷的处理决定〉的决定》，向绥化市人民政府申请行政复议，我局按照绥化市人民政府绥政复集立（2016）3号《行政复议立案通知书》的要求依法受理并组织听证，于2016年7月27日作出绥牧复决字（2016）第1号行政复议决定书，维持绥化市草原监理站2016年5月3日作出的《关于撤销〈绥化地区草原监理站关于对肇东市四站镇与西八里乡政府草原使用权纠纷的处理决定〉的决定》，我局作出的具体行政行为证据确凿，适用法律法规正确，程序合法，原告起诉理由缺乏依据，依法不能成立。请求法院依法维持我局的行政复议决定。

被告绥化市畜牧兽医局在庭审中提交了下列证据：

（1）绥化市人民政府绥政复集立〔2016〕3号行政复议立案通知书；

（2）绥政办发〔2014〕73号绥化市人民政府办公室关于印发绥化市人民政府行政复议委员会暂行工作规则和绥化市人民政府行政复议委员会试点工作实施方案的通知；

以上证据以证明被告依法作出复议决定。

绥牧党组发〔2012〕9号文件；

绥组联字〔2001〕3号文件。

以上证据以证实被告绥化市畜牧兽医局是绥化市草原监理站的上级部门，对绥化市草原监理站所作出的决定有行政复议权。

第三人肇东市西八里镇人民政府述称，争议地块是水域、滩涂、沟泡，不属于草原，所以原绥化地区草原监理站作出的行政决定是越权行为，两个乡镇之间的地块争议应由地方人民政府进行确权。

第三人未向法庭提交证据。

原、被告在庭审中所举证据均经当庭质证：

原告对被告绥化市草原监理站所举证据1~4的真实性均无异议，但认为被告绥化市草原监理站是代表绥化市人民政府对草原进行监督管理，处理绥化市境内草原相关事宜；绥化地区中级人民法院作出的法律文书与本案被告的行政行为没有直接的关联性，不能证明被告行政行为的合法性；对证据5的真实性有异议，被告在复议期间未出示，且被告根据第三人的申请作出撤销决定，未进行听证，未主动向原告送达，剥夺了原告的权利。

原告对被告绥化市畜牧兽医局所出示证据的真实性均无异议，认为被告证据亦能证实绥化市草原监理站是受双重领导，代表绥化市政府对境内草原进行管理，有权代表绥化市人民政府对草原进行确权。

被告绥化市草原监理站对被告绥化市畜牧兽医局出示的证据均无异议。

被告绥化市畜牧兽医局对被告绥化市草原监理站出示的证据均无异议。

被告绥化市草原监理站对原告出示的证据 1、2、3、5 的真实性无异议，但认为证据 1、4 与本案无关。

被告绥化市畜牧兽医局对原告所提交的证据 2、3、5 的真实性无异议，认为证据 1、4 与本案无关。

第三人对原告及二被告所提交的证据均无异议。

经审查，本院对原告及二被告所举证据的真实性予以确认。

经审理查明：1995 年 3 月 25 日，原绥化地区草原监理站就肇东市四站镇人民政府与原肇东市西八里乡人民政府因草原使用权所产生的纠纷，作出（1995）绥地草监字第 2 号《绥化地区草原监理站关于对肇东市四站镇与西八里乡政府草原使用权纠纷的处理决定》，将西八里乡境内草原，三节大泡子到末和来口，九仙地到半拉卧子，草根泡，圆宝泡该地草原使用权确认给肇东市四站镇巨蒙村。原绥化地区草原监理站向原绥化地区中级人民法院申请强制执行，1995 年 5 月 30 日，原绥化地区中级人民法院作出（1995）行法执字第 7 号执行裁定书，将争议草原执行给肇东市四站镇巨蒙村。2000 年 7 月 24 日，原绥化地区中级人民法院以（1995）行法执字第 7 号执行裁定书所裁定的草原和水域权属划分不清为由，作出（2000）绥中法行再字第 5 号行政裁定书，撤销了（1995）行法执字第 7 号执行裁定书。2002 年 10 月，原肇东市四站镇巨林村与四站镇巨蒙村合并成肇东市四站镇巨林村。

2016 年 4 月 22 日，第三人肇东市西八里镇人民政府向被告绥化市草原监理站递交申请书，以原绥化地区草原监理站程序违法，越权对草原使用权确权为由，要求撤销原绥化地区草原监理站（1995）绥地草监字第 2 号处理决定。被告绥化市草原监理站根据 1985 年 10 月 1 日起施行的《中华人民共和国草原法》第六条规定以及 2003 年 3 月 1 日起施行的《中华人民共和国草原法》第十六条的规定，认定（1995）绥地草监字第 2 号处理决定书属无效决定，于 2016 年 5 月 3 日作出《关于撤销〈绥化地区草原监理站关于对肇东市四站镇与西八里乡政府草原使用权纠纷的处理决定〉的决定》。原告肇东市四站镇巨林村村民委员会不服，向绥化市人民政府申请行政复议，绥化市人民政府向被告绥化市畜牧兽医局下发了行政复议立案通知书，由绥化市畜牧兽医局进行行政复议。被告绥化市畜牧兽医局经过听证审查，认为原绥化地区草原监理站对草原使用权进行确权，属于超越职权范围实施行政行为，绥化市草原监理站于 2016 年 5 月 3 日所作出的撤销决定是对错误行为的自我纠正，根据《中华人民共和国行政复议法》第二十八条第一款一项之规定，维持绥化市草原监理站 2016 年 5 月 3 日作出的《关于撤销〈绥化地区草原监理站关于对肇东市四站镇与西八里乡政府草原使用权纠纷的处理决定〉的决定》。肇东市四站镇巨林村村民委员会不服，诉至法院，请求法院判令：① 依法撤销绥牧复决字（2016）第 1 号行政复议决定书；依法撤销 2016 年 5 月 3 日绥化市草原监理站作出的《关于撤销〈绥化地区草原监理站关于对肇东市四站镇与西八里乡政府草原使用权纠纷的处理决定〉的决定》；② 诉讼费及相关费用由被告承担；③ 给原告造成的损失由被告赔偿。原告在诉讼过程中撤销了其第 3 项诉讼请求，即“给原告造成的损失由被告赔偿”的诉讼请求。

本院认为，原绥化地区草原监理站于 1995 年 3 月 25 日对肇东市四站镇与西八里乡政府之间争议草原的使用权进行确权，但根据 1985 年 10 月 1 日起施行的《中华人民共和国草原法》第六条和 2003 年 3 月 1 日起施行并于 2013 年 6 月 29 日修订的《中华人民共和国草原法》第十六条的规定，原绥化地区草原监理站不具有对草原的所有权、使用权进行确权的职能，故被告绥化市草原监理站对其 1995 年所作出的确权决定予以撤销并无不当；被告绥化市畜牧兽医局依据绥化市人民政府的行政复议立案通知书，依法进行听证，并作出维持绥化市草原监理站的复议决定，认定事实清楚、适用法律正确、符合法定程序。原告称是二被告共同作出《关于撤销〈绥化地区草原监理站关于对肇东市四站镇与西八里乡政府草原使用权纠纷的处理决定〉的决定》，经审查无事实依据。综上，原告的诉讼请求无事实及法律依据，不予支持。根据《中华人民共和国行政诉讼法》第六十九条之规定，判决如下：

驳回原告肇东市四站镇巨林村村民委员会的诉讼请求。

案件受理费 50 元，由原告肇东市四站镇巨林村村民委员会承担。

如不服本判决，可以在判决书送达之日起十五日内，向本院递交上诉状，并按对方当事人的人数提出副本，上诉于黑龙江省绥化市中级人民法院。

审 判 长　　亓艳春

审 判 员　　刘　利

审 判 员　　曹洪源

二〇一六年十一月三十日

书 记 员　　薛东军

4．行政赔偿诉讼案例

李某琼与雅安市雨城区农业局
不履行畜牧行政管理法定职责及行政赔偿纠纷
再审行政判决书

（2014）雅行再终字第1号

四川省雅安市中级人民法院

抗诉机关：四川省人民检察院。

原审上诉人（原一审原告）：李某琼，女，出生于1966年3月5日，汉族，住四川省雅安市雨城区。

原审被上诉人（原一审被告）：雅安市雨城区农业局，住所地：四川省雅安市雨城区。

法定代表人白某林，系该局局长。

委托代理人：林某，男，生于1961年5月，汉族，系雅安市雨城区农业局副局长。

委托代理人：龚某树，四川民欣律师事务所律师。

原审上诉人李某琼与原审被上诉人雅安市雨城区农业局（以下简称区农业局）不履行畜牧行政管理法定职责及行政赔偿一案，本院于2012年6月14日作出（2012）雅行终字第13号行政判决，已经发生法律效力。李某琼不服，于2012年7月向检察机关提出申诉。四川省雅安市人民检察院审查后，以雅安市雨城区人民法院（2012）雨城行初字第4号行政判决书、雅安市中级人民法院（2012）雅行终字第13号行政判决书认定事实证据不足，适用法律不当，程序违法，依法应予纠正，向本院提出检察建议，建议本案再审。本院经审查后认为，雅安市人民检察院的检察建议不符合《中华人民共和国行政诉讼法》第六十三条的相关规定，于2013年8月23日复函雅安市人民检察院：本案不符合再审条件。四川省人民检察院于2014年2月10日作出川检民（行）监（2014）51000000016号行政抗诉书，向四川省高级人民法院提起抗诉。四川省高级人民法院于2014年4月17日作出（2014）川行抗字第2号行政裁定书，裁定本案指令雅安市中级人民法院另行组成合议庭进行再审。本院依法另行组成合议庭，于2014年6月18日公开开庭审理了本案。四川省人民检察院委托雅安市人民检察院派检察员李某红、郝某忠出庭参加，原审上诉人李某琼、原审被上诉人区农业局委托代理人林某、龚某树到庭参加诉讼。本案现已审理终结。

李兴琼向雅安市雨城区人民法院起诉称：李某琼猪场截至2010年8月17日，有存栏母猪40头、公猪2头、仔猪200余头。8月19日李某琼发现猪场发生疫情，立即向雅安市雨城区农业局反映，但未引起重视。同月25日，疫情进一步扩散，李某琼再次通过多种渠道反映，但区农业局仍未重视，认为没有疫情发生，且不属于国家强制免疫的重大动物疫病范畴，未采取相应措施防止疫情的扩大。造成李某琼饲养的母猪12头、公猪1头、仔猪170余头死亡，母猪流产37窝的严重后果。后经四川省动物疫病中心检测，诊断结果为繁殖与呼吸综合征与圆环病毒混合感染，是猪蓝耳病。李某琼猪场发生疫病时，区农业局不作为，请求依法判令区农业局赔偿经济损失45万元。案件受理费由区农业局承担。

区农业局辩称：根据李兴琼报告的情况，区农业局按照法定职责及时采取了相应的措施，不存在行政不作为的状况。请求驳回李兴琼的诉讼请求。

一审法院经审理查明，李某琼系养殖户，2010年8月中旬，李某琼饲养的猪出现病状。雅安市雨城区畜牧局于当月25日获取疫病信息后，庚即安排了相应的措施，并对饲养场的猪进行采样后委托四川省动物疫病检测诊断中心进行检测诊断。检测结果为：2份组织样、1份血清样品猪繁殖与呼吸综合征病毒核酸均阳性；2份组织样、1份血清样猪圆环病毒2型核酸均为阳性。嗣后，雅安市雨城区畜牧局对李某琼养殖场实施了免疫等措施。

另查明，雅安市雨城区畜牧局的行政管理职责于2011年8月16日整合划入区农业局。

一审法院认定的上述事实，有经当事人质证并经法庭认证的下列证据证实：李某琼反映情况的信件、主动公开的政府信息、兽医工作日志、动物疫病检测诊断报告及庭审笔录。

一审法院认为，本案中区农业局是否存在行政不作为违法，涉及对法律、法规的解读问题。《中华人民共和国动物防疫法》第五条规定："国家对动物疫病实行预防为主的方针。"国务院《重大动物疫情应急条例》第十九条规定："重大动物疫情由省、自治区、直辖市人民政府兽医主管部门认定；必要时，由国务院兽医主管部门认定。"第三十二条规定："重大动物疫情应急处理中设置临时动物检疫消毒站以及采取隔离、扑杀、销毁、消毒、紧急免疫接种等控制、扑灭措施的，由有关重大动物疫情应急指挥部决定，有关单位和个人必须服从；拒不服从的，由公安机关协助执行。"上述条文涵盖三个层面的内容：① 行政机关的主要职责是预防动物疫病；② 认定是否属于"重大动物疫情"的机关是省、自治区、直辖市人民政府兽医主管部门；③ 当发生重大动物疫情时，行政机关应在划定的疫点、疫区和受威胁区，采取封锁、隔离、扑杀、销毁、消毒、无害化处理、紧急免疫接种等强制性措施。

本案中，区农业局在获取李某琼养殖场疫病信息后，采取了相应的措施并上报进行检测诊断，履行了应尽职责。李某琼无证据证明其养殖场的疫病属于"重大动物疫情"，故其要求区农业局作出相应行政行为的理由不能成立。李某琼主张区农业局行政不作为违法，无事实依据，诉求之理由不能成立，依法应予驳回。李某琼无证据证实区农业局的被诉行为侵害而造成损失的事实，故对李某琼的行政赔偿请求不予支持。为此判决：驳回李某琼要求判决区农业局行政不作为违法并赔偿损失 45 万元的诉讼请求。

李某琼向本院上诉称，① 原审认定不是事实，李某琼多次打电话，请求四川省动物疫病预防控制中心诊断病因，经省动防中心到现场采样，采样结果为二类疫情。李某琼当时向区委书记写信，信中回复也说明是李某琼请省动防中心，区农业局没有作为，有书记信箱为证。表明区农业局在获取疫情后并未采取有效措施，而是时隔多日后，由省动防中心亲临现场采集样本。区农业局是不得已来猪场的，正是这种消极不作为的态度，导致了疫情的进一步扩大，给李某琼造成了较大的经济损失。② 原审认为李某琼无证据证明其养殖场的疫病属于“重大动物疫情”。所谓重大动物疫情，是指高致病性禽流感等发病率或者死亡率高的动物疫病突然发生、迅速传播，给养殖业生产、生活造成严重威胁、危害，以及可能对公众身体健康与生命安全造成危害的情形，包括特别重大动物疫情，分为一类、二类、三类动物疫病，根据检测结果和我国动物分类属于二类动物疫病，即属于重大动物疫情。原审判决认定案件事实错误，从而导致适用法律错误，请求撤销（2012）雨城行初字第 4 号行政判决，依法改判。

区农业局答辩称，一审判决认定事实清楚，证据确实、充分，适用法律、法规正确。区农业局在李某琼饲养的猪生病前定期向其发放了疫苗。在猪生病后派人到现场采取了相应的措施对猪场进行消毒等处理，发放了疫苗，并及时上报。区农业局依法履行了相应的职责，采取了相应的措施，请求驳回李某琼的上诉，维持原判。

二审法院经审理认为，《中华人民共和国动物防疫法》第五条规定：“国家对动物疫病实行预防为主的方针”，第二十七条规定：“动物疫情由县级以上人民政府兽医主管部门认定；其中重大动物疫情由省、自治区、直辖市人民政府兽医主管部门认定，必要时，由国务院兽医主管部门认定”，本案中，李某琼饲养的猪得病经动物疫病监测诊断报告显示是属于二类疫病范畴，双方当事人也无异议，但李某琼未提供证据证明其养殖场饲养的猪得疫病发生了动物疫情或重大动物疫情的情况，相关职能部门也未作出是属于动物疫情或重大动物疫情的认定。对李某琼提出的根据检测结果和我国动物分类属于二类动物疫病，即属于重大动物疫情的上诉理由，本院不予支持。区农业局在获取李某琼饲养的猪得疫病后，采取了相应的措施进行处理并上报，从区农业局提供的发放疫苗签名领取记录及兽医工作日记、动物疫情监测诊断报告、李某琼反映情况的信件、主动公开的政府信息等证据看，区农业局已履行法律、法规规定的相应职责。对李某琼提出的区农业局在获取疫情后并未采取有效措施，其消极不作为的态度，导致了疫情的进一步扩大，给李某琼造成了较大的经济损失，要求区农业局赔偿的上诉理由，本院不予支持。原审判决认定事实清楚，适用法律、法规正确，审判程序合法，依法应予维持。为此判决：驳回上诉，维持原判。

李某琼不服，向检察机关提出申诉。四川省人民检察院经审查认为，本院（2012）雅行终字第13号行政判决适用法律错误，向四川省高级人民法院提起抗诉。

其抗诉主要理由，一是根据《中华人民共和国动物防疫法》第三十二条规定："发生二类动物疫病时，应当采取下列控制和扑灭措施：……（二）县级以上地方人民政府根据需要组织有关部门和单位采取隔离、扑杀、销毁、消毒、无害化处理、紧急免疫接种、限制易感染的动物和动物产品及有关物品出入等控制、扑灭措施。"雨城区畜牧局在诊断结果属于二类动物疫病的情况下，畜牧局工作人员仅为李某琼发放了疫苗和消毒液，没有证据证明采取了其他措施。而且，畜牧局在知道李某琼养殖场猪患有猪繁殖与呼吸综合征和猪圆环病毒病的情况下，且在李某琼多次向领导反映情况时，拒不承认患病猪属于二类疫病，没有按照《动物防疫法》的规定采取必要措施，已经构成行政不作为。二是终审判决适用《动物防疫法》第五条"国家对动物疫病实行预防为主的方针"和国务院《重大动物疫情应急条例》第十九条"重大动物疫情由省、自治区、直辖市人民政府兽医主管部门认定；必要时，由国务院兽医主管部门认定"之规定，认为李某琼没有证据证明其养殖场的疫病构成"重大动物疫情"，雨城区畜牧局不存在行政不作为，属于适用法律错误。

再审中双方向本院提供的新证据：李兴琼向本院申请陈某等六人出庭作证，并提供了当地李坝村及5、6、7组书面证明等证据。区农业局提供了雨城区统计局的书面证明等证据。双方对证人证言及书面证据进行了质证。本院认为，对李某琼提交的书面证据和申请证人出庭作证的证言，基于其证明效力不足且尚未形成完整的证据链，均不予采信。对于区农业局提供的雨城区统计局发布的相邻年份雨城区生猪存栏出栏统计数据，因该统计数据无其他证据佐证，也未形成完整的证据链，本院亦不予采信。

本院经再审查明的事实与一、二审判决查明的事实相同，本院予以确认。

本院认为，本案双方争议的焦点在于发生二类疫病时，区农业局应当采取哪些措施。《中华人民共和国动物防疫法》第三十二条规定："发生二类动物疫病时，应当采取下列控制和扑灭措施：……（二）县级以上地方人民政府根据需要组织有关部门和单位采取隔离、扑杀、销毁、消毒、无害化处理、紧急免疫接种、限制易感染的动物和动物产品及有关物品出入等控制、扑灭措施。"该规定明确规定发生疫病时，有关部门采取上述措施的前提是根据情况需要采取相应的措施，并非必须穷尽所有措施。区农业局在得知李某琼猪场发生猪病后，派员查看了现场，并根据现场情况，向李某琼提供了疫苗和消毒药品，采取了免疫、消毒等措施。在李某琼猪场发生的猪病确诊为二类疫病时，李某琼猪场疫病已经基本得到控制。据此可以认定区农业局采取的相应措施是有效的。抗诉机关认为区农业局未按动物防疫法履行必要措施不成立。一、二审法院根据李某琼的诉讼请求及理由，确认双方讼争的焦点，并引用相应条文驳回李某琼的诉求并无不当。抗诉机关认为原判决适用法律错误也不成立。二审判决认定事实清楚，适用法律正确。经本院审判委员会讨论决定，依照《中华人民共和国行政诉讼法》第六十一条第（一）项："原判决认定事实清楚，适用法律、法规正确的，判决驳回上诉，维持原判"、《最高人民法院关于执行〈中华人民共和国行政诉讼法〉若干问题的解释》第七十六条第一款："……发生法律效力的判决、裁定是由第二审人民法院作出的，按照第二审程序审理，所作的判决、裁定是发生法律效力的判决、裁定；……"的规定，判决如下：

维持本院（2012）雅行终字第13号行政判决。

本判决为终审判决。

审 判 长　秦 华
审 判 员　刘入源
审 判 员　刘 琼
二〇一四年七月十七日
书 记 员　钟忱忱

5．行政许可诉讼案例

辽宁省沈阳市中级人民法院
行政裁定书

（2014）沈中行终字第 424 号

上诉人（原审原告）康平县东关奶牛养殖专业合作社，住所地康平县。

法定代表人：马某东，女，系该合作社主任，住址康平县。

委托代理人任某琪，男，辽宁敬恒律师事务所律师。

委托代理人刘某兰，女，汉族，1947 年 10 月 7 日出生，退休干部，住址康平县。

被上诉人（原审被告）康平县动物卫生监督管理局，住所地康平县。

法定代表人：李某，系局长。

委托代理人刘某涛，男，辽宁伟业律师事务所律师。

委托代理人吕某杰，男，康平县动物卫生监督管理局工作人员。

原审第三人康平换鑫发奶牛养殖专业合作社，住所地康平县。

法定代表人：董某发，男，系该合作社主任。住址康平县。

上诉人康平县东关奶牛养殖专业合作社诉被上诉人康平县动物卫生监督管理局、康平换鑫发奶牛养殖专业合作社撤销行政许可纠纷一案，不服沈阳市康平县人民法院（2014）康行初字第 4 号行政裁定，向本院提出上诉。本院依法组成合议庭，于 2014 年 10 月 21 日对本案进行了公开审理。本案现已审理终结。

原审法院认为，被告给第三人发放《生鲜乳收购许可证》的具体行政行为，没有对原告的合法权益产生实际影响。原告康平县东关奶牛养殖专业合作社不构成本案的利害关系人；法律、法规对于颁发《生鲜乳收购许可证》，在数量上没有限制性规定。同时，在沈阳市畜牧兽医局对康平县换发《生鲜乳收购许可证》适用标准等问题的答复意见中也明确答复：颁发《生鲜乳收购许可证》，依据《乳品质量安全监督管理条例》和《生鲜乳收购管理办法》执行。《生鲜乳收购标准化管理技术规范》是指导性规范，并非强制性规定。所以，原告的起诉不具备诉讼主体资格。依据《最高人民法院关于执行〈中华人民共和国行政诉讼法〉若干问题的解释》第十二条、第四十四条（二）项的规定，裁定如下：驳回原告康平县东关奶牛养殖专业合作社的起诉，案件受理费 50 元退回原告。

上诉人康平县东关奶牛养殖专业合作社上诉称，被上诉人在答辩状中称上诉人康平县东关奶牛养殖专业合作社不构成本案的利害关系人这个观点是主观想象没有任何法律证据的阐述。根据行政诉讼法第十一条（三）款及除前款规定外，人民法院受理法律、法规规定可以提起诉讼的其他行政案件，所以康平县东关奶牛养殖专业合作社完全具备诉讼主体资格。某些行政许可法律、法规或惯例规定有明确数量限制，如果实施许可突破原有数量规定，势必会影响已经取得许可经营者的利益，因而上诉人构成利害关系人。《生鲜乳收购标准化管理技术规范》是指导性规范，并非强制性规定。沈阳市畜牧兽医局对康平县换发《生鲜乳收购许可证》适用标准等问题的答复不符合上位法的规定，没有任何的法律效力，更不能作为定案依据，故请求二审法院撤销一审裁定。

被上诉人康平县动物卫生监督管理局辩称，一审法院认定被上诉人给第三人发放《生鲜乳收购许可证》没有对上诉人的合法权益产生实际影响，是完全正确的。上诉人不构成本案的利害关系人，不具有行政诉讼的主体资格。《生鲜乳收购许可证》并不是独占性的行政许可，国家的法律、法规对于颁发《生鲜乳收购许可证》没有数量上的限制。被上诉人 2013 年换发的梁家小区奶站《生鲜乳收购许可证》是严格依据相关法律、法规和规章的规定及要求换发的，是合法的。康平县换鑫发奶牛养殖专业合作社在奶牛的存栏量和鲜奶的销售量上都具有一定的规模，如果撤销其奶站的行政许可，可能会阻滞康平县奶牛养殖业的发展，甚至出现压榨奶价，坑农害农现象的发生。综上，一审法院认定事实清楚，证据确实充分，适用法律正确，请求二审法院驳回上诉，维持原判。

原审第三人康平县换鑫发奶牛养殖专业合作社辩称，2007年申办自己的合作社，2009年1月18日收购了田淑芳的设备，又重新办理营业执照许可，许可证是2009年2月经被上诉人核准后发放的许可证，其取得符合相关法律规定。

本院认为，被上诉人康平县动物卫生监督管理局具有颁发《生鲜乳收购许可证》的法定职权。被上诉人颁发生鲜乳收购许可证的行为是一种行政许可行为，根据法律及法规规定，奶制品企业只需符合相关条件就可以发放行政许可，其并不存在排他性。被上诉人给第三人发放生鲜乳收购许可证的具体行政行为并没有对上诉人的合法权益产生实际影响，上诉人不是本案的利害关系人，不具备诉讼主体资格，故原审法院驳回上诉人的起诉符合法律规定。依照《中华人民共和国行政诉讼法》第六十一条第（一）项之规定，裁定如下：

驳回上诉，维持原裁定。

本裁定为终审裁定。

审　判　长　　高子丁
审　判　员　　巴根那
代理审判员　　刘雨婷
二〇一四年十二月十五日
书　记　员　　刘　娇